MÉMOIRES

DE

LOUIS-HENRI DE LOMÉNIE

COMTE DE BRIENNE

DIT

LE JEUNE BRIENNE

PUBLIÉS

D'APRÈS LE MANUSCRIT AUTOGRAPHE

POUR LA SOCIÉTÉ DE L'HISTOIRE DE FRANCE

PAR

Paul BONNEFON

TOME TROISIÈME

A PARIS

SOCIÉTÉ DE L'HISTOIRE DE FRANCE

46, RUE JACOB

MDCCCXIX

*Le Siège social de la Société de l'histoire de France
est à Paris, rue des Francs Bourgeois, n° 60.
Le Dépôt des publications est rue Jacob, n° 46 ; il est ouvert
le mardi et le vendredi de 10 h. à midi.*

VOLUMES RÉCEMMENT PARUS.

EXERCICE 1915.

1er vol. — n° 373. Mémoires du comte de Brienne, t. I.
2e vol. — n° 374. Lettres du duc de Bourgogne, t. II.
3e vol. — n° 375. Grandes chroniques de France : Hist. de Jean II et de Charles V, t. II.
4e vol. — n° 376. Dépêches des ambassadeurs milanais en France sous Louis XI, t. I.
        n° 377. Annuaire-Bulletin, 1915.

Distribués en juillet 1916.

EXERCICE 1916.

1er vol. — n° 378. Mémoires de Saint-Hilaire, t. VI.
2e vol. — n° 379. Journal de Jean Vallier, t. III.

Distribués en février 1917.

3e vol. — n° 380. Mémoires du comte de Brienne. t. II.

Distribué en novembre 1917.

        n° 381. Annuaire-Bulletin, 1916.

EXERCICE 1917.

        n° 382. Annuaire-Bulletin, 1917.
1er vol. — n° 383. Mémoires du maréchal de Richelieu.
2e vol. — n° 384. Journal de Jean Vallier, t. IV.

Distribués en juillet 1918.

MÉMOIRES

DE

LOUIS-HENRI DE LOMÉNIE

COMTE DE BRIENNE

DIT

LE JEUNE BRIENNE

MACON, PROTAT FRÈRES, IMPRIMEURS.

MÉMOIRES

DE

LOUIS-HENRI DE LOMÉNIE

COMTE DE BRIENNE

DIT

LE JEUNE BRIENNE

PUBLIÉS

D'APRÈS LE MANUSCRIT AUTOGRAPHE
POUR LA SOCIÉTÉ DE L'HISTOIRE DE FRANCE

PAR

Paul BONNEFON

TOME TROISIÈME

A PARIS

SOCIÉTÉ DE L'HISTOIRE DE FRANCE

46, RUE JACOB

MDCCCCXIX

MÉMOIRES

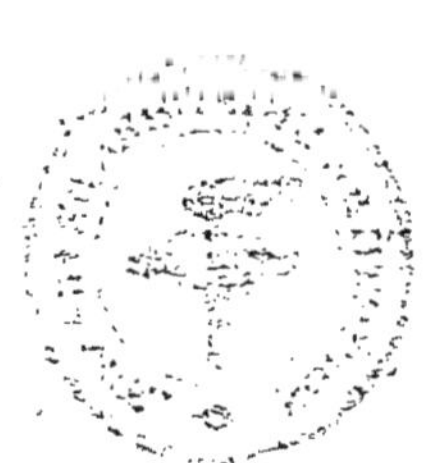

EXTRAIT DU RÈGLEMENT.

ART. 14. — Le Conseil désigne les ouvrages à publier, et choisit les personnes les plus capables d'en préparer et d'en suivre la publication.

Il nomme, pour chaque ouvrage à publier, un Commissaire responsable, chargé d'en surveiller l'exécution.

Le nom de l'éditeur sera placé en tête de chaque volume.

Aucun volume ne pourra paraitre sous le nom de la Société sans l'autorisation du Conseil, et s'il n'est accompagné d'une déclaration du Commissaire responsable portant que le travail lui a paru mériter d'être publié.

———

Le Commissaire responsable soussigné déclare que le tome III des MÉMOIRES DE LOUIS-HENRI DE LOMÉNIE, COMTE DE BRIENNE, *dit* LE JEUNE BRIENNE, *préparé par M.* Paul Bonnefon, *lui a paru digne d'être publiée par la* SOCIÉTÉ DE L'HISTOIRE DE FRANCE.

Fait à Paris, le 1ᵉʳ février 1919.

Signé : LÉON LECESTRE.

Certifié :

Le Secrétaire de la Société de l'Histoire de France,

R. DELACHENAL.

MÉMOIRES

DE

M. LE COMTE DE BRIENNE

SECRÉTAIRE D'ÉTAT

MÉMOIRES

pour servir à l'histoire de ma vie que j'avois, à l'exemple de M. le Président de Thou, commencé d'écrire en latin, mais comme cette histoire sera remplie de faits très curieux de la vie des courtisans que j'ai connus, j'ai cru qu'il seroit mieux de l'écrire en françois, à l'exemple et sur le modèle de l'Histoire du comte de Bussy Rabutin [1].

1. Ici débute le texte du manuscrit non autographe qui a appartenu à Barrière et qui est conservé actuellement au Cabinet des manuscrits de la Bibliothèque Nationale (Nouvelles acquisitions françaises, n° 4698). Barrière a collé sur la garde la note suivante : « Manuscrit qui appartenait à la maison de Brienne et qui faisait partie de sa bibliothèque. Précieux aussi. Je m'en suis servi pour compléter le manuscrit autographe. Voir l'avertissement de l'édition donnée en 1828, p. vi, en note. » En ce dernier endroit, Barrière fournit les détails complémentaires ci-dessous : « Relié en maroquin rouge, il est d'une belle écriture du temps. Je dois la propriété de ce volume à M. Robert, conservateur de la bibliothèque Sainte-Geneviève ; il le tenait de son père, qui avait été lui-même attaché, comme

PREMIER MÉMOIRE.

Du ministère du cardinal Mazarin.

Tout le monde sait qu'il s'appeloit Giulio Mazarini et qu'il étoit originaire de Sicile [1]. Il a l'obligation de sa fortune et du chapeau de cardinal à feu M. de Chavigny, ministre et secrétaire d'Etat, favori du cardinal de Richelieu [2]. La chronique scandaleuse veut que ce cardinal ait été son père [3] et que Mme Bouthillier, qui n'aimoit guère son mari, n'ait

bibliothécaire, à MM. de Brienne, descendants de l'auteur des Mémoires et ministres sous Louis XVI. » Si, par cette expression vague *écriture du temps*, Barrière entend l'époque des Mémoires, il se trompe : c'est à coup sûr une écriture du xviiie siècle et, très vraisemblablement, la copie a été exécutée pour le cardinal de Loménie de Brienne, qui, s'il paraît avoir respecté la pensée de son ancêtre, l'a pourtant un peu rajeunie parfois, dans le détail.

1. A la suite de cette phrase on lit ces mots, transcrits, puis biffés, qui se trouvaient sur le manuscrit original : « Monseigneur, Monsieur ou Seigneur Jules, dit l'abbé, que j'ai placé dans le quatrième volume de mon recueil, parmi les poésies galantes. »

2. Brienne a déjà parlé plus longuement (t. I, p. 292) des relations de Mazarin, à ses débuts, avec Léon Bouthillier, comte de Chavigny, secrétaire d'État depuis le 18 mars 1632, mort le 11 octobre 1652.

3. C'est-à-dire le père de Léon de Chavigny. La formule du manuscrit original, un peu obscure, a été transcrite par le copiste, puis rectifiée par une plume postérieure : « ait été le père de M. de Chavigny ». L'abbé de Choisy dit aussi : « Le cardinal étoit ami intime de M. de Bouthillier, et traitoit M. de Chavigny, son fils, comme s'il eut été le sien. » (*Mémoires*, éd. de Lescure, t. I, p. 36).

fait que cette seule galanterie en toute sa vie[1]. On dit qu'elle étoit jolie étant jeune ; cela peut être ; mais je ne l'ai vue que fort vieille et fort ridée. Quoi qu'il en soit, une Bragelongne étoit capable de s'en laisser conter par le premier ministre et d'avoir, si elle pouvoit, un fils de lui. Si cela est, M. de Chavigny lui a plus d'obligation qu'il n'en auroit eu à Monsieur son père s'il lui avoit donné la naissance, car le Cardinal l'aima toute sa vie comme son fils et lui fit beaucoup de bien. Or, il faut faire ici le portrait de mon beau-père que j'ai vu et connu, quoiqu'il fut mort quand j'épousai[2] Henriette Bouthillier, sa fille[3], cadette de la maréchale de Clérambault[4], mais l'aînée des présidentes de Bosmelet[5] et Brûlart[6] et des deux abbesses d'Issy[7], mais plus jeune que

1. Marie de Bragelongne, femme (1606) de Claude Bouthillier, mère de Léon Bouthillier de Chavigny, décédée le 26 mai 1673. Tallemant des Réaux s'est fait lui aussi l'écho des relations de Richelieu avec elle (*Historiettes*, éd. Monmerqué et Paulin Paris, t. II, p. 283).

2. Le 15 janvier 1656.

3. Elle mourut en octobre 1663, à l'âge de 26 ans.

4. Louise-Françoise Bouthillier, mariée à Philippe de Clérambault, comte de Palluau, maréchal de France, et qui mourut en 1722.

5. Renée Bouthillier, qui épousa Jean Beuzelin de Bosmelet, président au Parlement de Rouen, décéda le 19 mars 1711. — Brienne écrit *Beaumesley*.

6. Marie Bouthillier, mariée en premières noces à Nicolas Brûlart, premier président au Parlement de Dijon, et, en secondes noces, à Auguste, duc de Choiseul. Morte le 11 juin 1728.

7. Anne-Julie Bouthillier, religieuse à Saint-Antoine-des-Champs, à Paris, puis première abbesse d'Issy, morte le 22 janvier 1694, et Élisabeth Bouthillier, qui succéda à sa sœur comme abbesse d'Issy.

la religieuse de Saint-Antoine [1] qu'on appelle Mme de Chavigny du nom de son père.

Portrait de M. de Chavigny Ministre et Secrétaire d'État sous le ministère du cardinal de Richelieu, avec quelques particularités non encore écrites ni divulguées de la vie et de la politique de ce grand cardinal.

Je fais entrer dans l'éloge du cardinal Mazarin celui de mon beau-père, son patron, et encore celui du cardinal de Richelieu qui le choisit pour son successeur dans le ministère. M. de Chavigny s'attendoit qu'ils partageroient ensemble, mais qui compte sans son hôte a la peine de compter deux fois. Cela est arrivé à mon beau-père, homme de hautes idées, et qui avoit bien envie d'être duc et pair et plus encore premier ministre, et qui l'auroit peut-être été s'il ne s'étoit pas associé le cardinal Mazarin dans la vue de gouverner la France conjointement et indépendamment de la Reine, à qui il vouloit ôter la régence.

Mon père plus fin le supplanta, sans dessein toutefois de le supplanter ; car M. le comte de Brienne étoit l'homme du monde le moins propre à faire de tels coups. Or voici comment cela arriva ; mais il faut reprendre les choses de plus haut. M. de Chavigny avoit fait ériger pendant sa faveur l'ancienne baronnie de Chavigny [2], en Touraine, dont sa mère,

1. Marie Bouthillier, religieuse à Saint-Antoine-des-Champs, où ses deux sœurs avaient fait profession comme elle.

2. Le château de Chavigny, du commencement du XVIIe siècle, se trouve actuellement sur le territoire de la commune de Lesné, cant. et arr. de Chinon (Indre-et-Loire).

la surintendante [1], avoit fait, sinon un Versailles, au moins un autre Pont [2]. Ce sont deux des plus superbes maisons de France pareilles à Tanlay [3] et à Sceaux [4], c'est tout dire, et plus belles que Vaux [5], sans contredit, et que Meudon [6], avant que le mar-

1. Au nombre de ses titres, Claude Bouthillier eut celui de surintendant des finances, et c'est pour cette raison que sa femme est appelée ici surintendante.

2. Actuellement Pont-sur-Seine, cant. et arr. de Nogent (Aube). Le château, auquel Brienne fait allusion, bâti par les comtes de Champagne, et reconstruit ou remanié au xviiᵉ siècle et plus tard par les Bouthillier, a été réduit en cendres, en 1814, par les Cosaques.

3. Tanlay, cant. de Cruzy-le-Châtel, arr. de Tonnerre (Yonne). Le château (1559-1642) est un des plus beaux types de la Renaissance bourguignonne. C'est François d'Andelot qui fit commencer les travaux du château actuel, et, au siècle suivant, Particelli d'Hémery y fit dépenser, sous la direction de l'architecte Lemuet, des sommes si considérables, qu'il peut en être regardé comme le vrai constructeur.

4. Le château de Sceaux, construit en 1597 et que Colbert fit reconstruire, après 1670, sur les plans de Claude Perrault et avec l'aide, pour la décoration, des sculpteurs Puget et Girardon et du peintre Lebrun, fut démoli à la fin du xviiiᵉ siècle, et il n'en subsiste plus qu'une porte de l'enceinte.

5. Actuellement Vaux-le-Vicomte, com. de Maincy, à cinq kilomètres au nord-est de Melun. Bâti de 1657 à 1660 par l'architecte L. Levau, somptueusement orné par Foucquet, le château passa successivement aux mains du maréchal de Villars et de la famille de Choiseul-Praslin. Son dernier possesseur, M. Edme Sommier, l'a, comme on le sait, restauré et embelli avec beaucoup de soin et de goût.

6. Le château que le cardinal de Lorraine s'était fait bâtir après 1552, au sommet de la colline de Meudon, par Philibert Delorme, passa, en 1664, aux mains du surintendant Servien, qui fit construire la terrasse et agrandir le parc. Louvois, puis le grand Dauphin, fils de Louis XIV, embellirent Meudon,

quis de Louvois, mon confrère, en eut fait une maison plus que royale et qui effacera un jour Versailles pour peu que Sa Majesté, à qui elle est maintenant, y veuille faire de dépense, car pour la situation et la beauté des jardins et des eaux, conduites à grands frais sur une montagne, il est difficile d'y rien ajouter. Il falloit que le marquis de Louvois fût fort pour faire de telles dépenses à l'aspect de Versailles et pour ainsi dire à l'envi de son maître Louis le Grand, ou qu'il eût dessein de lui en faire présent, ce qui n'est guère conforme à son avarice et à son ambition, qui l'auroient fait roi lui-même, s'il l'avoit pu. Je parlerai de lui dans la suite de ces Mémoires, et il y joue un beau personnage.

Mais revenons à M. le comte de Chavigny. C'étoit un homme replet et aimant fort la bonne chère et son plaisir; le jeu étoit sa passion dominante ; car je n'ai jamais entendu dire qu'il eut été amoureux de femme que de la sienne [1], qui étoit très belle et à qui il faisoit des enfants tous les ans. En effet, outre les sept filles vivantes quand j'épousai feue ma femme, il laissa sept garçons vivants à sa mort, savoir : M. de Pont [2], l'aîné de tous, le marquis de

chacun à sa manière. La Révolution le sauvegarda en le transformant en un vaste atelier militaire. En 1803, le grand château fut démoli, et le petit château fut brûlé en 1870 par les Allemands. Ce qui en subsiste est devenu un observatoire d'astronomie.

1. Il avait épousé, le 20 mai 1627, Anne Phélypeaux, fille et unique hérière de Jean Phélypeaux, seigneur de Villesavin, et d'Isabelle Blondeau. Elle mourut le 3 janvier 1694, à l'âge de 81 ans.

2. Armand-Léon Bouthillier, comte de Chavigny, qui mourut en 1684.

Chavigny [1], un abbé qui étoit mort quand je me
mariai [2], M. Bouthillier [3], conseiller au Parlement
de Paris, l'évêque de Troyes [4], un chevalier de
Malte [5] et un autre abbé [6] qui avoit été chartreux et
est mort un peu après Madame sa mère, et fut suivi
du chevalier son frère peu de temps après. Ils s'ai-
mèrent fort, et la mort de l'abbé fut cause de celle
du chevalier. Voilà donc quatorze enfants, sept garçons et sept filles, très bien comptés, sans sept ou
huit de compte fait qui sont morts en bas âge, en
tout vingt-et-un ou vingt-deux enfants. Or, un mari
qui fait tant d'enfants à sa femme et qui d'ailleurs a
une des plus belles femmes de la cour, ne sera pas
soupçonné d'avoir eu des maîtresses. Son ambition
le maîtrisa plus que l'amour. Il devint sec et maigre
par la diète rigoureuse qu'il s'imposa selon la méthode

1. Gaston-Jean-Baptiste Bouthillier, dit le marquis de Chavigny, colonel du régiment de Piémont.

2. On ne le trouve mentionné ni dans la généalogie du P.
Anselme (*Histoire généalogique et chronologique de la maison
royale de France*, 1733, in-folio, t. IX, p. 322), ni dans celle
de Fauvelet du Toc (*Histoire des secrétaires d'Etat*, 1668, in-
4°, p. 288).

3. Jacques-Léon Bouthillier, marquis de Beaujeu, conseiller
au Parlement, mort le 2 novembre 1712.

4. Denis-François Bouthillier, docteur de Sorbonne, aumônier du Roi, évêque de Troyes (octobre 1678-mai 1697), mort
le 15 septembre 1731, à l'âge de 89 ans.

5. Louis Bouthillier, chevalier de Malte, mort en juillet 1694.

6. Gilbert-Antoine Bouthillier, grand-vicaire de Troyes, mort
en juin 1694. Les constatations que Brienne fait ici sur ces trois
morts successives, de Mme Bouthillier et de deux de ses fils,
prouvent qu'il écrivit cette partie de son œuvre après juillet
1694.

de Cornaro [1], pour trop diminuer son trop d'embonpoint, et il en vint à bout. Je ne l'ai vu que fort décharné, les joues fort creuses et les yeux, qu'il avoit beaux, fort enfoncés [2]. Il avoit très bonne mine et la taille très belle en 1651, qui fut, je crois, l'année un peu après [3] que je fus parti pour mon premier voyage d'Allemagne, car j'y en ai fait plusieurs en ma vie, dont je parlerai amplement dans ces mémoires que je prépare pour mon histoire.

Mon beau-père avoit le nez aquilin et l'air de sa personne étoit majestueux et heureux. Aucun de ses enfants, si ce n'étoit Monsieur de Troyes, ne lui ressemble de ce côté-là. Pour ce prélat, il a toutes les manières civiles et engageantes de feu Monsieur son père et lui ressemble assez, hors qu'il a l'air

1. Luigi Cornaro, philosophe et hygiéniste (1467-26 avril 1566), inventeur d'un régime de santé dont la diète était la base.

2. A l'occasion de la mort de Léon Bouthillier, comte de Chavigny (11 octobre 1652), Conrart dit de lui : « Il y avoit longtemps que l'agitation d'esprit et le travail du corps l'avoient échauffé et desséché d'une étrange sorte, outre que sa façon de vivre y avoit beaucoup contribué ; car la crainte de devenir gros lui avoit fait prendre la résolution, quoiqu'il eût le sang fort chaud, le foie grand et qu'il se fît grande dissipation d'esprit, de manger fort peu et de ne souper point du tout, pratiquant une abstinence presque aussi grande que celle de Cornaro, mais non pas aussi réglée, ni accompagnée d'autant de tranquillité, ce qui ne contribue pas moins que la sobriété à la vie longue et heureuse. » (*Mémoires*, col. Petitot, p. 216).

3. Si la pensée de Brienne a été bien suivie par le copiste, il y a erreur ici. 1651 ne fut pas l'année après, mais l'année avant son départ pour le long voyage qu'il fit à travers l'Europe et qu'il a si abondamment raconté ailleurs. Il se mit en route le 24 juillet 1652, et Chavigny allait mourir moins de trois mois après.

plus fin ; car M. de Chavigny, qui l'étoit sans doute beaucoup, ne le paroissoit nullement ; mais il avoit cet air ouvert du duc de Rohan-Chabot [1] et du dernier maréchal de Schönberg [2]. Je ne saurois mieux le comparer.

Le cardinal de Richelieu avoit les dernières obligations à M. Bouthillier et à Madame sa femme. Il n'y eut qu'eux qui ne l'abandonnèrent point à la Journée des Dupes [3], où les Marillacs furent écrasés et où le Cardinal se sauva du naufrage comme par miracle. Or, en ce jour si glorieux pour lui, M. Bouthillier ne le quitta jamais d'un pas et lui prêta à tout événement ou lui offrit au moins une somme d'argent fort considérable, cent mille écus, m'a-t-on dit, et cela depuis lui valut une charge de secrétaire d'État et ensuite la surintendance des finances qui le remboursa et au delà de sa bonne volonté et de ses espérances.

Son fils fit de très bonne heure la charge de secrétaire d'État de Monsieur son père [4], et M. Bouthillier,

1. Henri Chabot, seigneur de Sainte-Aulaye, duc de Rohan par son mariage, en 1645, avec Marguerite de Rohan, fille et unique héritière d'Henri, duc de Rohan.

2. Frédéric-Armand, comte de Schönberg, né en Allemagne, en 1618, maréchal de France en 1675, après la mort de Turenne, tué à la bataille de la Boyne, le 11 juillet 1690.

3. Le 11 novembre 1630, le jour où Richelieu, disgracié le matin à la suite d'une intrigue ourdie par Marie de Médicis, Anne d'Autriche, Gaston d'Orléans, le conseiller Michel de Marillac et le maréchal Louis de Marillac, rentra en faveur avant la fin du jour, après une entrevue avec Louis XIII.

4. Selon Fauvelet du Toc, les provisions de Chavigny pour être secrétaire d'Etat en survivance de son père, sont datées du 18 mars 1632 (*Histoire des secrétaires d'Etat*, p. 283).

devenu surintendant, ne le laissa pas manquer d'argent. Si au lieu de dépenser trois millions à sa maison de Pont et deux cent mille écus à Chavigny, il
eut mis ces sommes considérables à constitution
comme il le pouvoit, il auroit augmenté son revenu
de deux cent mille livres de rente. M. de Chavigny
en avoit bien autant de son côté, M. de Villesavin [1]
guère moins ; il y auroit donc eu en cette opulente
maison plus de six cent mille livres de rente. Je sais
bien que les postes étrangères ont valu seules au
marquis de Louvois dix-huit cent mille livres ; mais
M. de Chavigny, quoique favori du premier ministre,
ne s'est jamais donné les airs de M. de Louvois :
ce n'est pas qu'il eût moins d'ambition ; mais il avoit
plus de modération et plus de sagesse et beaucoup
moins d'avarice [2].

Le Cardinal donc, l'ayant pris en affection, l'éleva
avec des soins de père, ce qui fit peut-être dire à la
médisance qu'il étoit son fils. Quoi qu'il en soit, il
le prit pour le dépositaire de tous ses secrets et pour
le confident de son ministère. M. de Chavigny
amassa de grands biens ; mais il les dépensa en
homme de la plus haute qualité et se seroit ruiné
sans son intendant, M. de Saint-Sauveur [3], ecclésias-

1. Jean Phélypeaux, seigneur de Villesavin, secrétaire des
commandements de Marie de Médicis et beau-père de Chavigny.

2. Chavigny était surtout ambitieux « de parvenir à ses fins,
qui alloient, comme le remarque Mme de Motteville (*Mémoires*,
éd. Riaux, t. IV, p. 4), à vouloir toujours, soit d'une façon,
soit d'une autre, faire un beau personnage sur le théâtre. »

3. Le nom de cet intendant a également été mentionné par
Conrart, qui fournit un exemple, cité ci-dessous, de l'action de
Saint-Sauveur sur Chavigny.

tique fort entendu que je vis à Toulouse où il est
mort. C'étoit sa patrie et sa demeure ordinaire depuis
la mort de son père, et il m'y donna à dîner avec
le marquis de Chavigny fort splendidement. Or,
Saint-Sauveur, son intendant, et encore son secrétaire nommé, je crois, Goussancourt[1], ou quelque
nom approchant, qui a été depuis au maréchal duc
de Luxembourg, ne lui disoient pas ce qu'il avoit de
bien et avoient si bien réglé la dépense de sa maison et de son jeu qu'il ne dépensoit jamais chaque
année son revenu et tous les ans faisoit des contrats
de constitution aux seigneurs de la cour, au duc de
Mortemart[2], au comte de Fiesque[3], au marquis
d'Avaux[4], au maréchal de Schönberg, au commandeur de Souvré[5] et autres petits maîtres qui venoient
souvent manger et jouer chez lui. Il acheta l'hôtel
de Saint-Pol[6] et y fit une dépense de quatre cent

1. Je n'ai trouvé nulle part la confirmation du détail donné
ici par Brienne.

2. Gabriel, marquis, puis (1650) premier duc de Mortemart
(1600-20 décembre 1675).

3. Charles-Léon, comte de Fiesque, mari de Gillone d'Har-
court.

4. Jean-Antoine de Mesmes, comte — et non marquis —
d'Avaux (1640-11 février 1709).

5. Jacques de Souvré, commandeur de l'ordre de Malte, puis
grand-prieur de France, né en 1600, mort le 22 mai 1670.

6. Note du manuscrit : « Rue des Ballets ; il comprenoit
plusieurs maisons qui en sont détachées. » Il en a déjà été
question dans ces *Mémoires* (t. I, p. 292). Chavigny acquit cet
hôtel à la suite d'une affaire de construction de vaisseaux en
Hollande, que Conrart rapporte. « Chavigny, dit-il, employa ce
qu'il gagna dans cette affaire au bâtiment de l'hôtel Saint-Pol,

mille livres par l'avis et sous la conduite de Mansart [1].
Sa veuve en a refusé huit cent mille livres de feu
Mme la princesse de Conti [2], avant qu'elle eut acquis
l'hôtel de Guénegaud [3], qui étoit auparavant l'hôtel
de Nevers.

Voilà donc M. de Chavigny en faveur dès la fleur
de ses ans et employé dans toutes les plus grandes
affaires du dedans et du dehors du royaume. En ce
temps-là, le seigneur Giulio faisoit divers voyages en
poste de Rome à Paris, de Paris à Turin et de Rome
même à Madrid sous les ordres du cardinal Bentivoglio [4], son premier maître, qui le donna au cardinal
Sachetti [5], créature comme lui des Barberins, et celui-
ci au cardinal Antoine Barberin [6], que nous avons

qu'il avoit acheté environ 200,000 livres et qui lui revenoit
à plus de 800,000 livres, par l'aveu même de Saint-Sauveur,
son intendant, quoique tout ne fut pas achevé » (*Mémoires*,
p. 214)·

1. Aucun autre renseignement ne vient, à ma connaissance,
confirmer l'indication donnée ici par Brienne que François
Mansart (23 janvier 1598-23 septembre 1666) ait travaillé à
l'embellissement de l'hôtel Chavigny.

2. Anne Martinozzi, nièce de Mazarin, qui avait épousé
Armand de Bourbon, prince de Conti.

3. Henri Guénegaud, ministre, secrétaire d'Etat et garde
des sceaux de Louis XIV avait acquis, de la princesse Marie de
Gonzague de Clèves, l'hôtel de Nevers, sur le quai actuel Conti,
qui alors se nommait Guénegaud.

4. Gui Bentivoglio, confident d'Urbain VIII, à qui il allait
succéder quand la mort l'emporta (1644).

5. Jules, cardinal Sachetti (1626), mort le 28 juin 1663.

6. Antonio Barberini, neveu d'Urbain VIII, qui dut gagner
la France à la mort de son oncle. Sur ce que Brienne dit ailleurs
des commencements de Mazarin, on peut voir ci-dessus, t. I,
p. 314.

vu grand aumônier de France avant le cardinal de
Bouillon [1]. Sachetti avoit le cœur tout françois, et le
cardinal Antoine, pendant la persécution que la
maison d'Autriche fit aux Barberins, se mit sous la
protection de la France et s'en trouva bien. Il eût
été à souhaiter que le cardinal François Barberin [2],
qui étoit un homme d'un très grand mérite, eût
pris ce parti plutôt que son frère qui n'étoit bon à
rien ; mais le grand nom de neveu du pape lui tenoit
lieu de mérite. Le seigneur Giulio ayant rendu ce
service important à la France par le ministère de
M. de Chavigny prit de si grandes liaisons avec lui
et des mesures si justes pour l'agrandissement de
sa fortune naissante que le favori du premier ministre
le fit connoître au Cardinal son patron [3], et le Cardinal au roi Louis XIII, qui n'aimoit pas beaucoup
M. de Chavigny, parce qu'il le regardoit comme la
créature du Cardinal plutôt que la sienne, et de plus
encore parce que ce ministre lui rompoit souvent en
visière quand il s'agissoit des intérêts du Cardinal
son protecteur, ce que Sa Majesté avoit peine à
digérer ; aussi maltraita-t-elle souvent de paroles mon
beau-père, qui fier jusqu'à l'excès et connoissant la
foiblesse du Roi le menaçoit à son tour du Cardinal,
que Sa Majesté craignoit comme un écolier craint

1. Emmanuel-Théodose de La Tour d'Auvergne (24 août
1644-mars 1715), cardinal de Bouillon, grand aumônier de
France en 1671.

2. Francesco Barberini, frère d'Antonio, avait été le principal ministre de leur oncle Urbain VIII. Lui aussi, à la mort de
celui-ci, dut se réfugier en France.

3. C'est-à-dire Richelieu.

son régent ; ainsi le Roi n'étoit pas longtemps sans rechercher M. de Chavigny qui alors se faisoit prier. Telle étoit la cour de Louis XIII. Sa défiance naturelle et l'empire que le Cardinal avoit pris sur son esprit le tenoient dans une dépendance continuelle de Son Éminence et de M. de Chavigny, son confident. Cependant, comme j'ai dit, le seigneur Giulio rendoit de grandes assiduités à M. et à Mme de Chavigny. Il ne revenoit point d'Italie sans leur apporter de petits présents qui entretiennent, dit-on, l'amitié, surtout auprès d'une femme qui les aimoit extrêmement et qui étoit accoutumée à recevoir plus qu'à donner[1]. Il arrangeoit lui-même les vases et les morceaux d'agathe, de cornaline, d'émeraude, de nacre de perle et semblables curiosités dont elle avoit fait un amas considérable. Les petits soins que cet habile courtisan et ce grand politique rendoit à M. de Chavigny et à sa femme le firent enfin cardinal de la nomination de France, chose fort extraordinaire dans un sujet du roi d'Espagne ; mais ce fut cela même qui détermina le cardinal de Richelieu à l'attacher à la France. Le seigneur Giulio appeloit alors Mme Bouthillier sa mère et M. de Chavigny son père et son patron. Celui-ci qui aimoit l'encens et les caresses regardoit le nouveau cardinal comme sa créature, et par conséquent comme son meilleur ami. Moi qui ai fort étudié le cardinal Mazarin, je juge assez que personne n'étoit plus capable que lui de plaire et de se faire aimer quand il le vouloit ; je ne l'ai connu que dans sa plus haute élévation, mais il charmoit et enlevoit les cœurs par son éloquence et

1. Brienne l'a déjà dit (voy. t. I, p. 293).

par ses honnêtetés, quand cela lui étoit utile, car
autrement il faisoit peu de cas des gens et exerçoit
beaucoup la patience des personnes qui servoient
le Roi sous les ordres de son premier ministre. Mais
ce n'est pas encore ici le lieu de parler de lui. Ils
furent fort liés d'amitié et d'intérêts, lui et M. de
Chavigny, jusqu'à la mort de Louis XIII ; mais les
démarches qu'ils firent de concert pour ôter la régence
à la Reine (coup de la plus raffinée politique du
cardinal Mazarin [1], qui savoit bien par où se rac-
crocher avec elle) furent la cause de la ruine de mon
beau-père, que le Cardinal abandonna pour s'attacher, par l'entremise de M. de Brienne, mon père,
uniquement à la Reine, qui le rétablit et lui donna
toute sa confiance. Ce coup de partie valut à mon
père la charge du pauvre M. de Chavigny, qui se vit
sacrifié par celui qu'il avoit élevé à l'honneur de la
pourpre et du ministère. On commença par ôter la
surintendance à M. Bouthillier, et ensuite la Reine
obligea M. de Chavigny, qu'elle avoit sujet de n'aimer
pas, à se défaire de sa charge de secrétaire d'État
entre les mains de M. de Brienne. Alors M. de Chavigny qui avoit de grandes ressources fit bonne mine
à mauvais jeu, et, comme il étoit chancelier de feu
M. le duc d'Orléans, oncle du Roi, qui pendant la
minorité faisoit une fort grande figure à la cour, il
ne pensa qu'aux moyens de se venger de l'infidélité
que le Cardinal venoit de lui faire. En effet il fut son
plus redoutable ennemi. Le Cardinal mieux informé
de ses intrigues qu'il ne pensoit le fit arrêter et cela

1. Voy. encore ce que Brienne en a dit, t. I, p. 81.

acheva de les rendre irréconciliables [1]. On croit qu'il eut cette obligation au Coadjuteur, d'autres disent à Mme de Chevreuse [2], d'autres à l'abbé de La Rivière [3], mais il y a plus d'apparence que Monsieur abandonna le premier son chancelier aux craintes et aux soupçons du Cardinal.

Mme Bouthillier fit grand bruit et remua si bien que le Parlement prit fait et cause pour mon beau-père et que le Cardinal se vit forcé de lui rendre la liberté plus tôt qu'il n'auroit voulu [4]. M. Séguier [5], chancelier de France, son ami, le servit utilement

---

1. Chavigny fut arrêté le 18 septembre 1648. Mme de Motteville (t. II, p. 191), Retz (éd. Grands Écriv., t. II, p. 69), La Rochefoucauld (éd. Grands Écr., t. II, p. 252) ont raconté les circonstances de l'événement. Le public vit surtout dans cette arrestation une preuve de plus de l'ingratitude de Mazarin, et il est vraisemblable que le moindre prétexte en fut l'occasion.

2. Marie de Rohan, duchesse de Chevreuse (1600-13 août 1679), la favorite d'Anne d'Autriche, dont il a déjà été question (t. I, p. 96 et 177).

3. Louis Barbier, abbé de La Rivière, aumônier de Gaston d'Orléans, auprès de qui il avait un grand crédit (voy. ci-dessus, t. I, p. 210).

4. Chavigny fut libéré à la suite de la déclaration de Saint-Germain (24 octobre 1648), dont cette libération était, suivant Mme de Motteville, un des articles secrets. Suivant Omer Talon, c'est Mazarin qui, à la sollicitation des parents de Chavigny, le fit élargir, à condition qu'il demeurerait chez lui (*Mémoires*, coll. Petitot et Montmerqué, 2e série, t. LXI, p. 354).

5. Pierre Séguier (28 mai 1588-28 janvier 1672), chancelier de France depuis 1635. Voy. sur lui : R. P. Kerviler, *Le chancelier Pierre Séguier, second protecteur de l'Académie française, études sur sa vie privée, politique et littéraire et sur le groupe académique de ses familiers et commensaux* (Paris, 1874, in-8°).

pendant sa détention, et l'abbé de Rancé [1], maintenant abbé régulier de la Trappe, le servit plus lui seul que tous ses amis ensemble : ce qui fait assez voir que le Coadjuteur, qui fut depuis le cardinal de Retz, n'avoit point eu de part à la prison de M. de Chavigny. Depuis qu'il fut sorti du Havre de Grâce (si je ne me trompe [2], car il fut arrêté dans Vincennes, dont il avoit le gouvernement ; mais il n'y resta pas longtemps), il se mit dans la dévotion, et comme le jansénisme naissant étoit alors à la mode, il se mit sous la direction du Père Singlin [3] et de sa cabale. C'est que M. d'Andilly étoit fort de ses amis et que M. de Chavigny donnoit toujours dans les nouveautés, et que ce qui paroissoit extrémité à tout autre qu'à lui ne lui sembloit pas tel ; car il avoit sur la dévotion un goût assez particulier et la jugeoit bonne alors à sa fortune. On m'a assuré qu'il s'étoit raccroché avec la cour, et que, s'il ne fut pas mort si promptement, il seroit rentré dans sa charge ou au moins dans le conseil secret en qualité de ministre d'État, et que ce fut lui le premier qui proposa à ma mère de me marier avec une de ses filles, dont mon père même, fort infirme, n'étoit pas éloigné, parce

1. Armand-Jean Le Bouthillier de Rancé (9 janvier 1626-27 octobre 1700). Il était cousin germain de Chavigny, descendant l'un et l'autre de deux frères.

2. Retz dit formellement que Chavigny fut envoyé au Havre et ce détail est confirmé par le maréchal d'Estrées (*Mémoires*, p. 253).

3. Antoine Singlin, théologien et prédicateur, mort le 17 avril 1664, esprit à la fois timoré et résolu, qui eut beaucoup de part aux troubles de Port-Royal.

qu'il importoit peu que j'eusse la survivance de mon
père ou celle de mon beau-père, à qui en ce temps-
là il auroit volontiers remis ses grands emplois
pourvu que je n'en eusse point souffert de dommage.
C'étoit la duchesse d'Aiguillon [1] qui conduisoit cette
double intrigue. Elle échoua par la mort de M. de
Chavigny, quoique depuis elle s'accomplit. Quant
à mon mariage avec sa fille, le Cardinal n'approuva
pas ce mariage, encore que le maréchal de Clérambault, mon beau-frère, meilleur courtisan que moi,
eut fait la planche et rompu la glace le premier en
épousant la fille aînée. Je pouvois me marier sans
doute plus avantageusement ; mais cela ne dépendoit
pas de moi, et ce n'est pas encore ici le lieu de
parler des événements singuliers de ma vie, qui n'a
été qu'un tissu d'exils et de prisons. Ainsi mourut
M. de Chavigny, personnage d'un très grand mérite [2].
Il s'étoit réconcilié avec Monsieur le Prince par le
moyen du duc de Rohan-Chabot, qui s'employoit
très sincèrement à faire cesser nos guerres civiles,
quand l'abbé Foucquet [3] intercepta une lettre de

1. Marie-Madeleine de Vignerot, demoiselle du Pont-Courlay,
dame de Combalet, duchesse d'Aiguillon en 1638, la nièce préférée du cardinal de Richelieu. Si l'on en croit le maréchal
d'Estrées (*Mémoires*, p. 167), elle n'avait pas toujours été favorable à Chavigny, qu'elle desservit d'abord dans l'esprit de
Mazarin.

2. Mme de Motteville (*Mémoires*, éd. Riaux, t. IV, p. 31) et
Montglat (*Mémoires*, dix-huitième campagne) ont conté la fin de
Chavigny. De ces deux récits il résulte que Chavigny, ayant été
malmené par Condé, en fut si chagriné qu'il en mourut.

3. L'abbé Basile Foucquet, dont il a déjà été question (t. I,
p. 311 et 321).

M. de Rohan à M. de Chavigny, d'autres disent au Cardinal, où il paroissoit que M. de Chavigny vouloit tromper Monsieur le Prince ; Son Altesse vint traiter M. de Chavigny d'une manière si brusque et si violente jusque dans son propre hôtel, que celui-ci, se sentant innocent et n'ayant pu se justifier sur le champ, en conçut un dépit dont il mourut à trois mois de là. Il remit une liasse de billets payables à vue d'une somme très considérable entre les mains de M. Singlin, son confesseur, avec deux mille pistoles qu'il avoit dans son cabinet et lui enjoignit d'en disposer selon l'ordre verbal qu'il lui en donna, quelques heures avant sa mort, pour le repos de son âme. Le confesseur emporta l'argent et les billets de change ; mais par malheur il se trouva dans la même liasse des promesses au profit de MM. d'Estrades [1] et Fabert [2], amis intimes de mon beau-père, pour la somme, je crois, de trois cent mille livres, ou même plus. Le dépôt que M. de Chavigny avoit remis à M. Singlin se montoit à neuf cent mille livres. On ne s'aperçut de tout ce manège de dévotion qu'à la levée du scellé, Mme de Chavigny fit grand bruit et dit qu'elle renonceroit à la communauté si on ne lui remettoit ce dépôt ; que, pour l'argent, elle l'abandonnoit [3]. Enfin les amis des Jansénistes

1. Godefroy, comte d'Estrades, maréchal de France en 1675, mourut en 1686, à l'âge de soixante-dix-neuf ans.

2. Abraham Fabert, né à Metz le 15 octobre 1599, maréchal de France en 1658, mort à Sedan, le 17 mai 1662.

3. Conrart est fort dur pour la veuve de Chavigny, qu'il dit « d'humeur intéressée et avare au dernier point ». Lui aussi raconte, mais d'une façon différente, l'histoire de cette succession (*Mémoires*, p. 220 et suiv.).

s'étant chargés d'accorder cette affaire, dont le confesseur ne crut pas devoir révéler le secret, les papiers furent rendus, et ma belle-mère donna cent mille livres pour fonder une salle dans l'Hôtel-Dieu de Paris et décharger l'âme de son mari : ce qui fut exécuté, et MM. d'Estrades et Fabert retirèrent leurs effets. On n'a jamais bien su cette affaire ; pour moi, je conjecture qu'il pouvoit bien y avoir eu làdedans quelque restitution du jeu, ou peut-être aussi d'autres restitutions à des personnes de la Cour à qui M. de Chavigny croyoit avoir fait tort pendant sa faveur ; peut-être aussi n'étoit-ce que dans la vue de quelques fondations que cette liasse avoit été confiée à M. Singlin. Enfin, d'autres disent que M. de Chavigny, qui aimoit et estimoit les religieuses de Port-Royal, où il faisoit élever une de ses filles, qui est maintenant la présidente de Bosmelet, avoit eu l'intention de donner cette somme de neuf cent mille livres à ce monastère pour l'acquit de sa conscience. Quoi qu'il en soit, on ne peut le blâmer d'avoir fait une bonne action à la mort, et cela même mérite beaucoup de louanges. Je voudrois que sa dernière volonté eût été exécutée ; j'en aurois peut-être été, et ses petits-enfants aussi, moins malheureux. Souvent Dieu nous châtie pour les péchés de nos pères, et rien ne se doit exécuter plus diligemment par les héritiers que la dernière volonté du mort.

Revenons maintenant au cardinal Mazarin. Il fit la fortune de mon père, parce que M. de Brienne détermina la Reine à se servir de lui dans le ministère [1], plutôt que du cardinal Grimaldi [2], qui étoit un saint et n'avoit pas moins d'habileté ; car pour de la droiture et de la probité il en avoit sans doute et le cardinal Mazarin n'en eut jamais. C'étoit un fourbe éclairé qui n'aimoit que sa fortune ; il avoit à sa mort presque tous les bénéfices de France, car pour toutes les plus grandes abbayes du royaume il les possédoit sans doute et en tenoit quatorze ou dix-huit de compte fait sans bulles et n'en jouissoit que par économat [3]. Voilà des biens bien acquis. Aussi le duc de Mazarin, son héritier [4], est maudit de Dieu visiblement, quoique très homme de bien, à cause des crimes de l'oncle de sa femme qui s'est séparée de lui et mène une vie de bohémienne en Angleterre. Son fils [5] n'a point d'esprit ni de cœur ; il est accablé de dettes, lui qui de son chef étoit le plus riche seigneur de la cour. Si cela ne s'appelle pas malé-diction, j'avoue que je ne m'y connois pas.

Le Cardinal, persécuté par la Fronde, sortit deux fois de France et se retira chez l'électeur de Cologne. La première fois qu'il quitta la France [6], il n'avoit

1. Brienne a déjà conté comment (voy. t. I, p. 97).

2. Jérôme Grimaldi, né le 20 août 1597, cardinal en 1643, archevêque d'Aix depuis 1648 jusqu'au 4 novembre 1685, date de sa mort.

3. C'est-à-dire en régie. Brienne a déjà longuement développé tout cela (voy. t. II, p. 37).

4. Armand-Charles de La Porte, d'abord marquis, puis duc de La Meilleraye, duc de Mazarin, à la suite de son mariage avec Hortense Mancini, la nièce préférée du Cardinal. Il a déjà été question de lui à maintes reprises et Brienne y revient encore plus loin.

5. Paul-Jules de La Porte-Mazarini, né le 25 janvier 1666.

6. Mazarin quitta la France pour la première fois en avril 1651 et revint en décembre à la tête d'une armée.

encore rien amassé que des meubles et une riche et curieuse bibliothèque, par les soins de Naudé [1] ; les livres furent tous vendus par arrêt du Parlement ; mais il les a retirés depuis. Le président Tubeuf [2], sa créature et son meilleur ami, lui prêta cent mille écus pour faire son voyage et y paroître selon sa dignité. Il avoit pourtant des pierreries qu'il emporta avec lui ; mais il n'avoit pas encore acquis les douze Mazarins dont il a fait présent au Roi à sa mort et qui sont les plus beaux diamants de la couronne [3]. Comme il étoit assuré de son retour en France par une lettre de la propre main de la Reine et fort obligeante, que l'abbé Foucquet, son principal agent, lui porta, il fit un tour que M. l'évêque de Châlons-sur-Marne m'a conté [4]. Il jeta sa canne sur le haut d'un arbre après avoir dit à l'abbé Foucquet que si elle retomboit, ce qui assurément devoit arriver, il resteroit à Bouillon ; mais que si elle restoit sur l'arbre, c'étoit une marque qu'il seroit bien reçu en France ; et aussitôt, adroit de la main comme il l'étoit, il jeta sa canne de manière qu'elle ne retomba pas. « Il la faut laisser là, dit-il en riant. Heureux augure (car il y croyoit et encore plus aux horoscopes) ! heureux augure ! Je serai bien reçu à la cour

1. Gabriel Naudé (1600-1653), successivement bibliothécaire du cardinal Barberini, de Mazarin et de la reine Christine.

2. Jacques Tubeuf, président des comptes, intendant et contrôleur général des finances. On n'a pas oublié la piquante anecdote contée ailleurs par Brienne sur Mazarin et sur lui (t. II, p. 45).

3. Au sujet de ces pierres précieuses voy. encore t. II, p. 44.

4. Félix Vialart de Herse. Brienne a déjà conté l'anecdote (t. I, p. 321).

et je m'y tiendrai ferme sur mes pieds jusqu'à ma mort. Chère canne, tiens-toi là et que les vents ne t'en puisse faire tomber ! » Il le dit ; mais il ne le fit pas. Il renvoya quérir sa canne garnie d'or par un page et en fit présent à l'abbé Foucquet. Il donnoit peu et rarement ; mais, quand il donnoit, c'étoit toujours de fort bonne grâce.

Le voilà donc rétabli à la cour malgré la Fronde. Il tint parole et amassa tant de millions qu'il en laissa quarante de compte fait à son légataire universel [1] ; mais M. Colbert, qui seul avoit la connoissance des immenses richesses de son maître, les fit venir, ces quarante millions, dans les coffres du Roi, et par ce service si important commença à assurer les fondements de la haute fortune où cet homme de si basse extraction est parvenu ; mais il est mort toutefois et ses grandes richesses se sont fort écoulées dans les mains du marquis de Seignelay [2], son fils, qui avoit l'âme grande et qui aimoit autant la prodigalité que son père avoit aimé l'épargne. Je ne suis pas d'avis de pousser plus loin pour le présent l'histoire du cardinal Mazarin, très indigne à mon avis d'une si haute fortune. On peut voir son histoire dans celle que Priolo a écrite sur mes mémoires ; car alors j'étois fou du latin et je ne l'écrivois pas trop mal. J'ai même envie de traduire cette histoire latine en françois, quand j'aurai avancé de brouiller ces mémoires de ma vie, à plume courante, et presque sans rature, comme ce premier brouillon en fait foi.

1. Voy. encore t. II, p. 48.
2. Jean-Baptiste Colbert, marquis de Seignelay, né à Paris en 1651, mort le 3 novembre 1690.

Il ne me reste plus pour achever ce premier mémoire qu'à parler du cardinal de Richelieu, que j'ai réservé pour le dernier acte de cette comédie. En effet, qu'est-ce que la cour et que la faveur des ministres, sinon une farce continuelle dont le sage se rit en son cœur ? Heureux qui ne la voit qu'en peinture ou dans nos écrits, ou qui, l'ayant vue de près, comme moi, a le temps de penser à la mort loin du bruit et des embarras de ce séjour d'iniquité !

Or, le cardinal Armand-Jean de Richelieu étoit sans contredit le plus grand homme de son temps, le plus habile pour conduire de grands desseins, le plus ferme dans ses résolutions, le plus téméraire dans ses entreprises ; mais toutefois extrèmement heureux, ce que j'attribue autant à la fidélité de ses amis, aux bons conseils de ses véritables serviteurs, Séguier, Bullion [1] et Chavigny, qu'à sa hardiesse et qu'à l'ascendant de son astre toujours bénin et dont les bonnes influences l'ont accompagné et soutenu jusqu'à la mort. Je dirai peu de choses de lui parce que je n'en suis pas trop bien informé, c'est-à-dire par moi-même ; mais je sais de feu mon père que c'étoit un très habile négociateur, fort prévoyant, et qui ne faisoit guère de fautes ou les réparoit fort sagement par toutes voies permises ou défendues, *per fas et nefas*, ce furent ses propres termes.

C'étoit bien un autre homme et un autre génie que le cardinal Mazarin. Il aimoit la France et sa propre

---

1. Claude de Bullion, seigneur de Bonnelles, surintendant des finances en 1632, mort le 22 décembre 1640, fidèle auxiliaire des vues de Richelieu.

grandeur, j'entends de lui, cardinal duc, devenu premier ministre. Il avoit du crédit parmi les princes étrangers, et M. de Chavigny le servoit fort bien de ce côté-là ; on se fioit à sa parole, dont il étoit très religieux observateur, au lieu que le cardinal Mazarin se faisoit gloire de n'être point esclave de la sienne ; aussi n'étoit-il estimé de personne, ni en France, ni en Angleterre, ni à Rome.

Les plus grandes difficultés que le cardinal de Richelieu ait eues à surmonter pendant son administration, ç'a été l'esprit du Roi et les intrigues de la cour ; celles de Chalais[1] et de Monsieur le Grand[2] le mirent à deux doigts de sa perte, mais il leur en coûta la vie. Les Marillacs manquèrent leur coup, et il s'en vengea. Pour tant d'autres qu'il a fait mourir par la main du bourreau et par d'autres voies, tels que le roi de Suède[3] et le comte de Soissons[4], ils l'embarrassèrent, mais ne le mirent pas en péril de sa fortune ; aussi trouva-t-il le moyen de s'en défaire.

La personne de toute la cour qu'il craignoit le plus, c'étoit la duchesse de Chevreuse, esprit remuant et solide et qui venoit aussi bien que le Cardinal à bout de ses desseins par les voies qui ne sont approuvées de personne. La vie des gens qui l'in-

---

1. Brienne en a déjà longuement parlé, t. I, p. 179.

2. Henri Coiffier, dit *Ruzé*, marquis d'Effiat, grand écuyer. Voy. t. I, p. 202.

3. Gustave-Adolphe, tué d'une façon assez mystérieuse à la fin de la bataille de Lützen en 1632.

4. Louis de Bourbon, comte de Soissons, né le 11 mai 1604, tué le 6 juillet 1641, au combat de la Marfée, ce qui provoqua bien des imputations contre Richelieu.

commodoient étoit peu en sûreté. Aussi le Cardinal l'éloigna-t-il de la cour et la Reine Mère aussi, qui de sa bienfaitrice devint sa plus grande ennemie ; c'étoit ainsi qu'il coloroit la trahison qu'il avoit faite à cette vertueuse princesse, digne sans doute à cause de ses vertus d'une meilleure fortune.

Il fit mourir Saint-Preuil [1] pour les intérêts de M. de Noyers [2] et du maréchal de La Meilleraye [3] ; il sacrifia le maréchal de Marillac [4] à sa vengeance et se contenta de faire peur de la mort au commandeur de Jars [5], qui, dans le conseil qui se tint contre le Cardinal, je ne sais ni où ni en quelle occasion, n'avoit point opiné à la mort. Il exila ceux qui l'avoient voulu exiler ; il fit mourir tous ceux qui souhaitoient sa mort. Il fit beaucoup de bien à ses amis, et à ses ennemis tout le mal qu'il put : bon ami et terrible ennemi. Il a été amoureux de la Reine jusqu'à la folie, et Mme de Chevreuse l'obligea un jour, Bocan jouant la sarabande, de la danser avec des castagnettes aux doigts, lui cardinal, prêtre et évêque, en pantalon vert ; ce qui ne lui ayant pas

1. François Jussac d'Embleville de Saint-Preuil, décapité à Amiens le 9 novembre 1641.

2. François Sublet de Noyers, secrétaire d'État de la guerre, disgrâcié en avril 1643, mort le 20 octobre 1645.

3. Charles de La Porte, duc de La Meilleraye, maréchal de France le 30 juin 1639.

4. Louis de Marillac, maréchal de France en 1629, mort sur l'échafaud en place de Grève, le 10 mai 1632.

5. François de Rochechouart, commandeur de Jars, mort en 1670. Traduit en 1633, comme complice de Mme de Chevreuse, devant une commission que présidait Laffemas, il fut condamné à mort et ne fut gracié que sur l'échafaud.

réussi pour obtenir de la Reine les dernières faveurs, il en conçut tant de rage qu'il exila la duchesse et pensa perdre cette vertueuse princesse, qui certainement a été beaucoup calomniée, mais n'a jamais été criminelle [1]. Mon père me l'a tant dit que je le crois.

Nonobstant tant de chagrins que lui causoient la défiance du Roi et les intrigues de la cour contre lui, il faisoit des vers et des comédies. Dans le vrai il étoit fou. Les sages ont toujours en eux quelque mélange de folie, *mixturam dementiae* ; mais j'ai peine à accorder tant d'égarements avec tant de sagesse dans un si grand cardinal. Enfin, il mourut au contentement du Roi et des gens de bien, et ne fut regretté de personne, si ce n'est de la duchesse d'Aiguillon, sa nièce, qu'il avoit fort aimée et qui de son côté l'aimoit jusqu'à l'adoration. C'étoit leur mutuelle folie, et on dit que leur amour passoit le simple jeu : l'inceste est au nombre des crimes qu'on lui reproche [2].

Cependant quelque affreux que soit le portrait que je viens de faire de ce tyran de la France, mort en paix dans son lit, en un temps où il étoit craint

1. Brienne a déjà raconté abondamment cette aventure, t. I, p. 215, où l'on trouvera, avec les détails de la scène, des renseignements sur les personnages qui en firent partie. Dans la *Bibliothèque de l'Ecole des Chartes*, 1916, p. 477, M. Louis Batiffol cite une note de Mathieu de Mourgues, en 1631, qui accuse déjà Richelieu d'avoir dansé, étant évêque, en habit de satin vert « devant une dame qui se moquoit de lui ».

2. On a lancé contre Richelieu toutes sortes d'accusations, plus ou moins vraisemblables. Celle-ci s'est produite sous la plume des libellistes, et Brienne l'y a cueillie.

du Roi même, j'aurois mieux aimé servir un tel
homme qui récompensoit bien ses véritables serviteurs que de servir sous le cardinal Mazarin qui ne
faisoit de bien à personne. Il a fait trop d'avantages
à mon beau-père et à sa famille pour que je puisse
croire tout le mal qu'on a publié de lui. Mon père
même, que le cardinal de Richelieu n'aimoit pas,
l'excusoit en beaucoup de choses. On l'a blâmé
d'avoir précipité la mort du duc de Montmorency [1] ;
c'est toutefois une de celles qui paroit la mieux fondée dans les principes du droit, mais on devoit,
dit-on, lui pardonner à cause des grands services
qu'il avoit rendus à l'Église et à l'État. Je l'aurois
fait, pour moi, si j'avois été à la place du Cardinal,
et aurois en cette action d'éclat imité la clémence
d'Auguste dans cet autre Cinna. Mais cette vertu
n'étoit pas de sa connoissance ni de son goût ; le
sang lui plaisoit davantage et il voulut répandre
celui de Montmorency et par ce coup d'autorité
effraya le duc d'Orléans même qu'il n'auroit pas
épargné, si le Roi, plus tendre que lui, ne l'en avoit
empêché.

Voilà ce que j'avois à dire du cardinal de Richelieu,
dont on vient de placer la statue en Sorbonne dans
le chœur [2]. Elle est de la main de Girardon et très

1. Henri II, duc de Montmorency, maréchal de France, né à
Chantilly en 1595, décapité à Toulouse le 30 octobre 1632.

2. Le tombeau du cardinal de Richelieu, placé dans le chœur
de l'église de la Sorbonne, est généralement considéré comme
le chef-d'œuvre de Girardon. Il est signé ainsi : Fr. GIRARDON,
TRICASSIN., INV. ET SCULPSIT an. M. DC. XCIV. (Stanislas Lami,
Dictionnaire des sculpteurs de l'École française sous le règne de

bien exécutée. C'est un bloc de marbre blanc;
l'Église soutient le corps couché sur un matelas de
brocard et la Sorbonne pleurante à ses pieds qu'elle
embrasse par reconnoissance paroit inconsolable de
la perte de son restaurateur. Je crois que ç'a été la
pensée du sculpteur, si toutefois j'ai bien deviné.

Je voudrois achever une épitaphe latine qu'on
attribue à Hugo Grotius [1]. Je l'ai traduite en françois et je l'avois placée dans le premier volume de
mes mémoires que je n'ai pu encore retirer de B... [2].
C'est une très ingénieuse sottise contre le cardinal
de Richelieu. Je finis mon premier mémoire.

Louis XIV, 1906, in-4°, p. 211). Germain Brice, dans sa *Des-*
cription de la ville de Paris, déclare aussi catégoriquement :
« Ce bel ouvrage, qui est de Girardon, n'a été posé qu'en
l'année 1694. » Il s'ensuit que Richelieu, mort le 4 décembre
1642, resta plus de cinquante ans sans une sépulture digne de
lui. Ce retard ne fut pas le fait du sculpteur, mais bien celui
de la mauvaise volonté des héritiers que l'artiste dut, au contraire, stimuler vivement. (*Nouvelles archives de l'Art français*,
troisième série, t. V, 1889, p. 291). En mentionnant comme un
fait récent le placement du monument de Richelieu en Sorbonne,
Brienne confirme une fois de plus qu'il écrivit cette partie de
son œuvre au plus tôt en 1694.

1. C'est la pièce latine que Brienne a déjà insérée dans ses
Mémoires, t. I, p. 262.

2. Cette initiale semble désigner le chancelier Louis Boucherat,
que Brienne accuse ailleurs de l'avoir dépouillé de ses livres.
En écrivant ceci Brienne n'avait donc pas sous les yeux la
première rédaction de ses Mémoires, composée au moins dix
ans auparavant.

SECOND MÉMOIRE

De la conduite de Louis le Grand depuis la mort du cardinal Mazarin et de son glorieux règne jusqu'à la prise de Namur en 1695, avec le portrait de ses ministres et des principales personnes de la cour de l'un et de l'autre sexe.

ARTICLE PREMIER

contenant des particularités sur les fraudes et la disgrâce de M. Nicolas Foucquet, ministre d'État et surintendant.

Le Cardinal mourut à Vincennes en l'année 1661, le propre jour des ides de mars[1]. J'y étois et le vis mourir, c'est-à-dire recevoir l'extrême onction et l'indulgence que le Pape accorde à la mort aux cardinaux de l'Église romaine ; car depuis ce moment n'y eut que M. Joly, curé de Saint-Nicolas-des-Champs, ensuite évêque d'Agen, qui le vit et lui parla de la mort qu'il attendoit, disait-on alors, avec peu de constance et de fermeté d'âme, tant sa conscience lui faisoit de reproches.

Ce jour-là, j'étois dans la garde-robe du Cardinal quand le Roi y entra[2], appuyé sur le maréchal de Gramont et suivi du maréchal de Villeroy[3], qui avoit

1. Comme César. Brienne a déjà conté en détail la fin de Mazarin, t. II, p. 34.
2. Voy. t. II, p. 51, où le fait est rapporté.
3. Nicolas de Neufville, marquis, puis duc de Villeroy (14 octobre 1598-28 novembre 1685), maréchal de France en octobre 1646.

été son gouverneur et étoit du conseil secret, de
M. de Noailles [1], capitaine en quartier, et de moi,
secrétaire d'État en mois. Le Roi regarda le maréchal sans ôter son bras de dessus son épaule et
l'embrassant lui dit en pleurant : « Maréchal, nous
venons de perdre un bon ami. » Le maréchal
sanglota et répondit en pleurant : « Véritablement
oui, Sire ; mais personne dans le royaume, après
Votre Majesté, ne perd plus que moi à cette cruelle
mort. » Le Roi sortit aussitôt et je le suivis. Besmaus [2]
l'accompagna jusqu'au bas du petit degré et fit
mettre bas la carabine aux gardes du Cardinal. Le
Roi le consola et lui dit : « Besmaus, console-toi et
me sers bien seulement dans ton gouvernement de
la Bastille ; tu as retrouvé un bon maître. » Besmaus
lui accola la cuisse et pleura comme un veau, soit
de douleur, soit de joie. Je suivis Sa Majesté et quand
elle fut entrée au milieu du grand degré qui conduit
à l'appartement de la Reine Mère, elle m'appela et
me dit très distinctement quoique à l'oreille :
« Brienne, expédiez les provisions du gouvernement
de Bretagne en faveur du duc de Mazarin, comme
je l'ai promis à feu M. le Cardinal [3]. » Je pris la

1. Anne, comte, puis premier duc de Noailles, premier capitaine des gardes du corps.

2. La *Gazette* du 27 avril 1658 enregistre la nomination du
sieur de Besmaut, capitaine des gardes du cardinal Mazarin,
comme gouverneur de la Bastille. Il mourut le 28 décembre
1697, âgé de plus de quatre-vingts ans.

3. A quelques divergences près, l'histoire, qui va suivre, du
gouvernement de Bretagne, a déjà été contée par Brienne, t. II,
p. 52, et ces différences de détail montrent que, si la mémoire
de l'auteur a faibli sur quelques points, elle est demeurée fidèle
sur la plus grande partie.

liberté de faire répéter à Sa Majesté, comme si je
n'eusse pas bien entendu, et alors, m'ayant redit la
même chose, je répliquai fort respectueusement :
« Je demande, Sire, pardon à Votre Majesté si je l'ai
fait répéter ; mais la chose en valoit bien la peine. Je
ne saurois expédier les provisions sans avoir la
démission de la Reine, votre mère ; veut-elle bien
la donner ? — Ah ! pour cela non, dit le Roi. —
Mais comment donc faire, Sire ? Les provisions seront
nulles. — Ne laissez pas, dit le Roi, de les expédier
comme si la Reine, ma mère, avoit donné sa démission, et que M. le Chancelier les scelle à la réserve
du contre-scel. » Cet ordre bien donné et bien
entendu, le Roi me rappelle et me dit : « Avertissez
M. le Chancelier et MM. les secrétaires d'Etat de se
trouver demain matin au conseil extraordinaire
que je veux tenir à sept heures du matin, et allez
dire à M. le Surintendant[1], en vous en allant à
Paris, que je l'attends et veux lui parler ; mais ne
dites rien que demain à la Reine, ma mère, du gouvernement de Bretagne. — Elle me lavera bien la
tête, dis-je à Sa Majesté. — Je le crois et je m'y
attends aussi bien que vous ; mais je ne saurois qu'y
faire. Exécutez mes ordres et vous tenez en repos.
Je l'ai promis ; comment m'en dédire ? — Cela est
bien facile, Sire, si vous le voulez. Dites ou trouvez
bon que je dise au duc Mazarin que, d'abord que la
Reine aura donné sa démission, j'ai ordre de lui

1. Nicolas Foucquet, qui, comme le dit Corneille, dans son
examen d'*Œdipe*, « n'étoit pas moins surintendant des belles-
lettres que des finances ».

expédier les provisions du gouvernement de Bretagne.
— Cela ne seroit pas mal, dit le Roi ; mais faites ce
que j'ai dit, et puis nous verrons à apaiser la Reine,
ma mère, et à contenter le duc Mazarin. » Je partis
et rencontrai M. Foucquet qui venoit à pied par les
jardins de Vincennes [1]. Je fis arrêter mon carrosse
et étant descendu je m'acquittai de ma commission.
« Le Cardinal est-il mort ? me dit-il avec quelque
surprise. Je ne sais plus à qui me fier ; les gens ne
font jamais les choses qu'à demi. Ah ! que cela est
fâcheux ! Le Roi m'attend, et je devrois être là des
premiers. Mon Dieu, M. de Brienne, dites-moi ce
qui s'est passé, afin que je ne fasse pas de faute par
ignorance. » Je lui contai tout en peu de mots sans
l'arrêter, et je m'en fus de ce pas à Paris.

Quand j'y arrivai, personne ne savoit encore la
mort du Cardinal. Je l'appris à M. le Chancelier qui
l'envoya dire à M. le Premier Président [2] par son
premier secrétaire Ceberet [3], et moi je la fus dire
à MM. de La Vrillière et Guénegaud, mes confrères,
ensuite à mon père, qui se prépara à assister au conseil d'apparat où le Roi souhoitoit qu'il se trouvât.
Il étoit fort infirme et ne put se rendre à Vincennes
qu'en chaise à porteurs, suivi de son carrosse, où je
menai mes commis avec son secrétaire dans le mien.

1. Cette rencontre est contée un peu différemment dans le
premier récit de Brienne (t. II, p. 97).

2. Guillaume de Lamoignon (1617-10 décembre 1677), premier président du Parlement depuis octobre 1658.

3. Le manuscrit porte Le Bret. C'est une altération évidente
du nom de Ceberet, secrétaire de Séguier, dont il a déjà été
question (t. II, p. 58).

III. 3

L'évêque d'Aire, mon parent [1], désira de m'accompagner, et le sieur de Chefdeville [2] fut envoyé de la part de ma mère faire un compliment au Roi et à la Reine-Mère sur la mort du Cardinal, en attendant qu'elle put y venir elle-même, et je l'y menai le jour suivant dans mon carrosse à six chevaux, car l'usage de huit chevaux n'étoit pas encore introduit. Je n'allois qu'à deux chevaux à Vincennes pour éviter l'embarras. La cour y étoit très mal et les équipages encore plus : point d'eau ni d'avoine ; c'étoit une grande misère pour les pauvres chevaux, outre que tout y étoit fort cher.

Mon père fut fort surpris de l'ordre que le Roi m'avoit donné. Nous dressâmes les provisions ensemble. Il étoit serviteur et ami particulier du maréchal de La Meilleraye et moi du duc de Mazarin. Je retournai le soir assez tard chez M. le Chancelier qui les scella au contre-scel près, et approuva l'expédient du Roi, et me dit avec sa prévoyance ordinaire : « Je vois fort mal, ou cette grimace de cour ne se fait que *pro forma*, pour la forme seulement. — Je le crois aussi, Monsieur, lui dis-je, et demain nous en serons éclaircis. » D'abord je parus le matin du 10 au lever de la Reine [3]. « Vraiment,

1. C'était alors Bernard de Sariac, qui occupa ce siège épiscopal du 24 juin 1657 jusqu'au 12 octobre 1672. Il était fils de Carbon de Sariac et de Marie de Béon, qui sortait de la même famille que la mère de Brienne.

2. Voy. sur ce personnage, t. II, p. 107. Il était parent lui aussi de Mme de Brienne.

3. Le manuscrit porte le 16, ce qui est manifestement inexact, sans doute par suite d'une erreur du copiste.

petit garçon, me dit-elle, je vous trouve bien hardi
de disposer de mon gouvernement sans moi. Où
sont les provisions, que je les déchire ? — C'est le
Roi, madame, qui les a. — Sont-elles scellées ? —
Oui, madame, mais seulement à demi ; le contre-
scel y manque, parce que la démission de Votre
Majesté n'y est pas. — Ni n'y sera, dit la Reine en
se radoucissant. Je vois bien ce que c'est : on voudroit que je m'en démisse ; mais je n'ai garde. Oh !
que j'en dirai tantôt à ce petit camard de Mazarin.
Allez, soyez sage une autre fois. Je vois bien que
vous n'avez pas tout le tort et je vous pardonne. »
Je pris sa belle main, et me mettant à genoux fort
respectueusement, je la baisai, et elle me donna un
assez bon soufflet sur la joue. Puis ajouta : « Je crains
de t'avoir fait mal. — Vous n'en sauriez faire,
Madame, et moins à moi, votre créature, qu'à personne du monde. » Elle me donna un autre petit
soufflet et me dit : « J'en suis bien aise ; une autre
fois je frapperai plus fort. » Je tendis l'autre joue, et
elle me la pinça : « Tu n'auras que cela pour l'heure ;
va me chercher le duc de Mazarin, car je veux voir
cette affaire finir avant que j'aille à la messe [1]. »

Mais revenons au Conseil où j'avois déjà été. Je
dis à Sa Majesté que M. le Chancelier étoit arrivé
et Messieurs mes confrères. « Tout à l'heure », dit

---

1. Suivant Brienne lui-même, qui a déjà conté cela (t. II,
p. 52), cette explication aurait eu lieu le jour même de la mort
de Mazarin, le 9 mars, et non pas le 10, comme il est dit ici, au
cercle de la Reine et non pas à son lever. Le langage d'Anne
d'Autriche y est un peu différent, dans la forme, sinon dans le
fond.

le Roi, et, fouillant dans sa cassette, il y prit un papier et mit dessus les provisions du gouvernement de Bretagne que je lui présentai. Il me dit : « Après le Conseil, allez voir la Reine ma mère, et lui dites que vous m'avez remis ces provisions (il les montroit du bout du doigt). Faites entrer mon Conseil. »

Je sortis, et m'approchant de M. le Chancelier je lui dis qu'il pouvoit entrer : « Et vous aussi, Messieurs, le Roi vous demande. » M. Le Tellier me fit passer devant lui et voulut fermer la porte. Nous étions donc huit en tout, savoir : M. le Chancelier, M. le Surintendant, mon père, M. de Lionne, M. de La Vrillière, M. du Plessis-Guénegaud, M. Le Tellier et moi [1]. Le Roi se découvrit et puis remit son chapeau, et, se tenant debout devant sa chaise, adressa la parole à M. le Chancelier : « Monsieur, je vous ai fait assembler avec mes ministres et secrétaires d'État pour vous dire que jusqu'à présent j'ai bien voulu laisser gouverner mes affaires par feu M. le Cardinal ; il est temps que je les gouverne moi-même. Vous m'aiderez de vos conseils quand je vous les demanderai. Hors le courant du sceau auquel je ne prétends rien changer, je vous prie et vous ordonne, Monsieur le Chancelier, de ne rien sceller en commandement que par mon ordre et sans m'en avoir parlé, hors qu'un secrétaire d'État ne vous les porte de ma part. Or, je vous demande votre avis sur les lettres que de Brienne le fils a expédiées par mon

1. Cette première séance du conseil a été retracée par Brienne (t. II, p. 59), qui a prêté au Roi la même attitude, à quelques divergences près, qui portent sur les détails, non pas sur l'essentiel.

ordre et que M. le Chancelier a scellées à demi. »
Il les prit en même temps sur sa cassette et me dit
de les lire. On alla aux opinions après que Sa
Majesté eut dit : « Je l'avois promis au Cardinal et
j'ai voulu tenir ma parole. »

Je parlai le premier comme rapporteur et fis souvenir Sa Majesté de la liberté que j'avois prise de la
faire répéter, de l'objection de la démission dont je
l'avois avertie et de l'avis du contre-scel qu'elle
avoit elle-même ouvert. M. le Surintendant parla
ensuite et dit que les lettres étoient nulles. M. Le
Tellier les défendit mal et M. de Lionne encore plus
mal. Enfin l'avis de mon père fut suivi, qu'on sauroit de la Reine-Mère si elle vouloit donner sa
démission ou non et qu'en cas qu'elle l'accordât, les
lettres seroient consommées par le contre-scel qu'y
apposeroit M. le Chancelier, qui avoit apporté les
sceaux ; sinon qu'elles resteroient nulles et sans effet
comme elles l'étoient jusqu'à présent. Le Roi le
chargea d'en aller parler à la Reine, sa mère, après
le conseil.

Ensuite le Roi se tourna vers nous et nous dit :
« Et vous, mes secrétaires d'État, je vous défends
de rien signer, pas une sauvegarde ni passeport,
sans mon ordre, de me rendre compte chaque jour
à moi-même et de ne favoriser personne dans vos
rôles du mois. Et vous, Monsieur le Surintendant,
je vous ai expliqué mes volontés ; je vous prie de
vous servir de Colbert, que feu M. le Cardinal m'a
recommandé. Pour Lionne, il est assuré de mon
affection et je suis content de ses services. Je prétends, Brienne, me dit-il, que vous agissiez de con-

cert avec lui dans les affaires étrangères et que vous
envoyiez à mes ambassadeurs tout ce qu'il vous
mandera ou dira de ma part sans nouvel ordre de
moi. » Je ne répondis que de la tête et d'une petite
inclination du corps. Puis, le Roi ajouta : « La face
du théâtre change; j'aurai d'autres principes dans le
gouvernement de mon État, dans la régie de mes
finances et dans les négociations au dehors que
n'avoit feu M. le Cardinal. Vous savez mes volontés ; c'est à vous maintenant, Messieurs, à les exécuter. » Plus n'en dit, et le Conseil se sépara [1].

Ce fut alors que je me rendis chez la Reine, au sortir de ce premier Conseil où Sa Majesté commença à
gouverner par elle-même. Je joignis le duc de Mazarin
et le menai chez la Reine ; elle l'houspilla fort : à quoi
je l'avois assez préparé ; et elle lui dit entre autres
paroles remarquables : « Vous êtes une bête, vous
ne vaudrez jamais votre père [2]. » En effet, il n'eut
point le gouvernement de Bretagne ni la survivance
même que le Roi vouloit lui accorder et à quoi la
Reine-Mère ne voulut jamais consentir à cause de
la conséquence. Et le duc de Mazarin, qui certes est
un très pauvre homme, se défit du gouvernement
de Brisach comme un sot (je n'ai point d'autres
termes), resta lieutenant général de Bretagne sous la

---

1. A la distance des événements où Brienne se trouve alors
— plus de trente ans, — il accentue encore l'énergie de l'attitude qu'il a prêtée (t. II, p. 59) à ce début de Louis XIV. Ce
dernier récit est postérieur de dix ans au précédent.

2. Ce propos si vif de la Reine ne se retrouve pas ailleurs
sous la plume de Brienne, bien qu'il ait parlé sans indulgence
du duc Mazarin (t. II, p. 65).

Reine. Il s'est même défait depuis de la lieutenance
générale et n'est plus que gouverneur d'Alsace sans
autorité et sans considération. La Reine prophétisa
pour le coup : le maréchal de La Meilleraye n'auroit pas fait cette faute.

Je brillois alors assez à la cour et j'étois de tous
les plaisirs du Roi ; j'avois l'honneur de jouer
presque tous les jours à la paume avec Sa Majesté
et j'étois du jeu de la Reine-Mère. Les appartements
n'étoient pas encore rétablis lors de la disgrâce de
M. Foucquet, avec qui j'étois parfaitement raccom-
modé. Notre rupture étoit venue de ce que le Surintendant s'imaginoit faussement que je n'avois pas
voulu épouser sa fille qui est maintenant la duchesse
de Charost [1]. Mais Langlade [2], secrétaire du cabinet,
nous réconcilia et il me fit payer une somme de
trente mille livres sur les arrérages de mes appointements et de mon cahier de frais. La cour fut à
Fontainebleau et le Roi y devint amoureux de
Mlle de La Vallière, fille d'honneur de Madame. Je
la trouvois fort aimable ; je lui disois toujours
quelques douceurs en passant ; elle m'écoutoit assez
favorablement, mais je n'en étois point amoureux ;

1. Brienne a déjà fait allusion (t. I, p. 124) au projet de
mariage qui avait existé entre lui et Marie Foucquet, plus tard
duchesse de Charost.

2. Jacques de Langlade, seigneur de Méridan, d'abord secrétaire du duc de Bouillon, dont il a publié les *Mémoires*, puis
secrétaire des commandements de Mazarin, enfin secrétaire du
cabinet. On le trouve mentionné dans de nombreux mémoires
du temps, les *Mémoires de Daniel de Cosnac*, de *Gourville*, de
Mademoiselle, de *Lenet*, les *Lettres de Mme de Sévigné* et les *Historiettes de Tallemant des Réaux*. Il mourut en décembre 1680.

peut-être le serois-je devenu [1]. Or, il arriva que, voulant avoir le portrait de Sa Majesté, je fis venir à Fontainebleau Lefebvre de Venise, célèbre faiseur de portraits en petit [2]. Nanteuil y étoit aussi et travailloit au portrait du Roi en pastel [3]. Sa Majesté m'accorda la grâce que je lui demandai de faire faire son portrait par Lefebvre. Un jour que j'étois chez Madame [4], le Roi y vint pour voir sa nouvelle

---

1. Arrivée à Fontainebleau en mai 1661, Louise de La Vallière était, en juillet de la même année, la maîtresse de Louis XIV, par suite de la connivence du comte de Saint-Aignan. C'est dans ce court intervalle que peut se placer l'aventure racontée ici par Brienne, près de trente-cinq ans après.

2. Roland Lefebvre, dit de Venise, à cause de son long séjour dans cette ville. Peintre de portraits, né en Anjou en 1608, mort en Angleterre en 1675 ou 1677. Élu académicien le 6 janvier 1663 et reçu 4 janvier 1665, sur une miniature représentant *la Vérité se présentant à l'Académie*, il en fut exclu le 14 mars 1665, pour injures, par suite de son mécontentement de n'avoir pu se faire recevoir peintre d'histoire (Émile Bellier de La Chavignerie et Louis Auvray, *Dictionnaire général des artistes de l'Ecole française*, t. I, p. 967.) — On ne saurait le confondre, et la chose serait à craindre pour un amateur moins averti que Brienne, avec son homonyme et contemporain Claude Lefebvre, peintre de portraits également fameux (Fontainebleau, 17 septembre 1632 — Paris, 25 avril 1675).

3. Ce portrait, dessiné par Nanteuil, en 1661, a été gravé par l'artiste, la même année. On le trouve reproduit, entre autres, dans l'ouvrage de Jules Lair, sur *Louise de La Vallière* (4e édition, 1907, p. 32), qui cite (p. 62), comme portraits du roi à la même date, plusieurs dessins de Le Brun conservés au Louvre.

4. Henriette-Anne d'Angleterre (16 juin 1644-29 juin 1670), fille de Charles Ier et sœur de Charles II, première femme de Philippe, duc d'Orléans, et belle-sœur de Louis XIV. Elle

maîtresse et me trouva avec elle dans l'antichambre ;
il nous demanda ce que nous faisions. Je lui répondis fort simplement, parce que c'étoit la vérité, que
je proposois à Mlle de La Vallière de me permettre
de la faire peindre par Lefebvre en Madeleine ; et
ne me contentant pas de cela, je dis avec la même
ingénuité : « C'est que son visage, qui a quelque chose
de l'air des statues grecques, me plaît fort. » Elle
rougit, et le Roi passa sans répondre. Le soir même
que cette aventure m'étoit arrivée, je m'aperçus de
leurs amours. Le Roi parloit avec beaucoup d'attention et de civilité à sa nouvelle maîtresse, et moi
de penser à l'heure même à ma bévue. Mais, comme
j'avois l'esprit fort présent, je pris mon temps
comme il la quitta et s'éloigna de la fenêtre où
s'étoit passé ce doux entretien, pour demander
devant lui à Mlle de La Vallière si elle étoit dans
la résolution de se faire peindre en Madeleine. Le
Roi revint sur ses pas et me dit : « Non, il faut
la faire peindre en Diane ; elle est trop jeune pour
être peinte en pénitente. » J'entendis trop bien ce
langage, mais je ne fis semblant de rien ; et le lendemain qui étoit un jour de conseil, je me levai de
fort bonne heure, car je n'avois pas fermé l'œil de
toute la nuit, tant la rencontre du jour m'avoit
éveillé et alarmé tout ensemble. Sa Majesté me voyant

n'avait pas dix-sept ans encore — l'âge de Louise de La Vallière, qui était l'une de ses filles d'honneur, — et témoignait
beaucoup de coquetterie au Roi, si bien qu'on l'accusa de le
rechercher. Comme on le sait, la duchesse d'Orléans mourut
jeune ; sa vie a été retracée par Mme de La Fayette, et son
oraison funèbre prononcée par Bossuet.

entrer si matin dans sa chambre dont toutes les
entrées m'étoient permises, même de sa garde-robe,
où j'entrois quand il étoit sur la chaise percée, sans
avoir eu besoin de brevet d'affaires [1], elle vint à
moi, entra dans le cabinet de Théagène et de Chariclée [2] et ferma la porte au verrou. Cela m'émut
un peu, car le Roi n'avoit pas accoutumé d'en user
ainsi. Alors s'approchant de moi d'un air fort sérieux
mais honnête, il me dit sans la nommer : « L'ai-
mez-vous, Brienne ? — Qui, Sire ? répondis-je.
Mlle de La Vallière ? » Le Roi dit : « Oui, c'est elle
dont j'entends parler. » Alors je me remis et, me
possédant extrêmement, je repartis avec une présence d'esprit admirable : « Non, pas encore, Sire,
tout à fait. Mais je vous avoue que j'ai beaucoup
de penchant pour elle et que, si je n'étois pas marié,
je lui ferois offre de mes services. — Ah ! vous
l'aimez ! Pourquoi mentez-vous ? » dit le Roi fort
brusquement et presque en soupirant. Je répondis

1. « Le *brevet d'affaires* était le privilège que le roi accor-
doit à quelques courtisans de le voir dans la garde-robe. »
(A. Chéruel, *Dictionnaire historique des institutions, mœurs et
coutumes de la France*, v° *Brevet*.)

2. « La quatrième pièce (après l'escalier), connue autrefois
sous les noms de grand cabinet du Roi et de chambre ovale,
s'appelle aujourd'hui le salon des nobles. François Ier l'avait
fait construire de forme ovale pour conserver la place de la
cour de ce nom, et Henri IV la fit orner en mémoire de ce que
Louis XIII y était né. C'est Ambroise Dubois qui a peint dans
cette pièce *les Amours de Théagène et Chariclée*, dont quatre
tableaux ont été barbarement supprimés, pour faire, en place,
des portes à deux battants fort inutiles. » Ch. Remard, conservateur de la Bibliothèque du Château Royal, *Le guide du voyageur à Fontainebleau*, 1820, in-8, p. 41.

avec beaucoup de respect : « Sire, je n'ai jamais
menti à Votre Majesté. J'aurois pu l'aimer ; mais je
ne l'aime pas encore assez, quoiqu'elle me plaise,
pour dire que j'en suis amoureux. — C'est assez et
je vous crois. — Mais, Sire, puisque Votre Majesté me
fait tant d'honneur, lui dis-je, me permettra-t-elle de
lui découvrir ingénument ma pensée ? — Oui, dites,
je vous le permets. — Ah ! Sire, dis-je en faisant
un gros soupir, elle vous plait encore plus qu'à
moi et vous l'aimez. — Oh ! bien, dit le Roi, que
je l'aime ou ne l'aime pas, laissez là son portrait et
vous me ferez plaisir. — Ah ! mon cher maître,
dis-je en lui accolant la cuisse, je vous ferai un plus
grand sacrifice. Je ne lui parlerai de ma vie et je
suis au désespoir de ce qui s'est passé. Pardonnez-
moi cette innocente méprise de mes yeux, à laquelle
mon cœur n'a point de part et ne vous souvenez
jamais de ce que j'ai fait. — Je vous le promets,
dit le Roi en souriant ; mais tenez-moi votre parole
et ne parlez de ceci à personne. — Dieu m'en pré-
serve ! Personne n'a plus de respect que moi pour
Votre Majesté. » Je ne pus achever ces paroles sans
m'attendrir et je versai quelques larmes ; car j'ai les
yeux et le cerveau fort humides. Le Roi s'en aperçut et me dit : « Vous êtes fou ; à quoi bon pleurer ? L'Amour t'a trahi, mon pauvre Brienne ; avoue
la dette. — Je m'en garderai bien, lui dis-je. Je
pleure de tendresse pour vous et elle n'y a aucune
part. — Oh ! bien soit ; n'en parlons plus ; je t'en
ai trop dit. — Votre Majesté m'a fait trop d'honneur ; mais j'espère que je ne tomberai plus dans
une faute semblable. » Ce dialogue dura autant de

temps qu'il m'en a fallu pour le raconter. Le Roi
eut la bonté de me laisser remettre et me fit sortir
par la porte qui donne dans la salle des gardes de
la Reine, sa femme [1]. Ce que je fis. Quand je revins
au logis, mon père s'aperçut que j'avois pleuré et
me demanda ce que j'avois ; je lui contai la chose
et mon malheur sans aucun déguisement. Il me dit :
« Voilà une malheureuse affaire pour vous. — Cela
peut-être, mais je ne le crois pas. J'ai bien répondu
et jamais mon esprit ne m'a mieux servi au besoin.
— Il est vrai que vous avez très bien répondu. Je
suis fâché de ne vous avoir pas averti : je sais, il y
a plus de quinze jours, les amours du Roi ; la Reine-
Mère m'en a parlé [2]. — Que faut-il, Monsieur, que
je fasse ? — Rien du tout : saluer Mlle de La Vallière civilement, mais froidement, sans plus vous
amuser à elle ni à parler d'elle aucunement, comme
je me suis aperçu que vous faisiez, et renvoyer
votre peintre tout à l'heure sans qu'il achève le
portrait du Roi. C'est le plus court. — Permettez-
moi, Monsieur, de vous contredire ; cela feroit
parler et je ne puis le renvoyer sans en dire un
mot au Roi. — Vous le pouvez et j'approuve

1. A la suite de la pièce dont il vient d'être question, se
trouve, en effet, à Fontainebleau, l'antichambre de la Reine,
puis la salle de ses gardes.

2. Anne d'Autriche avait entrevu depuis quelque temps la
passion de son fils, mais elle soupçonna tout d'abord Henriette
d'Angleterre d'en être l'objet. C'est seulement un peu avant le
20 juillet qu'elle apprit la liaison du Roi avec Louise de La
Vallière. (Jules Lair, *Louise de La Vallière*, p. 66.) La conversation de Brienne et de son père daterait donc de la première
quinzaine d'août.

votre pensée. » Ce matin même je dis un mot au
Roi au sortir du conseil. « Le portrait que Lefebvre
a commencé de Votre Majesté ne me paroît guère
bien ; je n'en suis nullement content. Celui de Nanteuil est beaucoup mieux. Votre Majesté trouve-
t-elle bon que je le renvoie et que je me prive de
l'honneur qu'elle a bien voulu m'accorder de la faire
peindre ? — Il est vrai que mon portrait ne me
paroît pas bien, mais je vous l'ai permis ; je veux
que vous l'ayiez et cela feroit parler, car Madame et
Mlle de La Vallière veulent se faire peindre par lui,
et le peintre vous en a l'obligation. — C'est moi,
Sire, qui l'ai toute entière à Votre Majesté, de vouloir bien que j'aie son portrait dans mon cabinet de
tableaux où il sera en fort bonne compagnie. —
Oui, dit le Roi, on m'a dit que vous aviez les plus
beaux tableaux qu'il y ait en France. — Oui, Sire,
mais ils sont tous à votre très humble service. — Je
te remercie, Brienne, je ne voudrois pas t'en pri-
ver ». Je dis à mon père ce qui venoit de se passer et il avoua que j'avois eu raison. Lefebvre fit le
portrait de Madame en Vénus, très bien accompagnée de Cupidon, et dans le lointain il avoit placé
Adonis chassant. Il réussit moins bien à celui de
Mlle de La Vallière. Il la peignit en Diane et mit
Actéon dans le paysage [1]. Et ce pauvre Actéon,

1. Le sort de ce portrait est inconnu et il ne semble pas
avoir été gravé. On en peut rapprocher un tableau, attribué
à Mignard, et dans lequel Louis XIV figure en Apollon, dormant près d'un groupe composé de Madame et de ses filles
d'honneur, en nymphes et en muses. Cette toile, conservée au
Musée de Darmstadt, a été reproduite dans le livre de Jules
Lair, p. 56.

c'étoit moi, malice innocente que le Roi me fit, ou peut-être cela arriva-t-il par hasard, le peintre venant de faire mon portrait que toute la cour avoit admiré et auquel il avoit très bien réussi.

Me voici arrivé à la disgrâce de M. Foucquet, dont je suis très bien instruit et dont je vais rendre un compte très exact à mes lecteurs. La fête de Vaux se fit [1], et comme je voulois y aller avec MM. de Lauzun [2] et de La Bazinière [3], mon père me dit de n'y pas aller. Je le crus et je restai à Fontainebleau. Je ne fis point alors de réflexion pourquoi il m'avoit empêché de me trouver à la superbe fête de Vaux ; mais à quelques jours de là je m'aperçus de l'amour que M. Foucquet portoit à la belle et incomparable Menneville, fille d'honneur de la Reine-Mère [4], et

1. Le 17 août. On sait combien elle fut magnifique : souper de Vatel, comédie de Mollère, ballet, jeux d'eau, feu d'artifice.

2. Antonin Nompar de Caumont, comte, puis duc de Lauzun (1633-19 novembre 1723), était connu alors sous le nom de marquis de Puy-Guilhem ou Péguillin On sait que, dix ans plus tard, les caprices de sa destinée devaient en faire un compagnon d'infortune de Foucquet. Voy. le duc de La Force, *Lausun, un courtisan du Grand Roi*, 1914, in-8.

3. Macé-Bertrand de La Bazinière, trésorier de l'épargne, des ordres du roi, avait épousé Françoise de Barbezières de Chemerault. Sa réputation était loin d'être intacte et il fut un instant compromis dans les recherches contre Foucquet.

4. Catherine de Manneville — ainsi signait-elle — fille de Louis de Menneville, seigneur d'Auzonville, et fille d'honneur de la reine Anne d'Autriche, était célèbre par sa beauté. Racine la cite, dans une lettre à La Fontaine, d'Uzès, le 11 novembre 1661 (éd. des Grands Ecrivains, t. VI, p. 415. Elle se laissa courtiser par Foucquet, tout en obtenant une promesse de mariage du duc de Damville, qui refusa de la tenir, puis mou-

ce fut dans la chapelle où l'on entre par la salle des Cent-Suisses que je m'en aperçus la première fois. M. Foucquet étoit fou à lier. Il donna à cette fille cinquante mille écus et Mme du Plessis-Bellière [1] fut la confidente de la conquête de cet impudent Pélée, qui à la vue de toute la cour faisoit de si grands frais en amour. La fille trompa le bon Guitaut, capitaine des gardes de la Reine-Mère [2], et lui donna son argent à garder, qu'elle rendit depuis au Surintendant, qui lui promit de le faire valoir et le perdit entièrement par sa disgrâce [3]. Je ne sais ce qu'elle est devenue.

rut peu après. Le scandale de l'arrestation de Foucquet et de l'inventaire de ses papiers fit, selon Mme de Lafayette, chasser Menneville de la cour et elle se retira dans un couvent (*Mémoires*, éd. Asse, p. 45.)

1. Suzanne de Bruc, d'origine bretonne par son père et vénitienne par sa mère, veuve du marquis du Plessis-Bellière, intrigante et courageuse, mêlée aux affaires de finances de Foucquet, mais non, semble-t-il, à son commerce de galanterie, défendit énergiquement l'homme qui la protégeait, au cours du procès, et fut, par la suite, exilée à Montbrison.

2. François de Cominges, comte de Guitaut, n'était alors que lieutenant des gardes d'Anne d'Autriche ; il n'en devint capitaine qu'en 1663, et mourut en 1670, ayant depuis 1652 le grade de lieutenant général des armées.

3. Chéruel, qui a connu ce passage de Brienne d'après la publication de Barrière (t. II, p. 172), le commente ainsi : « Brienne mêle ici le vrai et le faux. Nous pouvons, grâce aux lettres que nous venons de citer, rectifier ses erreurs. Ce n'est point Mme du Plessis-Bellière qui conduisit cette intrigue, mais une entremetteuse d'assez bas étage, qui servait aussi d'espion à Foucquet. Le personnage que l'on voulait tromper n'est pas Guitaut, mais Damville. Il n'est question de Guitaut, dans toute la correspondance, que comme un ami commun, que l'on

Il m'arriva aussi en ce même temps-là et au même lieu, c'est-à-dire à Fontainebleau, une fort plaisante aventure. Le marquis de Richelieu [1], le plus impudent des hommes et le plus emporté dans ses galanteries, étoit fou de Mlle de La Motte [2], fille de la Reine-mère, fort jolie, mais moins belle que Menneville [3].

. . . .

Mais revenons à M. Foucquet.

La résolution étoit prise par le Roi de le faire arrêter dans Vaux même, le jour de la fête qu'il donna à Sa Majesté et où *les Fâcheux* de Molière furent

employait pour obtenir de Damville l'exécution de ses promesses. » (A. Chéruel, *Mémoires sur la vie publique et privée de Fouquet*, t. II, p. 216.)

1. Jean-Baptiste-Amador du Plessis, marquis de Richelieu (1632-1662), frère cadet du duc qui hérita du cardinal leur oncle, fit un singulier mariage avec une des filles de Mme de Beauvais.

2. Le manuscrit ajoute à tort en note : « Depuis la duchesse de Ventadour », ce qui est une erreur de Brienne ou de son copiste. Il s'agit ici de Mlle de la Motte-Argencourt, que le Roi avait paru distinguer quelques années auparavant, mais qui négligea, dit-on, alors, les avances d'un prince de vingt ans à peine (Voy. Mademoiselle de Montpensier, *Mémoires*, éd. Chéruel, t. III, p. 195 ; Mme de Motteville, *Mémoires*, éd. Riaux, t. IV, p. 85). On voit qu'elle ne tarda pas à faire du chemin, sans doute sous l'influence de Richelieu. Anne d'Autriche finit par s'irriter du scandale de ses relations et chassa de la cour Mlle d'Argencourt qui se retira au couvent des Filles de Sainte-Marie de Chaillot (*Gazette*, du 2 septembre 1661). Sur les interprétations diverses qu'on donna à cet éloignement, on peut voir une lettre écrite à Foucquet (*Mémoires*, t. II, p. 113).

3. Nous ne croyons pas devoir reproduire la fin de l'aventure ; fort inconvenante en elle-même, elle l'est plus encore par les termes employés.

représentés pour la première fois [1]. La Reine-Mère
l'empêcha et dit au Roi : « Ah ! mon fils, cette
action ne vous fera guère d'honneur : ce pauvre
homme se ruine pour vous faire bonne chère et
vous le ferez arrêter prisonnier dans sa maison ! »
Le Roi crut la Reine, sa mère, et remit sa capture,
qui étoit résolue, à Nantes, afin de s'assurer tout
d'un temps de M. Foucquet et de Belle-Isle.

La duchesse de Chevreuse étoit avec le marquis
de Laigues [2] à Fontainebleau pour cette affaire. Elle
avoit obligé celui-ci à s'allier avec M. Colbert, le
ministre, qui n'étoit même que contrôleur des
finances. Cette duchesse, toujours intrigante et qui
avoit conservé assez d'ascendant sur l'esprit de la
Reine-Mère, la fit consentir à la perte de M. Foucquet, que Sa Majesté aimoit parce qu'il l'avoit toujours fait très bien payer de son douaire et des pensions très considérables que le Roi, son fils, lui
donnoit depuis sa majorité [3].

Ce complot ainsi conçu et formé par l'intrigue du
marquis de Laigues, qui certainement étoit mari de
conscience de la duchesse, le Roi obligea M. Fouc-

1. L'abbé de Choisy, qui parle longuement, dans ses *Mémoires*,
de la disgrâce de Foucquet et qui en parle surtout d'après les
souvenirs de notre Brienne, confirme cette intention de
Louis XIV (*Mémoires*, éd. Lescure, t. I, p. 136).

2. Geoffroy, marquis de Laigues, capitaine des gardes du
duc d'Orléans. Il était l'amant de Mme de Chevreuse et partageait ses sentiments sur Foucquet (Gourville, *Mémoires*, éd.
Lecestre, t. I, p. 183).

3. Foucquet avait été avisé des sentiments d'Anne d'Autriche
à son égard, par une correspondante anonyme qu'il ne semble
pas avoir crue (*Mémoires sur la vie de Foucquet*, t. II, p. 217).

quet de se défaire de sa charge de procureur général au Parlement de Paris [1]. Il donna dans le panneau ; car Sa Majesté lui fit espérer de le faire chevalier de l'Ordre en le déclarant son premier ministre, dès qu'il ne seroit plus procureur général. On faisoit alors des chevaliers, et je rapporterai ici deux faits singuliers, dont l'un regarde mon père et l'autre le maréchal Fabert.

Ce maréchal, très homme de bien et qui ne s'en faisoit point accroire, refusa non d'être chevalier des ordres du Roi, mais de faire des preuves de noblesse afin de l'être [2]. « Votre Majesté, dit-il au Roi, sait que je ne suis pas gentilhomme d'extraction. Je puis l'être maintenant que je suis maréchal de France ; mais mon père étoit libraire à Metz, et j'ai vendu moi-même des almanachs. Après cela irai-je me déshonorer en me faisant passer pour gentilhomme d'extraction ? — Mais d'autres le font bien, dit le Roi. — Je ne suis l'exemple de personne en cela. Je me contente de l'honneur que Votre Majesté

1. Nicolas Foucquet était procureur général depuis 1650. Dès le 12 juillet 1661, Guy Patin parlait de la vente de cette charge (*Lettres*, éd. Réveillé-Parise, t. III, p. 282). Mais elle n'eut lieu que le mois suivant, comme Loret l'indique dans sa lettre du 14 août.

2. Abraham Fabert, né à Metz le 15 octobre 1599, mort à Sedan le 17 mai 1662, maréchal de France en 1658, était, en effet, issu d'un imprimeur de Metz, prénommé également Abraham et qui mourut le 24 avril 1638. Brienne mentionne le refus par Fabert de l'ordre du Saint-Esprit, dans une lettre du 23 décembre 1661, au P. Duneau, « sur ce qu'il dit aimer mieux s'en abstenir que d'y entrer avec des titres falsifiés. » (Bibliothèque nationale, Fonds français, n° 15612, f° 490.)

m'a fait de me donner le bâton de maréchal de
France, que j'ai peut-être mérité par mes services ;
mais il ne sera jamais dit que, pour être chevalier de
l'Ordre, j'ai fait un mensonge et une fausseté. »
Toute la cour loua son action, et MM. d'Estrades [1]
et Beringhen [2], dont la noblesse (à ce qu'on disoit
alors) n'étoit guère plus certaine, ne purent s'empêcher de louer en M. Fabert ce qu'ils n'avoient pas
cru devoir pratiquer.

L'autre fait, c'est que M. Henri-Auguste de Loménie, comte de Brienne, ministre et secrétaire d'État,
mon père, avoit été reçu en chapitre chevalier des
ordres du Roi, après avoir fait ses preuves, et devoit
l'être à la première promotion. Cela se passa sous
le règne de Louis XIII, quand il quitta sa charge de
prévôt de l'Ordre et en retint le cordon et les honneurs non plus en qualité d'officier de l'Ordre, ce
qui ne se refuse guère, mais de chevalier déjà reçu
et agrégé à l'ordre du Saint-Esprit [3].

1. Tallemant prétend qu'il était *dubiae nobilitatis* (*Historiettes*,
t. VII, p. 5). Sur la famille d'Estrades on peut voir une note
de Tamizey de Larroque dans la *Revue critique*, 1879, t. II,
p. 423.

2. Les Beringhen descendaient de Pierre Beringhen, armu-
rier d'Henri IV. Henri de Beringhen (1603-1692), qui fut conseiller du Roi et premier écuyer de la petite écurie, était protestant de naissance (Jal, *Dictionnaire critique*, p. 202). On peut
consulter aussi une *Historiette* de Tallemant des Réaux (éd.
Paulin Paris, t. III, p. 380).

3. Henri-Auguste de Loménie avait été nommé prévôt et
maître des cérémonies des ordres du Roi en 1619, à la mort de
Guillaume Pot, seigneur de Rhodes. Fauvelet du Toc dit à ce
propos : « Après qu'Auguste de Loménie eut résigné cette
charge à son cousin, M. de Loménie, le Roi lui donna des

Le Roi, pour obliger M. Foucquet à se défaire de
sa charge de procureur général, déclara qu'il ne
feroit aucun chevalier de ses ordres qui fût de robe
ou de plume, pas même le Chancelier de France,
M. le premier président du Parlement de Paris, ni
aucun des secrétaires d'État. M. de Brienne se trouvoit dans le cas ; mais, étant reçu, il croyoit que
cela ne le regardoit plus. Cependant la Reine-Mère
lui en parla et lui dit que le Roi avoit fait une loi
qui certainement ne seroit point enfreinte en sa
faveur. Mon père, un peu surpris, parla au Roi, et Sa
Majesté, l'ayant écouté avec beaucoup de patience,
lui dit que cela étoit impossible : « Mais, ajouta-t-il
avec cette honnêteté dont il sait charmer tous les
cœurs quand il lui plait, mon cher Monsieur de
Brienne, le meilleur et le plus fidèle de mes serviteurs et des Rois mon aïeul et mon père, ne pouvant
vous accorder ce que vous me demandez, je veux
vous faire un honneur que je n'accorde qu'aux
princes de mon sang : c'est que je nommerai de
votre main et à votre place tel chevalier qu'il vous
plaira de me nommer ; et comptez que la marque
d'amitié et de distinction que je vous donne en cette
occasion est infiniment plus considérable pour vous,
qui avez déjà le collier et les honneurs de l'Ordre,
et pour votre maison, que ne le seroit votre promo-

lettres pour être admis à l'ordre du Saint-Esprit comme chevalier à la première promotion ; il les présenta à celle qui fut
faite à Fontainebleau l'an 1633 ; mais, comme le cardinal de
Richelieu n'était pas de ses amis, il le fit remettre à la suivante,
et il en fut dressé un acte dont le registre du secrétaire de
l'ordre fut chargé. » (*Histoire des secrétaires d'État*, p. 223.)

tion même. Enfin je vous le commande et je vous
en prie ; je veux être obéi : qu'il n'en soit plus
parlé ». Mon père ne put s'empêcher de pleurer de
joie et nomma son gendre, le marquis de Gamaches [1],
que Sa Majesté accepta.

Je reviens à la prise de M. Foucquet. Le Roi, qui
a toujours conduit ses affaires avec beaucoup de
prudence et de secret, ne s'ouvrit de la résolution
qu'il avoit prise de faire arrêter le Surintendant
qu'à la Reine, sa mère, qu'à M. Le Tellier et qu'à
mon père, qu'il laissa auprès de la Reine-Mère pour
conseil et pour mettre le scellé sur les papiers de
M. Foucquet. La duchesse de Chevreuse et Laigues
le savoient aussi ; mais l'exécution leur en étoit
cachée, quoiqu'il y ait bien de l'apparence que
M. Colbert en avoit connoissance ; on dit que le
Roi lui en fit une finesse, parce que M. Colbert n'osa
jamais parler à Sa Majesté de faire arrêter M. Foucquet et se contenta de faire agir la duchesse de
Chevreuse, dont le petit-fils a depuis épousé l'aînée
de ses filles. Tout le monde sait cela, mais ce qui
suit est moins connu.

Le Roi me commanda de prendre la cabane [2] à
Orléans et de descendre par la Loire en diligence
jusqu'à Nantes, où les États se tenoient, et d'y arriver avant elle [3]. Je partis à l'heure même. La veille

---

1. Nicolas-Joachim Rouault, marquis de Gamaches, fut fait
chevalier des ordres du Roi le 31 décembre 1661.

2. « On appelle *cabane* un bâteau couvert et à fond plat avec
lequel on navigue sur la rivière de Loire » (Th. Corneille, *Dictionnaire des arts et des sciences*, vᵒ *cabane*).

3. C'est-à-dire avant Sa Majesté.

j'avois entretenu fort longtemps M. Foucquet dans sa chambre [1]. Il avoit la fièvre tierce et sortoit de son accès. Il me questionna fort sur ce qu'on disoit du voyage de Nantes, qu'il avoit, ajouta-t-il, conseillé au Roi. « Ma foi, lui dis-je sans entrer nullement dans sa pensée, je n'en sais rien du tout. — Monsieur votre père ne vous a-t-il rien dit ? — Non, Monsieur. — Mais le marquis de Créquy [2] sort d'avec moi et vient de m'avertir que la duchesse de Chevreuse m'a rendu de très mauvais offices. — Je ne sais point cela non plus. — La Reine-Mère m'a fait dire par Bartillat [3] de me garder d'elle. — C'est vous, Monsieur, qui me l'apprenez, je n'en savois rien. — Je ne suis plus procureur général et je ne serai plus longtemps surintendant. On me leurre d'un collier de l'Ordre, qu'on ne me donnera peut-être jamais et me voilà perdu sans ressource. J'ai même prêté au Roi le million que M. de Harlay m'a payé sur le prix de ma charge [4], dont il me doit

1. On peut rapprocher le langage que Brienne tint à Foucquet, dans cette visite, de celui que Gourville s'attribue, à la même époque (*Mémoires*, t. I, p. 183). Tous ces avis, reproduits après coup, sont forcément un peu suspects. Chéruel pense que, malgré ce qu'on peut dire du témoignage de Brienne, on peut ici lui faire crédit : « Je ferai remarquer, dit-il, d'événements dont il a été témoin et où il a joué le principal rôle : il serait difficile de ne pas croire à sa véracité » (*Mémoires sur la vie de Fouquet*, t. II, p. 229).

2. François de Créquy, connu d'abord sous le nom de marquis de Créquy, maréchal de France le 8 juillet 1668, mort le 4 février 1687.

3. Étienne Jehannot, sieur de Bartillat, était le trésorier d'Anne d'Autriche (Jal, *Dictionnaire critique*, p. 123 et 1095).

4. Achille II de Harlay qui avait acquis de Foucquet la charge

encore quatre cent mille livres. J'ai quelque argent
sur les Aides, qui n'est guère assuré (c'étoit treize ou
quatorze cent mille livres dont il avoit les rescriptions des fermiers des Aides dans sa poche, quand
il fut arrêté) et encore quelque somme assez considérable entre les mains d'un de mes plus fidèles
amis (c'étoit sept cent mille livres que lui gardoit
M. Chanut [1], dont la reconnoissance fut aussi trou-
vée dans sa poche, quand on l'arrêta) ; mais tout
cela est peu de chose, si on doit m'ôter la surintendance. Je dois plus de quatre millions, auxquels je
m'étois engagé pour les dépenses de l'État. (Il me
disoit tout cela d'un air triste et abattu.) Mais quoi !
il faut se résoudre à tout. Je ne saurois croire que
le Roi veuille me perdre. — Le Roi, lui dis-je,
Monsieur, vous a trop promis pour vous tenir tant
de choses. Croyez-vous qu'il veuille avoir un premier ministre ? Et pour le collier de l'Ordre, je le
tiens fort mal assuré. Vous n'êtes plus procureur
général : la faute est faite. Le meilleur parti que vous
puissiez prendre, c'est de parler à la Reine-Mère qui
vous aime et qui vous a fait donner l'avis de la
mauvaise volonté que la duchesse de Chevreuse a
pour vous. — Je l'ai fait, et elle ne m'a rien dit
qu'en général ; et peut-être ne sait-elle rien des desseins du Roi contre ma personne. Pourquoi le Roi

de procureur général et avait été installé dans ses fonctions
le 20 août courant, c'est-à-dire quelques jours à peine avant
cette conversation.

1. Pierre Chanut, le diplomate dont il a été si abondamment
question au tome précédent. Voy. Chéruel, *Mémoires sur Nicolas Foucquet*, t. II, p. 15.

va-t-il en Bretagne, et précisément à Nantes ? Ne seroit-ce point pour s'assurer de Belle-Isle ? — Si j'étois à votre place j'aurois cette crainte et elle me paroîtroit très bien fondée. — Le marquis de Créquy m'a dit la même chose que vous et Mme Du Plessis-Bellière aussi. Je suis fort embarrassé, je vous l'avoue, à prendre une bonne résolution. Nantes, Belle-Isle. » — Il répéta plusieurs fois ces deux noms, et enfin il me dit : « Mais m'enfuirai-je ? C'est ce qu'on seroit peut-être bien aise que je fisse. Me cacherai-je ? Cela seroit peu [1] expédient ; car quel prince, si ce n'est peut-être la république de Venise, oseroit me donner sa protection ? Irai-je à Livourne [2] ? Cela n'est guère honorable pour moi ? Vous voyez ma peine ; dites-moi ou écrivez-moi exactement tout ce que vous apprendrez de ma destinée, et surtout gardez-moi le secret. » Il m'embrassa, les larmes aux yeux, et je ne pus m'empêcher de pleurer ; il me faisoit une vraie compassion et il en étoit digne.

Je partis le lendemain de cette conversation, et comme je m'embarquois à Orléans pour Nantes, je rencontrai sur le port Paris, commis de M. Jeannin, trésorier de l'Épargne en exercice [3], qui alloit mon-

1. Le manuscrit porte *plus*, ce qui ne donne pas un sens satisfaisant.

2. Pourquoi Livourne ? Sans doute à cause de la liberté dont on y jouissait alors. « Tout le monde y est bien venu, dit le *Dictionnaire* de La Martinière ; toutes sortes de communions y sont tolérées et jouissent d'un profond repos. » C'était un véritable lieu d'asile à cause du grand nombre d'étrangers qui y abordaient sans cesse, et peut-être que Foucquet espérait en profiter.

3. Nicolas Jeannin de Castille, trésorier de l'épargne, petit-

ter dans sa cabane. Comme il étoit mon ami, je lui dis de monter dans la mienne et que nos gens se tiendroient dans celle qu'il avoit retenue. Ariste, mon premier commis [1], l'en pria aussi et lui dit que nous serions plus en liberté et moins incommodés du bruit et du feu de la cuisine qu'on faisoit dans sa cabane. Il y consentit et nous nous embarquâmes ensemble dans ma cabane. Étant arrivés au-dessus d'Ingrande, M. Foucquet, accompagné de M. de

fils du président Jeannin, fils d'un trésorier du clergé et frère de la comtesse de Chalais. (Voy. t. 1, p. 186.) L'abbé de Choisy, qui rapporte aussi, d'après Brienne, l'anecdote que Brienne lui-même va conter, dit que le passager qui prit place dans la cabane, à Orléans, était « un commis de Nouveau, général des postes ».

1. Pierre Ariste, conseiller du Roi, mourut le 10 février 1697. Tout en étant commis de Brienne, Mazarin lui avait confié une mission près des évêques de Bamberg et de Würzbourg, le 16 octobre 1547. (*Inventaire sommaire des archives des Affaires étrangères*, correspondance politique, t. I, p. 147; Armand Baschet, *Histoire du dépôt des archives des Affaires étrangères*, p. 85). Si l'on en croit Guy Joly, il fut de même mêlé aux effervescences de la Fronde (*Mémoires*, col. Petitot, p. 230). Dans la suite, Ariste fut employé par Colbert, dès octobre 1662, et plus particulièrement d'abord à la marine (*Lettres*, t. III, 1re part., p. 18; 2e part., p. 653). Postérieurement, il eut la partie du cérémonial et en dressa les premiers textes (Bibliothèque de l'Arsenal, ms. no 2026, fos 93 et 95.) On a conservé de lui un mémoire (1666) sur l'introduction des ambassadeurs (Archives des Affaires étrangères, *Mémoires*, France, no 1851) et un traité des consulats. — Il était frère d'un prédicateur janséniste nommé Jacques-Emmanuel (1620-1694), supérieur du monastère de Liesse (Louis Delavaud, *La cour de Louis XIV en 1671*, tirage à part des *Feuilles d'histoire* du 1er novembre 1912, p. 12, note 6).

Lionne, son ami intime [1], passa dans une fort grande cabane à plusieurs rameurs, et je les saluai. Un moment après passa une autre cabane où étoit M. Le Tellier avec M. Colbert. Je les saluai encore et Ariste dit, sans que je fusse préparé à cela : « L'une de ces deux cabanes que nous voyons encore l'une et l'autre et qui se suivent de si près et avec autant d'émulation des rameurs que s'ils eussent couru un prix sur la Loire, l'une de ces deux cabanes, dit-il, doit faire naufrage à Nantes. » Paris, commis de l'Épargne, pâlit et dit : « Ah ! ce sera sans doute la première, tant le proverbe est véritable que *les premiers vont devant.* » Moi, à qui tout ceci étoit tout nouveau, et qui vis la surprise du pauvre Paris, je tâchai de le rassurer ; mais il n'y eut pas moyen. Nous ne parlâmes d'autre chose que de cette rencontre fortuite et inopinée jusqu'à Nantes, où j'arrivai le soir même [2].

1. Il y avait eu projet de mariage entre le fils de Lionne et la seconde fille de Foucquet. L'une des conditions était l'achat de la charge de secrétaire d'État dont Brienne était titulaire, moyennant huit cent mille livres (Chéruel, *Mémoires sur Fouquet,* t. II, p. 70).

2. Voici quelques détails complémentaires, plus précis, que Brienne donne, dans une lettre du 3 septembre 1661, à Claude Mallier Du Houssay, ancien intendant des finances, l'un des correspondants de Bussy-Rabutin, sur la façon dont il fit son voyage : « Je partis samedi dernier de Fontainebleau, du matin, et, étant arrivé de fort bonne heure, le même jour, à Orléans, j'y pris le lendemain la voie de la rivière et allai coucher ce même jour à Tours, le vent nous ayant été entièrement favorable. Le lendemain lundi, le vent s'étant rendu contraire, je ne passai point Saumur, non pas que je n'y abordasse d'assez bonne heure pour pouvoir aller coucher plus loin ; mais, ayant

Le Roi, accompagné de Monsieur le Prince [1] du duc de Saint-Aignan [2], premier gentilhomme de sa chambre, du duc de Gesvres [3], capitaine des gardes en quartier, du duc de Lauzun, qui n'étoit encore que Péguillin et qui commençoit à entrer en faveur auprès du Roi, du maréchal de Villeroy [4], et de plusieurs autres seigneurs de sa cour, arriva le lendemain à Nantes sur des chevaux de poste, et ce

voulu visiter le fils de M. de Cominges, qui est au château de Saumur, j'y fus retenu et régalé avec toute la courtoisie et la magnificence imaginable. Le lendemain, le vent s'étant encore rendu plus contraire, nous ne pûmes passer Saint-Florent, qui est un village sur la rivière où il y a une abbaye appartenant à M. le cardinal Grimaldi, de l'ordre de Saint-Benoît. Je logeai chez les moines, où je ne me trouvai pas mal pour cette fois, car ils nous firent très bonne chère. Le mercredi, malgré diverses injures de l'air, nous abordâmes en cette ville sur les trois heures après midi. J'y trouvai toutes choses autant bien disposées pour le service du Roi qu'on le pouvoit désirer... » (*Mémoriaux du conseil de 1661*, t. III, p. 126.)

1. Louis II de Bourbon, prince de Condé, *le Grand Condé* (8 septembre 1621-8 décembre 1686).

2. François de Beauvillier, comte, puis duc de Saint-Aignan, membre de l'Académie française, bel esprit et ami de Mme de Scudéry et de Bussy, mais ennemi de Foucquet, à qui il avait fait, quelques jours auparavant, une algarade à Fontainebleau. Il a laissé une narration en vers du voyage de Nantes, faite pour distraire les deux reines et imprimée dans le recueil intitulé : *Pièces intéressantes et peu connues, pour servir à l'histoire*, etc., par Pierre-Antoine de La Place (*Bruxelles et Paris*, 1785, in-12), t. IV, p. 9.

3. René Potier, comte, puis duc de Tresmes et de Gesvres, mort le 1er février à 91 ans.

4. Nicolas de Neufville, marquis, puis duc de Villeroy, l'ancien gouverneur du Roi (14 octobre 1598-22 novembre 1685). Il fut fait chef du conseil des Finances après la chute de Foucquet (Gourville, *Mémoires*, t. II, p. 191).

voyage eut quantité d'aventures dont la plus fâcheuse fut celle de la prise du pauvre M. Foucquet.

Artagnan [1] se trouva à Nantes avec une brigade de mousquetaires et Chévigny [2], capitaine aux gardes, avec sa compagnie, à l'arrivée du Roi, qui descendit au château de Nantes, où il me trouva au bas du degré. Je pris l'étrier de son cheval. Il s'appuya sur mon bras pour monter le degré et me dit : « Je suis content de vous (ce qu'il ne m'avoit jamais dit) ; vous avez fait bonne diligence. M. Le Tellier est-il arrivé ? — Oui, Sire, et M. le Surintendant aussi. Ils me passèrent à Ingrande [3] ; nous arrivâmes tous ici hier assez tard. — Voilà qui va bien. Dites à M. Boucherat [4] de venir me parler. — Je crois, Sire,

1. Charles de Batz de Castelmore, comte d'Artagnan, capitaine-lieutenant de la première compagnie des mousquetaires, tué en duel en 1673, au siège de Maëstricht. Voy. Charles Samaran, *D'Artagnan, capitaine des Mousquetaires du roi, histoire véridique d'un héros de roman* (1912, in-12).

2. Le manuscrit porte à tort *Chavigny*. Comme le dit l'abbé de Choisy, il s'agit de « Chévigny, capitaine aux gardes — ç'a été depuis le fameux P. de Chévigny, Père de l'Oratoire » (*Mémoires*, t. I, p. 142). — Sur Nicolas Guyet de Chévigny, entré à l'Oratoire en 1664 et mort en 1698, on peut consulter une notice du P. Batterel, *Mémoires domestiques pour servir à l'histoire de l'Oratoire*, publiés par A.-M.-P. Ingold et E. Bonnardet, t. IV, p. 130.

3. Actuellement commune de Maine-et-Loire, bâtie en amphithéâtre sur la rive droite de la Loire, à 35 kilomètres au sud-ouest d'Angers et à 45 kilomètres au nord-est de Nantes.

4. Alors maître des requêtes, Louis Boucherat était venu d'avance comme commissaire du Roi auprès des États de la province. Quoique parent de Foucquet, il était son ennemi depuis longtemps. Comme Brienne le dit plus loin, c'est chez

l'avoir vu dans la salle. » Et je l'avertis ; il y étoit en
effet. Sa Majesté lui parla longtemps à l'oreille et
m'appelant ensuite, me dit d'aller savoir des nouvelles de la santé de M. Foucquet et de venir lui
redire comment il se portoit du voyage. « Ce sera
demain jour de sa fièvre, si je ne me trompe. —
Oui, dit le Roi, c'est pourquoi je voudrois bien lui
parler aujourd'hui. » J'y fus et le trouvai à moitié
chemin de sa maison [1] au château de Nantes, où il
alloit assez lentement dans son carrosse. Je fis arrêter le mien et lui dis que Sa Majesté m'envoyoit
l'avertir de l'aller trouver, si sa santé le lui permet-
toit. « Vous lui direz que vous m'avez trouvé en
chemin. » Et il arriva un moment après moi. Le Roi,
me voyant entrer, me dit : « Dites à Boucherat de me
venir parler. Vous le trouverez chez lui ». Je l'avertis
et il me pria de l'attendre chez lui à souper, qu'il
ne tarderoit pas à revenir. Il étoit intendant pour Sa
Majesté auprès des États de Bretagne, qui se tenoient
alors à Nantes, comme j'ai dit, et il m'avoit fait
marquer une maison qui tenoit à la sienne, où il
avoit fait faire une porte de communication. Comme
je n'avois point d'équipage que mon carrosse, que
j'avois envoyé quinze jours avant moi, je mangeai

Boucherat qu'il logeait à Nantes. Voy. aussi une lettre du 2 septembre de Brienne à son père, dans *Mémoriaux du conseil de
1661*, t. III, p. 121.

1. D'après Jules Lair (*Nicolas Foucquet*, t. II, p. 56), Foucquet était descendu, à Nantes, à l'hôtel de Rougé, qui appartenait à Mme du Plessis-Bellière, et cette demeure devait être
située sur l'emplacement des Dervallières, à proximité de
l'aqueduc de la Chézine.

toujours à la table de M. Boucherat, maintenant chancelier de France, tant que je fus à Nantes.

Le lendemain, étant allé de fort bonne heure chez le Roi, je trouvai la salle des gardes pleine de mousquetaires, et la porte qui donnoit dans la chambre du Roi fermée. Un mousquetaire étoit en faction devant cette porte ; il me dit que Sa Majesté l'avoit fait condamner et qu'on n'entroit que par la terrasse, dont il me montra la porte de la main. Un autre mousquetaire vint me conduire, mais je ne vis point de gardes du corps. Le château de Nantes est mal bâti. Il y a certain parapet en forme de terrasse, avec une balustrade peinte en vert, qui règne tout le long de cette terrasse, et au bout on trouve un petit corridor fort étroit pratiqué dans l'épaisseur du mur de même que la terrasse. Ce corridor conduisoit à la chambre du Roi, qui avoit fait condamner la porte de la salle afin de placer devant une fort longue table qui étoit toute couverte de papiers. Quand j'arrivai, le Roi tira une toilette de taffetas vert, qui couvrit toute la table et les papiers, afin que je ne les visse pas. Je rencontrai Rose [1] qui écrivoit sur une petite table fort basse dans le corridor, devant une fenêtre, et ensuite le duc de Saint-Aignan assis sur une chaise de paille aussi fort basse, qui m'arrêta et dit qu'il avoit ordre de n'introduire personne

---

1. Toussaint Rose, seigneur de Coye (Provins, 5 septembre 1615-Paris, 6 janvier 1701), secrétaire de la chambre et du cabinet du Roi depuis le 25 avril 1657 et membre de l'Académie française, le 2 décembre 1675. Voy. Raoul Bonnet, *Isographie de l'Académie française*, p. 247 ; et aussi Marc de Villiers du Terrage, *Toussaint Rose, marquis de Coye, etc.*, 1891, in-8.

dans la chambre du Roi sans avertir. Il entra, après avoir sonné une clochette d'argent, et ayant ouvert la porte en même temps, le Roi tira la tavaïole [1] et en couvrit les papiers qui étoient sur la longue table et puis dit : « Qui est-ce ? — C'est M. de Brienne, répondit M. de Saint-Aignan, — Faites-le entrer. » La clochette sonna quand j'entrai et je ne comprenois rien à ce carillon, ce qui fit que je tournai la tête. Le Roi y prit garde et me dit : « C'est pour Rose que Saint-Aignan sonne. » Et en effet Rose entra en même temps, et, le Roi lui ayant parlé, il prit une liasse de papiers sous la toilette et sortit.

Après que j'eus rendu compte à Sa Majesté de diverses affaires qui toutes regardoient les États de Bretagne, qui étoient de mon département, elle me congédia et me dit de me rendre à l'assemblée et de venir lui en rendre compte après son dîner ; que je pressasse de sa part M. le commissaire d'avancer les choses le plus qu'il se pouvoit ; qu'elle vouloit s'en retourner au plus tôt à la cour et qu'il ne se parlât que de l'affaire du don gratuit, après quoi les autres s'achèveroient bien en son absence, parce qu'elle ne vouloit point attendre la fin des États, qui se concluroient bien sans elle. Je pris séance dans les États sur les bancs des pairs de Bretagne entre M. le maréchal de La Meilleraye [2] et M. Boucherat,

1. « *Tavayole*, espèce de toilette dont on se sert ordinairement à parer les enfants qu'on porte au baptême, ou à mettre sous les pains bénits » (*Dict. de l'Académie*, 1694).

2. Il était, ainsi qu'on sait (t. II. p. 63), lieutenant au gouvernement de Bretagne, sous l'autorité d'Anne d'Autriche, comme il l'avait été précédemment sous celle de Richelieu, son cousin.

commissaire, qui me céda le pas à cause que j'étois
plus ancien conseiller d'État que lui et de plus secrétaire d'État de la province et envoyé exprès par Sa
Majesté. Je fis entendre ses volontés aux États, et je
sortis pour les laisser délibérer. Je rentrai un moment
après, M. Boucherat ayant pris la peine de me venir
avertir, et il me fit réponse que l'affaire du don gratuit seroit terminée à la prochaine séance, c'est-à-
dire le lendemain, qui étoit un jeudi, à pareille
heure. Le maréchal de La Meilleraye, se levant de
sa place, me conduisit à la buvette, accompagné de
deux députés, où on me donna un très bon déjeuner. Il me semble que je parlai assez bien, quoique
je n'eusse eu, pour préparer ma harangue, qu'autant
de temps qu'il m'en fallut pour aller du château au
lieu où s'assembloient les États. Je ne laissai pas que
de faire une harangue dans les formes, et je parlai
couvert. Le maréchal, après le déjeuner, me ramena
dans la salle, et M. le commissaire me dit : « L'assemblée, Monsieur, a pris le temps de votre absence
pour délibérer sur le présent qu'elle vous feroit.
Outre les dix mille livres que la province accorde à
M. le comte de Brienne, ministre et secrétaire d'État,
à chaque tenue d'États, elle vous prie d'agréer, sous
le bon plaisir du Roi, douze mille livres pour votre
venue et pour cette fois seulement et sans conséquence. » Le maréchal qui n'avoit point opiné dit :
« C'est trop peu. — C'est plus que je ne mérite,
dis-je. » Je remerciai les États de leur générosité et
honnêteté à mon égard : « Et vous, Monsieur, en
particulier (c'étoit au maréchal que je parlai) de votre
bonne volonté. » Et je sortis. Je ne crus pas devoir

remercier M. le commissaire en particulier, et je lui en fis une excuse en dînant[1]. Il me dit que j'avois bien fait et qu'étant l'homme du Roi, c'étoit Sa Majesté qu'il représentoit et elle que je devois remercier. Je m'acquittai de ce devoir l'après-dîner même. Le Roi me dit que c'étoit peu de chose, mais qu'il me le donnoit de bon cœur. Il m'envoya savoir des nouvelles de la santé de M. Foucquet et m'ordonna de venir lui en rendre compte sur le champ. Je partis aussitôt, et montant dans mon carrosse, je traversai une grande partie de la ville de Nantes, qui est fort longue[2]. Péguillin, qui sortoit de chez M. Foucquet comme j'y entrois, me dit qu'il me vouloit parler, et nous nous assîmes dans la salle. Il me questionna fort longtemps et battit la campagne pour me tendre divers panneaux. J'eus l'adresse de les éviter tous. Il vouloit que je lui avouasse que je savois le sujet pour lequel Sa Majesté étoit venue à Nantes[3], et me demanda une fois ou deux si elle n'iroit point

1. Dans la correspondance de lui avec son père et avec quelques autres pendant ces quelques jours, Brienne ne parle pas de cette séance et du rôle qu'il y joua.

2. Mis au courant de toute cette histoire par Brienne, soit directement, en des conversations, soit par la lecture des présents mémoires, l'abbé de Choisy ne manque pas de la retracer, à sa manière, dans les siens (*Mémoires*, éd. de Lescure, t. I, p. 137-150). Le récit de Choisy offre, naturellement, quelques différences avec celui-ci, mais le confirme le plus souvent. Choisy ne dit rien de la conversation avec Péguillin qui va suivre.

3. Il est vraisemblable que Brienne et son père ne l'ignoraient point, mais ils surent n'en rien faire paraître, le fils surveillé sans doute et préservé de l'indiscrétion par le père.

à Belle-Isle. Ce mot qu'il dit avec beaucoup de négligence et par un à-propos fort mal à propos, me fit être sur mes gardes, et je connus son dessein. Ce n'est pas que je me défiasse de lui : nous étions liés d'une amitié assez étroite et il me contoit plus de ses affaires que je n'en voulois savoir. J'en parlerai ailleurs. Il me demandoit entre autres choses, toutes fort délicates, si je ne m'étois point aperçu que Là Feuillade fût une des créatures du Surintendant [1]. « Il faut, dit-il en jurant le nom de Dieu, que ce bougre-là soit son pensionnaire. — Ma foi, lui dis-je fort simplement, si cela est, il n'est pas le seul. — Gravé [2] ne vous a-t-il jamais sollicité d'en être ? — Il a répandu à ma connoissance plus de cent mille écus parmi les courtisans à Fontainebleau, pendant le séjour que le Roi y a fait ; mais je n'ai point eu de part, par bonheur, à cette distribution. Et toi, lui dis-je en riant et le regardant fort attentivement, ne t'en es-tu point ressenti ? — Oh ! que oui. — Tu es bien hardi de prendre de l'argent. Cependant le Roi t'aime. Que diroit-il s'il venoit à le savoir ? » Alors il me fit une fausse confidence et con-

1. François d'Aubusson, duc de La Feuillade et de Roannais (1625-1691). C'est sans doute pour effacer l'impression que le roi pouvait garder de cette circonstance que La Feuillade alla, quelques années plus tard, porter, à Madrid, un cartel au lieutenant-général de Saint-Aunez, qui avait insulté gravement Louis XIV, et que, plus tard encore, il afficha une adoration si ridicule pour la personne du monarque.

2. Henri, marquis de Grave, gouverneur de Monsieur en 1648 et maréchal de camp en 1661, disgrâcié après la chute de Foucquet, dont il était, selon Gourville, l'un des « plus grands louangeurs », mourut en juin 1690.

tinua ainsi son mensonge ; car il avoit menti sûrement et à dessein de me tirer les vers du nez. Il ne prit jamais d'argent de M. Foucquet ; mais il vouloit savoir si je n'en avois point reçu. Je lui avois dit que M. Pellisson [1] m'avoit promis que je toucherois sur le don gratuit des États de Bretagne quarante mille livres de mes appointements qui m'étoient dûs. Sur cela il me dit : « Je m'attends bien d'être payé, sur le même fonds, de trente mille livres que Grave m'a promis, en partant de Fontainebleau, de me faire toucher à Nantes »; et faisant une longue enfilade de mensonges, il se jeta sur les amours du Roi et de Mlle de La Vallière et me demanda si je m'en étois aperçu. Je me tirai comme je pus de ce mauvais pas et nous retombâmes sur les pensionnaires de M. Foucquet : ce qu'il avoit le plus à cœur de savoir. Je lui dis que pour La Feuillade, il ne s'en cachoit pas. « Ni moi non plus. Le Roi veut bien que nous prenions l'argent que Grave nous donne si abondamment de sa part. — Si cela est, tu fais bien de le prendre. » Enfin notre conversation finit par des embrassades et force protestations d'amitié. Elle eût été plus longue sans des paysannes de Belle-Isle, fort proprement parées, qui entrèrent, et Mme la Surintendante [2] étant entrée un moment après dans la salle avec Gourville, elles dansèrent devant elle,

1. Paul Pellisson (30 octobre 1624-7 février 1693). Premier commis de Foucquet dès 1657, il fut compromis dans sa disgrâce et traité comme on le verra ci-dessous.

2. Marie-Madeleine de Castille, fille de François de Castille, conseiller au Parlement, et seconde femme de Nicolas Foucquet, depuis le 5 février 1651.

au son de la flûte et du violon, des passepieds de Bretagne fort légèrement. Elles étoient belles et dansoient très juste. J'en fus charmé et surpris. Nos baladins ne dansoient pas mieux. Elles avoient le pied d'une finesse admirable et l'oreille très juste. Au reste, elles étoient vêtues d'écarlate, avec de grandes bandes de velours noir en zigzags au bas de leurs jupes et par devant, et avoient des corps fort étroits avec les manches de taffetas amaranthe toutes galonnées d'or et de noir aussi en zigzags, ce qui étoit fort galant ; leurs bras et leurs gorges nues ; beaucoup de blancheur et d'embonpoint et de fort belles dents. J'en fis le récit au Roi, et il en eut le divertissement. M. Foucquet entroit dans le frisson de son accès ; je lui parlai pourtant, ayant fait dire que je venois de la part du Roi [1]. Il étoit dans sa robe de chambre, couché sur son lit, le dos appuyé contre une pile de carreaux de damas vert. Il me demanda ce que je voulois. « Rien, Monsieur, répondis-je, sinon savoir comment vous vous portez. — Fort bien, à ma fièvre près, qui ne sera rien. J'ai l'esprit en repos et je serai demain hors de mes inquiétudes. Que dit-on au château et à la cour ? — Que vous allez être arrêté. — Péguillin vous l'a-t-il dit ? Car vous avez parlé longtemps ensemble. Je vous ai vu entrer ; il sortoit d'avec moi. Il est mal informé et vous aussi. C'est Colbert qui sera arrêté et non moi. — En êtes-vous bien assuré ? lui dis-je.

---

1. Jules Lair estime que « Brienne s'est certainement trompé sur le jour où il fit cette visite ; mais en combinant son récit avec celui de Choisy, on peut en tirer quelque parti. » (*Nicolas Foucquet*, t. II, p. 60, en note.)

— On ne peut l'être mieux que je le suis. J'ai donné moi-même les ordres pour le faire conduire au château d'Angers, et c'est Pellissari [1] qui a payé les ouvriers qui ont mis la prison hors d'état d'être insultée. — Cela va bien et je le souhaite, lui repartis-je ; mais Péguillin vous trompe. Vos amis craignent fort pour vous. Toutes les manigances qui se font au château ne me plaisent guère et les précautions qu'on a prises de condamner la porte de la salle, la table du Roi couverte de papiers et de lettres de cachet qu'on apporte par douzaines de chez M. Le Tellier, Saint-Aignan et Rose toujours en sentinelle dans le petit corridor, et la clochette, tout cela ne vous présage rien de bon. — C'est moi, dit-il d'un ton fort gai, qui ai donné au Roi tous ces avis afin de mieux couvrir notre jeu. — Dieu le veuille ! je le souhaite ; mais je n'en crois rien. Que dirai-je au Roi de votre part ? — Que demain matin, reprit-il, l'affaire du casuel et du don gratuit sera terminée et qu'on lui accordera sa demande à son mot sur l'un et l'autre article ; et sur l'état de ma santé, prenez la peine de lui dire que j'entrois dans un accès quand vous êtes arrivé, que je crois qu'il ne sera pas long et que cela n'empêchera pas que je ne sois demain d'assez bonne heure à son lever [2]. » Il me retint encore quelque temps, but de l'eau fort chaude avec du sucre et de

1. Claude Pellissari, trésorier de la marine depuis 1648, ou son frère, Georges Pellissari, trésorier des galères depuis 1651.

2. Tout ce langage de Brienne serait bien maladroit, si on ne pouvait croire qu'il se le prête ici, à lui-même, pour insinuer qu'il ne joua pas, auprès de Foucquet, la comédie de la dissimulation dont celui-ci fut la victime.

la canelle, à ma santé, et le frisson passa. Il eut un moindre accès que le précédent, sua beaucoup et le soir que j'y retournai, je le trouvai habillé avec son chapeau et gaillard comme s'il n'avoit point eu la fièvre. Je le vis manger un petit poulet rôti de fort bon appétit et boire un peu de vin pur. Je fus donc au château, et comme j'avois beaucoup d'expéditions à signer, il fallut m'arrêter à mon logis, d'où je ne partis qu'à sept heures du soir. Je ne pus parler au Roi avant neuf heures, qui fut le temps qu'il me renvoya chez M. Foucquet. Le Roi me parla peu et me dit seulement : « J'ai affaire ; à tantôt le reste. Vous souperez ici ; trouvez-vous à onze heures à mon souper. » Je remerciai Sa Majesté. C'est la seconde fois que j'ai mangé à sa table pendant tout le temps que j'ai eu l'honneur d'être à son service : la première dans le bateau de Libourne à Bordeaux [1] et cette seconde fois à Nantes ; encore ne mangeai-je pas avec lui, parce que sa table étoit pleine, mais sur le buffet, de ce que Sa Majesté me fit l'honneur de mettre elle-même sur une des assiettes de son cadenas [2] et de me donner de sa main. Ce n'est pas que Péguillin ne tournât son siège pour me faire place et le partager avec moi ; mais je vis que nous

1. Sans doute quand Brienne se trouva à Libourne avec le Roi, qu'il y fut atteint de la petite vérole et qu'il y vit pendu le gouverneur rebelle du château de Vayres, comme on l'apprendra plus loin. Mais alors Brienne et le Roi étaient bien jeunes.

2. « On appelle aussi *cadenas*, dit le *Dictionnaire de l'Académie* de 1694, une espèce de coffret d'or ou de vermeil doré où l'on met le couteau, la cuiller, la fourchette, etc., qu'on sert à la table du Roi, des princes et des ducs et pairs. »

serions trop pressés, et je pris mon parti de manger debout. Cependant la Reine [1] me fit donner un placet [2], et je soupai fort bien d'une perdrix et d'un râble de marcassin et pris la liberté de porter à Péguillin, qui fut le seul dont je reçus une honnêteté, la santé du Roi, dont Sa Majesté me remercia d'un coup de tête, en me disant : « Vous n'avez pas oublié les bonnes coutumes d'Allemagne. » Après le souper il entra dans sa chambre et me questionna longtemps sur la santé de M. Foucquet. Il ne s'ouvrit pas néanmoins de son dessein ; mais il me le laissa entrevoir, et je ne doutai plus de sa perte. Ce qui acheva de m'en convaincre et me causa une fort mauvaise nuit, jugeant très bien que j'étois sur le point de perdre un fort généreux ami, ce fut deux choses : la première que Sa Majesté me demanda si j'avois trouvé en sortant de ses mousquetaires devant le logis de Foucquet, qu'il n'appela plus Monsieur ; la seconde qu'après m'avoir parlé il me retint à jouer et voulut que je fusse d'un quart avec Péguillin et d'un quart avec lui au brelan. Je gagnai 315 pistoles d'un côté et autant de l'autre dans mes deux quarts, qui firent 630 pistoles dont je ne touchai que 292 par je ne sais quel mécompte qui se trouva dans les marques. Péguillin me paya à Fontainebleau, et le Roi s'informa de moi s'il m'avoit payé. Il gagna bien pendant le voyage de Nantes cent mille livres.

1. Il y a ici confusion : la Reine ne se trouvait pas à Nantes, et Péguillin n'était pas à Libourne. Ou bien Brienne s'est perdu dans ses souvenirs, ou son copiste ne s'est pas retrouvé dans son récit.

2. « *Placet*, sorte de siège qui n'a ni dos ni bras » (*Dict. de l'Académie*, 1694).

Le Roi me dit à la fin du jeu : « Allez un peu vous reposer, car il est tard, et il faut que demain vous soyez à six heures du matin chez Foucquet et l'ameniez, car je veux aller à la chasse. » Tout cela étoit équivoque, sinon que le pauvre Foucquet n'étoit plus rien, le Roi ne le traitant plus de Monsieur. Je fus me reposer sur mon lit sans me déshabiller et mon valet de chambre ne se coucha pas. Je lui fis mettre mon réveil sur cinq heures, et, m'étant levé aussitôt, je pris du linge et il n'étoit pas encore six heures à ma montre quand j'arrivai chez M. Foucquet. Je trouvai qu'il étoit déjà parti et sa porte gardée par six mousquetaires et un officier. Je descendis de mon carrosse et l'officier m'ayant demandé ce que je souhaitois, je lui dis que je venois de la part du Roi pour avertir M. le Surintendant qu'il étoit heure de partir. « Il n'est plus ici, me dit-il, il est allé au château ; mais M. Boucherat y est qui fait l'inventaire de ses papiers. » Mon cœur se serra à cette parole et à l'aspect encore plus terrible des mousquetaires. Je fis descendre M. le Commissaire qui me dit seulement : « Dites, s'il vous plait, à Sa Majesté que vous m'avez trouvé ici et que j'exécute ses ordres. Elle sera contente de mon travail et des découvertes que j'ai faites. » Je partis à l'instant et dis à mon cocher de fouetter les chevaux. En un moment je fus devant la porte du château et vis un carrosse fermé de cages ou treillis de fer, entouré de mousquetaires. Artagnan étoit dans le carrosse avec son prisonnier. Ainsi la capture étoit déjà faite quand j'arrivai, et il n'étoit que sept heures un quart à ma montre. Bien des gens me disoient par le chemin que M. Foucquet venoit d'être arrêté par d'Artagnan. Je saluai le Roi et lui dis que M. Boucherat étoit en besogne. J'avois eu le temps de me remettre. M. de Lionne étoit pâle et défait comme un homme à demi-mort, et le Roi lui dit quelques paroles obligeantes en ma présence et que Sa Majesté vouloit bien que j'entendisse, comme celles-ci : « Les fautes sont personnelles ; vous étiez son ami ; mais je suis content de vos services. Brienne, continuez à recevoir mes ordres secrets de Lionne. La disgrâce de Foucquet n'a rien de commun avec lui. » Je me le tins pour dit, et cette parole de Sa Majesté prononcée d'un ton de maître fut pour moi un second coup de massue. M. Boucherat entra et remit au Roi les deux rescriptions dont j'ai parlé, qu'il avoit prises dans la poche de M. Foucquet, celle de douze ou quinze cent mille livres sur les Aides et celle de sept cent mille livres sur M. Chanut, avec quelques autres papiers. Le duc de Gesvres fit le fou ; il juroit et pleuroit très fort. C'étoit affectation et grimace politique d'un fin courtisan, d'autant plus fin qu'il ne le paroît pas. « Pourquoi me déshonorer ? J'aurois arrêté mon père ; à plus forte raison mon meilleur ami. Est-ce qu'il soupçonne ma fidélité ? Qu'il me fasse couper le col ! » Et cent autres paroles qu'il disoit fort haut afin que le Roi les entendit. Le maréchal de Villeroy tâchoit de remettre son esprit qui paroissoit fort agité et je me joignis à lui, comme parent fort proche du duc de Gesvres, mon cousin et mon ami particulier [1]. Le Roi entendit bien ce manège et dit à

____

1. Léon Potier, duc de Gesvres, était fils de Marguerite de Luxembourg, cousine de la mère de Brienne, issue elle aussi de Louise de Luxembourg.

Monsieur le Prince : « Gesvres est bien en colère,
mais je l'apaiserai. » La Feuillade faisoit cent pos-
tures de possédé ; mais le Roi ne les vit pas. Enfin,
ayant pris congé de Sa Majesté, qui partit à l'heure
même pour Fontainebleau (sa chasse étoit faite), j'allai dîner avec M. le maréchal de Villeroy, et M. Boucherat s'y trouva. On parla de l'aventure du pauvre
M. Foucquet, et il fut jugé à mort dans ce repas ;
mais il s'est tiré d'affaire, ou plutôt M. Colbert et
Berryer [1], en lui prenant ses papiers, lui ont sauvé
la vie, contre leur intention.

Gourville [2] demanda au Roi par M. Le Tellier la

1. « Louis Berryer, sieur de La Ferrière, fils d'un paysan
de Normandie, d'abord laquais, puis huissier, entra au service
de Mazarin et se mêla d'affaires de finance, devint secrétaire
du Conseil à la place de Gourville, le 21 octobre 1662, fut atteint
d'une folie passagère à la suite du procès du Foucquet (décembre
1664), eut en 1681 la charge de secrétaire des commandements
de la Reine, une place de conseiller d'État avec pension de
3.000 livres en 1682, fut compris au nombre des financiers
taxés en 1686, et mourut au mois de septembre de la même
année » (Léon Lecestre, *Mémoires de Gourville*, t. I, p. 195, en
note). C'est lui qui fut chargé par Colbert de veiller sur l'apposi-
tion des scellés chez les amis et créatures de Foucquet, après
l'arrestation de celui-ci (*Archives de la Bastille*, t. I, p. 358).

2. Jean Hérault, qui prit plus tard le nom de Gourville,
naquit à La Rochefoucauld le 10 juillet 1625. Valet de chambre,
puis secrétaire du prince de Marcillac — le futur duc de La
Rochefoucauld, — le prince de Condé l'employa à diverses
entreprises et il eut ainsi le moyen de mettre en évidence
l'habileté dont il était abondamment pourvu. Les circonstances
si variées de son existence ont été contées par lui dans des
Mémoires bien connus, qui ont été plusieurs fois imprimés
et dont la plus récente édition est celle que M. Léon Lecestre a
donnée pour la Société de l'histoire de France (1894 et 1895,

permission de prêter deux mille pistoles à Mme Foucquet, à quoi Sa Majesté consentit, et, lui ayant rendu ce service, il prit le chemin du Poitou, pour se mettre lui-même à couvert. On dit qu'on l'auroit fait arrêter sans Monsieur le Prince, qui répondit au Roi de la bonne conduite de Gourville ; mais lui, ne se tenant pas fort en sûreté, s'échappa de la cour et se retira en Poitou [1], dans les terres du duc de La Rochefoucauld, où il n'avoit pas peur d'être pris, et de là passa dans la Franche-Comté après s'être voulu voir lui-même pendre en effigie à Paris [2], où il fut caché pendant quelque temps pour mettre ordre à ses affaires et sauver avec lui ses papiers. Je partis de Nantes un jour après le Roi, et je trouvai les postes si rompues que j'eus toutes les peines du monde à gagner Amboise où je remontai la Loire en bateau à voiles, ayant trouvé le vent favorable. Le troisième jour nous fûmes à Blois où un carrosse attendoit Vivonne [3] et La Feuillade. Nous dînâmes ensemble aux Trois Marchands assez bien et je me mis dans le carrosse jusqu'à Orléans, où nous arri-

2 vol. in-8). Gourville y parle avec discrétion des offres d'argent qu'il fit à Mme Foucquet dans cette pénible occurrence (t. I, p. 186).

1. Non en Poitou, mais en Angoumois.

2. La condamnation de Gourville eut lieu le 7 avril 1663 et l'exécution en effigie deux jours après. Gourville lui-même a dit comment il se trouvait alors secrètement à Paris (t. I, p. 203) et que son effigie était peu ressemblante.

3. Louis-Victor de Rochechouart, comte, puis duc de Mortemart et de Vivonne (25 août 1636-15 septembre 1688), avait été, comme on l'a vu, le camarade d'enfance et le compagnon de jeu de Brienne (voy. t. I, p. 62 et 65).

vâmes d'assez bonne heure le jour même, parce qu'ils avoient des relais. Ces deux partisans de M. Foucquet en dirent de belles par le chemin, La Feuillade surtout qui ne se possédoit pas; ils n'ont pas laissé d'être l'un et l'autre maréchaux de France, La Feuillade par son mérite et l'autre par la faveur de Mme de Montespan, sa sœur, dont je parlerai dans la suite.

On conduisit M. Foucquet au château d'Angers, d'où il fut transféré à Vincennes, puis à la Bastille pendant son procès. Enfin ayant été jugé sans que la peine de mort s'en fut suivie, ce que tout le monde sait, il fut transféré à Pignerol et la peine de l'exil commuée en une prison perpétuelle, où il a fini ses jours fort chrétiennement [1]. Il alloit être élargi quand il mourut de surprise, dit-on, et de saisissement de joie d'avoir eu enfin la consolation de revoir Madame sa femme.

Je ne parlerai point de son procès, parce que je n'étois plus à la cour; je dirai seulement que M. d'Ormesson [2], l'un de ses rapporteurs, qui ne conclut pas à la mort, en perdit sa fortune; que

1. Arrêté à Nantes le 5 septembre 1661, Foucquet arriva deux jours après à Angers. Le 31 décembre de la même année il arriva à Vincennes et, le 20 juin 1663, il fut transféré à la Bastille jusqu'à la fin de juin 1664. On le transporta à Moret, puis on le fit revenir à la Bastille, et, après sa condamnation, on le transporta à Pignerol (27 décembre 1664). Le 23 mars 1680, Foucquet mourut d'apoplexie, au moment où il allait être élargi.

2. Olivier Lefèvre d'Ormesson, maître des requêtes, puis conseiller d'État. Il a laissé un important *Journal* des événements auxquels il a été mêlé, que Chéruel a publié en deux volumes in-4° (1860-1862) et qui est précédé d'une ample biographie de l'auteur.

Roquesantes [1], conseiller du Parlement d'Aix, ouvrit l'avis de l'exil hors du royaume, comme il y avoit déjà six voix à la mort ; qu'il fit revenir un des juges et fut suivi des autres qui n'avoient pas encore opiné. Ainsi, contre toute espérance, le pauvre M. Foucquet eut la vie sauvée, mais ne put toutefois éviter la mort civile, pire que la mort honteuse que Roquesantes et Sainte-Hélène [2], les deux plus habiles de ses juges, lui sauvèrent. Ils le rendirent ainsi plus malheureux qu'il ne l'auroit été, si l'on l'avoit fait mourir par la main du bourreau. M. le chancelier Séguier, qui présidoit à son procès, conclut à la mort, quoique sa voix ne put plus lui nuire ; il étoit sauvé. « N'importe, dit-il, il ne sera pas dit que le croyant coupable, j'aie conclu à lui sauver la vie. » Ce qui parut peu humain, et ne fit pas grand honneur au Chancelier. M. Boucherat se récusa sous prétexte, vrai ou faux, de parenté et ne voulut pas être de ses juges.

Parlons maintenant des affaires qui ont passé par mes mains pendant que j'étois en charge depuis la prise de Dunkerque en 1657 jusqu'à la paix des Pyrénées ; ce sera le sujet du second article de ce second mémoire.

1. Raffelis de Roquesante, selon Mme de Sévigné, parla « admirablement bien » en faveur de Foucquet et reprit « l'avis de M. d'Ormesson ». Il paya son indépendance d'un exil à Quimper-Corentin.

2. Le Cormier de Sainte-Hélène, conseiller au Parlement de Normandie, souhaitait « que l'accusé eût trouvé grâce auprès du Roi », mais n'en conclut pas moins à la décapitation de Foucquet. Peu après, Sainte-Hélène mourut de chagrin d'avoir opiné pour la mort.

ARTICLE SECOND

*De mon ministère et comment le Roi, par l'avis du
Cardinal, me dispensa des trois années qui restoient à courir, avant que je pusse exercer la
charge de secrétaire d'État de M. le comte de
Brienne, mon père, dont j'avois la survivance
dès l'année 1652.*

J'exerçois sous les ordres du Cardinal et de mon
père la première commission de sa charge de secrétaire d'État, dont les Étrangers et la Marine composoient le département, avec les provinces de Champagne et de Brie, Lorraine, Alsace, Provence et
Bretagne [1], depuis le retour de mes grands voyages
en Allemagne, Danemark, Suède, Moscovie, Prusse,
Pologne, Hongrie et Italie. On étoit assez content
de mes services. Le premier ministre s'accommodoit
mieux de moi que de mon père, qui le contrarioit
davantage. J'ai décrit ailleurs fort exactement ce
plus bel endroit de mon histoire [2]. Je ne le répète

1. Les départements ministériels étaient alors moins nettement délimités qu'ils le furent par la suite. D'une manière
générale, celui de Brienne se composait des affaires étrangères,
de la marine du Ponant et des pensions; en outre de l'administration des quelques provinces de France énumérées ici.
2. Brienne fait allusion ici à la troisième partie de la première rédaction de ses *Mémoires*, partie qui semble aujourd'hui
perdue, si jamais elle fut écrite. D'après le sommaire qu'il en a
donné (t. I, p. 2, en note), elle devait comprendre « les choses
qui se sont passées à la Cour de France durant qu'il a été en

point ici. Je vais rapporter seulement cinq ou six faits de ma vie et de celle du Cardinal que je sais très exactement et qu'on ne trouvera point ailleurs.

Le premier est que Son Éminence n'avança si fort les années de mon exercice qu'afin de se débarrasser au plus tôt de mon père, car elle me dit une fois : « Monsieur de Brienne, ne me contrariez pas comme votre père et nous serons bons amis [1]. » En effet, elle me traitoit assez bien et ne paroissoit point contrainte quand j'étois seul avec elle dans sa chambre. Je lui parlois fort familièrement, j'écrivois presque tous les jours sous elle, et, comme j'ai la main fort prête et fort légère et l'oreille fort fine, je ne la faisois jamais répéter et j'écrivois aussi vite qu'elle parloit : ce qui lui plaisoit fort. Mais elle ne pouvoit lire mon écriture, tant il y avoit d'abréviations ; elle m'en fit reproche un jour et je me mis à écrire librement. Mais je la faisois trop attendre. Elle me dit : « C'est moi qui ai tort ; brochez à votre

charge, ensemble les négociations auxquelles il a eu part, tant avec les ministres des princes étrangers, résidant auprès du Roi son maître, qu'avec ceux du dehors, à commencer au traité de campagne qui fut fait entre Sa Majesté et le Protecteur d'Angleterre, pour la prise de Dunkerque, en 1657, et à finir au traité des Pyrénées, en 1660. »

1. « Il vouloit que tout le monde le traitât de Monseigneur, dit l'abbé de Choisy, en parlant de Mazarin ; la plupart des courtisans s'y étoient soumis, et généralement tous ceux qui avoient besoin de lui, hors le vieux Brienne, qui avoit une tête de fer, et qui ne cessa point de l'appeler Monsieur ; mais il ne s'en trouva pas mieux dans la suite, et peut-être fut-ce une des choses qui contribua à sa perte, le Cardinal ayant fait au Roi une fort mauvaise peinture de lui et de son fils » (*Mémoires*, t. I, p. 69).

ordinaire, cela me soulage davantage. » Et je continuai d'en user ainsi. Cela fut cause que le Roi par son écrit me dispensa des trois années qui restoient encore à courir. Ce fut à Calais [1], quelques jours avant la grande maladie de Sa Majesté [2]. Depuis cela je l'ai toujours suivie dans tous ses voyages et j'exerçai la charge de secrétaire d'État à mes dépens, car mon père en touchoit les appointements. J'en retirois à la vérité quelques revenants-bon extraordinaires ; mais cela n'a pas empêché que je n'aie mangé et consommé au service de Sa Majesté trois cent mille livres que j'ai payées fort ponctuellement à mes créanciers,

1. Une lettre de Mazarin confirme cette assertion de Brienne. D'Abbeville, le 15 mai 1658, le cardinal annonce à la comtesse de Brienne que le Roi vient, sur sa demande, d'accorder à Brienne fils la grâce qu'on demandait pour lui, c'est-à-dire la permission d'exercer la charge de secrétaire d'État, en l'absence ou en cas de maladie du père, quoique ce jeune homme n'eût que vingt-trois ans (Mazarin, *Lettres*, t. VIII, p. 712, analyse). La permission fut octroyée le 22 mai 1658. « Il commença incontinent après, écrit Fauvelet du Toc, à propos du jeune Brienne, et en fit seul la fonction durant le voyage que le Roi fit cette année-là à Calais, sur la frontière, et à Lyon » (*Histoire des Secrétaires d'État*, 1668, in-4, p. 313). On conserve, en effet, aux archives des Affaires étrangères (France, Mémoires et documents, n° 278), un registre de transcription de dépêches écrites, d'octobre 1658 à janvier 1659, par le comte de Brienne, en l'absence de son père, pendant le voyage de Lyon. C'est le premier en date des registres consacrés à la correspondance ministérielle de Brienne.

2. C'est le 1er juillet 1658 que Louis XIV tomba malade à Calais, et le demeura jusqu'à ce qu'une absorption de vin émétique transforma son état (Vallot, Daquin et Fagon, *Journal de la santé du roi Louis XIV de l'année 1647 à l'année 1711*, publié par J.-A. Le Roi, p. 49-73).

sur les sept cent mille livres que je touchai des
neuf cent mille livres que M. de Lionne nous paya
à mon père et à moi pour notre charge. J'étois alors
fort alerte et très éveillé ; je jouois beaucoup et je
gagnois plus souvent que je ne perdois ; j'achetois
des médailles, des bronzes, des statues, des tableaux,
et ma table étoit fort bonne. Je passois pour un
homme de plaisir, quoique je n'aie jamais eu de
maîtresses ; les femmes n'étoient pas de mon goût,
et cela m'a nui auprès du Roi. Je n'ai pas sujet de
m'en louer : il n'y a rien de bon à gagner avec elles
et très souvent elles traitent très mal leurs galants,
témoin une belle courtisane dont je ne me défiai pas
qui me fit, à Lyon, un présent dont je me serois
très bien passé [1]. Cela me dégoûta tellement du sexe
féminin que l'on s'imagina, parce que je pestois fort
contre lui, que je me pourvoyois ailleurs et que
j'avois quelque bel ami à mes gages, ce qui étoit
faux.

Le second fait est que le cardinal Mazarin se consuma entièrement dans la négociation des Pyrénées
par sa faute. Il n'étoit soulagé de personne et avoit
à répondre seul à tout le conseil de Madrid, que
Don Luis de Haro avoit été trop habile pour ne pas
mener avec lui. Il aimoit à parler et présumoit un
peu trop de son éloquence. Je conviens qu'il en avoit
beaucoup, mais deux yeux voient plus qu'un et six

1. Cet accident arriva sans doute à Brienne lorsqu'il vint à
Lyon, avec la cour, alors qu'il étoit question du mariage du
Roi avec Marguerite de Savoie. Il a déjà été parlé de ce voyage
dans ces *Mémoires* (t. I, p. 8). Comme on l'a vu ci-dessus
(p. 80), c'est là que Brienne fit ses débuts de secrétaire d'État.

fortes têtes valent mieux que la meilleure tête du monde sans second. M. de Lionne qui l'avoit bonne le soulageoit à la vérité et le maréchal de Villeroy aussi, mais cela ne suffisoit pas ; il fit une très grande faute de n'avoir pas mené mon père avec lui, tout infirme qu'il étoit alors. Comme il savoit tout (car jamais il n'y a eu de mémoire plus heureuse) et que d'ailleurs il avoit un très grand usage des affaires étrangères et des intérêts des princes, il auroit fort embarrassé le conseil d'Espagne et auroit beaucoup soulagé Son Éminence, outre que la dignité de la France auroit été mieux soutenue. Je le louerois davantage si je n'avois pas l'honneur d'être son fils.

Ce fut donc le travail que se donna le Cardinal à parler et à écrire qui lui causa la maladie dont il mourut neuf à dix mois après la conclusion de la paix. Étant arrivé couché dans son carrosse sur un matelas de satin, il fit assembler les plus habiles médecins, dont le sieur Vallot [1], premier médecin du Roi, Brayer [2], et le célèbre Guénault furent du

---

1. Antoine Vallot, né à Arles en 1594, docteur de la Faculté de Médecine de Montpellier, fut d'abord premier médecin d'Anne d'Autriche et fut nommé premier médecin du Roi, le 8 juillet 1652, à la mort de Vaultier, son compatriote et son maître. Il mourut lui-même le 9 août 1671, au Jardin des Plantes, fort peu regretté de son adversaire Guy Patin.

2. Nicolas Brayer (1604-1676). Il avait espéré être nommé premier médecin du Roi, à la mort de Vallot. C'était un praticien habile et un homme bienfaisant. Avec sa malignité coutumière, Guy Patin a fait allusion à cette consultation des médecins autour de Mazarin, frappé à mort. « Hier à deux heures dans le bois de Vincennes, quatre de ses médecins, savoir :

nombre. Ils le flattèrent selon leur mauvaise coutume de cacher toujours aux malades le danger et l'extrémité de leur mal. Le Cardinal qui avoit beaucoup de pénétration connut qu'on le trompoit; mais il n'étoit pas difficile à tromper surtout en une chose qui le touchoit de si près. Il fit appeler Guénault qui lui avoit parlé le plus franchement de tous et lui dit : « Dites-moi la vérité : mourrai-je de cette maladie ou dois-je espérer d'en réchapper ? » Guénault avec son laconisme ordinaire lui dit séchement : « Votre Éminence en mourra et n'en sauroit réchapper. — Voilà parler en homme de bien ; je vous remercie. » Et sans plus long discours il le congédia. Mais cette terrible parole : « Vous en mourrez », fit une si forte impression sur son esprit, qu'il disoit continuellement la nuit et le jour veillant ou dormant, comme un frénétique : « Guénault l'a dit[1] », ce que personne ne comprenoit, mais ce qui répondoit très bien à la frayeur de la mort dont il étoit frappé jusqu'à la moelle des

Guénault, Vallot, Brayer et Béda des Fougerais, *alterquoient* ensemble et ne s'accordoient pas de l'espèce de la maladie dont le malade mouroit : Brayer dit que la rate est gâtée; Guénault dit que c'est le foie; Vallot dit que c'est le poumon et qu'il y a de l'eau dans la poitrine; des Fougerais dit que c'est un abcès du mésentère, et qu'il a vidé du pus, qu'il en a vu dans les selles, et en ce cas-là il a vu ce que pas un des autres n'a vu. Ne voilà pas d'habiles gens! Ce sont les fourberies ordinaires des empiriques et des médecins de cour, qu'on fait suppléer à l'ignorance. Cependant, voilà où sont réduits la plupart des princes, *sic merito flectuntur* » (Lettre du 7 mars 1661, à Falconet. *Lettres de Gui Patin*, éd. Réveillé-Parise, t. III, p. 338).

1. Brienne en a déjà parlé t. II, p. 29-32.

os. « Guénault l'a dit », disoit-il à toute heure, avec un grand serrement de cœur.

Deux choses arrivèrent en ce temps fort singulières et que voici. La première fut que Son Éminence ayant donné cinquante mille écus à Monsieur, frère unique du Roi, ce prince[1], qui est fort honnête, lui prit la main et, l'embrassant, en témoigna à Son Éminence une joie très grande et beaucoup de reconnoissance. J'entrai en sa chambre au Louvre, où il logeoit alors, justement comme Monsieur en sortoit et Son Éminence me voyant me dit : « Ah ! Monsieur de Brienne, je suis bien riche ; je voudrois avoir donné tout à l'heure non cinquante mille écus, mais la moitié de mon bien qui va à plus de cinq fois cinquante mille écus, pour avoir le moment de joie que je viens de voir à Monsieur pour les cinquante mille écus que je viens de lui faire donner par le Roi. »

Comme je ne savois rien de ce qui s'étoit passé, je lui en demandai l'explication. Il s'étendit fort sur la joie de Monsieur et me répéta vingt fois la même chose. « Ma foi, Monseigneur, lui dis-je[2], je vais vous apprendre un très bon secret pour revoir à coup sûr la joie que vous désirez si ardemment. Vous n'avez qu'à donner la moitié de votre bien aux pauvres et vous aurez une joie qu'on ne sauroit vous ravir. — Oh ! monsieur de Brienne, vous par-

---

1. Cette anecdote a été, elle aussi, déjà rapportée par Brienne (t. II, p. 68), à quelques petites différences près.

2. Dans le premier récit, l'aventure ne tourne pas comme ici et Brienne se contente de prêter à Mazarin une réflexion générale sur le plaisir de la possession des richesses.

lez comme le fils de votre mère. Dieu m'en garde !
j'ai eu trop de peine à l'amasser. » Je repris fort
brusquement : « Votre Éminence ne croit donc point à
la parole du fils de Dieu ? — Cela est bel et bon,
me dit-il ; mais, croyez-moi, l'argent vaut mieux.—
Ah ! ma foi, je vois bien ce que c'est : Votre Éminence voudroit, n'est-il pas vrai ? qu'on lui donnât
cinq fois cinquante mille écus et ce présent lui cau-
seroit ce moment de joie qu'elle a regardé dans
Monsieur d'un œil jaloux. — Point du tout, vous
prenez mal ma pensée. Je voudrois seulement qu'il
m'en coûtât cinq fois cinquante mille écus (c'est au
moins 750 mille livres et vous pouvez doubler
chaque cent mille livres en million) pour sentir
autant de joie que Monsieur vient d'en sentir pour
cinquante mille écus seulement. — Oh ! je vous
entends. Vous voudriez peut-être, pénétré comme
vous êtes de la crainte de la mort, avoir des joies
sensibles ? Ce n'est plus le temps ; il est passé. —
Oh ! oh ! à mon tour, fils de la dévote Madame de
Brienne, vous moralisez et prêchez un cardinal ! —
C'est Gros-Jean, Monseigneur, qui remontre à son
curé. » Il ne put s'empêcher de rire, quoiqu'il n'en
eût guère d'envie, et notre conversation finit là.

La troisième chose, c'est au sujet de Guénault, et
ce fait qui est très singulier contient un autre fait
de pareille nature dont je ne ferai qu'une même histoire. La difficulté est de la bien conter ; voyons si
nous en viendrons à bout[1]. Un jour que j'entrois

1. Déjà on a pu voir l'anecdote rapportée assez différemment et moins dramatisée qu'ici (t. II, p. 32-33).

dans sa chambre du Louvre, à pas comptés et sus-
pendus, c'est-à-dire sur la pointe des pieds, parce
que Bernouin m'avoit dit qu'il sommeilloit dans sa
chaise ou fauteuil de malade devant le feu, je le vis
(et j'eus tout le temps de le bien considérer), je le
vis, dis-je, dans une agitation de corps surprenante.
Son corps par son propre poids s'avançoit et recu-
loit, tantôt en avant jusque là que sa tête frappoit
presque ses genoux, et tantôt en arrière où le dossier
de sa chaise le retenoit. Puis il se jetoit à droite et
à gauche sans interruption, et pendant ce court
intervalle de temps, qui ne fut que de quelques
minutes, le balancier de sa pendule n'alloit pas
plus vite que son corps. On auroit dit qu'un démon
l'agitoit, et, ce qui est remarquable, il parloit ; mais
je ne savois ce qu'il disoit, parce qu'il n'articuloit
pas ses paroles. J'eus peur qu'il ne tombât dans le
feu, et je jugeai qu'il se trouvoit mal. J'appelai
Bernouin, ne voulant pas l'éveiller moi-même en
sortant. Bernouin le prit et le secoua assez vio-
lemment. « Qu'y a-t-il, Bernouin ? dit-il en s'éveillant.
Qu'y a-t-il ? Guénault l'a dit. — Au diable soit
Guénault et son dire ! reprit son valet de chambre.
Direz-vous toujours cela ? — Oui, Bernouin, oui,
Guénault l'a dit et il n'a dit que trop vrai : je mour-
rai de cette maladie et je ne saurois en réchapper.
M'entends-tu ? Guénault l'a dit ; Guénault l'a dit. »
Je fus effrayé et saisi de ce langage que je n'avois
point encore entendu, et je le fus encore plus de
sa frayeur qui paroissoit peinte dans ses yeux que
de ma propre crainte. Bernouin lui dit que j'étois
là. « Faites-le avancer », lui dit-il, et me tendant la

main que je baisai, il me dit : « Mon pauvre ami, je me meurs. — Je le vois bien, lui dis-je ; mais croyez-moi, mon cher maître, c'est vous qui vous tuez vous-même. » Je m'attendris en disant cela et ne pus retenir mes larmes. Je l'aimois, et il me faisoit une grande compassion. Il me tendit les bras en m'embrassant fort tendrement. Son haleine m'engloutit et je fus sur le point de m'évanouir ; l'impression de cette mauvaise odeur fut si forte, que la senteur, précédée et suivie d'un fort grand mal de tête, me dura trois jours, tant l'odorat, que j'ai fort délicat, en étoit frappé et pour ainsi dire inondé. Quelle haleine, grand Dieu! La gueule d'enfer ne sauroit être plus puante. Il me donna une pastille de bouche et en prit une, s'étant aperçu du mal qu'il m'avoit fait et voulant le réparer. Il me dit fort obligeamment: « J'en suis bien fâché. Voilà, mon ami, ce que c'est que l'homme. J'ai de belles dents et je mange peu ; mais mon ventricule [1] est gangrené, et voilà la cause de ma mort prochaine. » Il se serra le cœur en achevant ces mots, et puis recommença de nouveau à dire : « Guénault l'a dit. »

L'autre fait est relatif à l'incendie du Louvre [2] qui consuma ses belles tapisseries de brocard vert de Milan découpé sur un damas d'or d'une beauté et d'un artifice charmants et avec les portraits des

---

1. « C'est la même chose que l'estomac », dit le *Dictionnaire de l'Académie françoise*.

2. Brienne a déjà parlé assez longuement de cet incendie du Louvre (t. II, p. 25).

rois, des reines et des dauphins de France de la main de Jannet, de Porbus et de Fréminet[1], qui avoient fait les tableaux de cintre. Cet incendie l'ayant chassé du Louvre comme le signal de sa mort, je me promenois à quelques jours de là dans les appartements neufs de son palais[2] et j'étois dans la petite galerie qui étoit tapissée de Scipion tout de laine qui avoit été au maréchal de Saint-André, la plus belle tapisserie du Cardinal[3], sur les desseins de Jules Romain, je l'entendis venir au bruit que faisoient ses pantoufles qu'il trainoit comme un homme fort languissant et qui sort d'une grande maladie. Je me cachai derrière la tapisserie[4] et je l'entendis dire : « Il faut quitter tout cela ! » Il s'arrêtoit à chaque pas, car il étoit fort foible, et se tournoit tantôt d'un côté tantôt de l'autre, et jetant les yeux sur l'objet qui lui frappoit la vue, il disoit du profond du cœur : « Il faut quitter tout cela ! » et se tournant, il achevoit : « Et encore cela ! Que j'ai eu de peine à acquérir ces choses ! Puis-je les abandonner sans regret ? Je ne les verrai plus où je vais. » J'entendis ces paroles très distinctement.

1. François Clouet, dit Jannet, peintre et valet de chambre de François Ier. — François Porbus, dit *le Jeune*, né à Anvers en 1570, mort à Paris en 1622. — Martin Fréminet, né le 23 septembre 1567, chargé par Henri IV de la décoration de la chapelle de Fontainebleau, mort le 18 juin 1619.

2. L'hôtel qu'il avait acquis de Jacques Tubeuf, rue des Petits-Champs, et qu'il avait si fort embelli, devenu depuis lors la Bibliothèque nationale.

3. Il en a déjà été parlé (t. I, p. 294).

4. Brienne a encore rapporté cette scène assez différemment (t. I, p. 306).

Elles me touchèrent peut-être plus qu'il n'en étoit touché lui-même, car je ne sais s'il pensoit alors à son état; au moins n'est-ce guère là la disposition d'un pécheur pénitent. Je fis un grand soupir que je ne pus retenir et il m'entendit « Qui est là ? dit-il. Qui est là ?— C'est moi, Monseigneur, qui attendois le moment de parler à Votre Éminence d'une lettre de M. de Bordeaux [1], fort importante, que je viens de recevoir. — Approchez, approchez », me dit-il d'un ton fort dolent. Il étoit nu dans sa robe de camelot [2], fourré de petit gris et avoit son bonnet de nuit sur sa tête. Il me dit : « Donnez-moi la main ; je suis bien foible, je n'en puis plus. — Votre Éminence feroit bien de s'asseoir. » Et je voulus lui porter une chaise. « Non, dit-il, non. Je suis bien aise de me promener et j'ai affaire dans ma bibliothèque. » Je lui présentai le bras et il s'appuya dessus. Il ne voulut point que je lui parlasse d'affaires. « Je ne suis plus, me dit-il, en état de les entendre. Parlez-en au Roi et faites ce qu'il vous dira. J'ai bien d'autres choses maintenant dans la tête. » Et revenant à sa pensée : « Voyez-vous, mon ami, ce beau tableau du Corrège, et encore cette Vénus du Titien, et cet incomparable *Déluge* d'Antoine Carrache (car je sais que vous aimez les tableaux et vous y connoissez très bien [3]). Ah !

1. Antoine de Bordeaux, ambassadeur en Angleterre et amateur d'art (voy. t. I, p. 296).

2. « Espèce d'étoffe faite ordinairement de poil de chèvre et mêlée de laine, de soie, etc. » (*Dict. de l'Académie*, 1694).

3. Brienne reprend en partie l'énumération qu'il a déjà faite (t. I, p. 288-289) des œuvres d'art appartenant à Mazarin.

mon pauvre ami, il faut quitter tout cela ! Adieu, chers tableaux que j'ai tant aimés et qui m'ont tant coûté ! » Je fus tenté de lui répliquer en fils de Mme de Brienne ; mais je me retins et je lui dis : « Ah ! vous êtes moins mal que vous ne pensez, puisque vous aimez encore vos tableaux. Bon courage, Monseigneur, personne ne désire plus votre mort ; tout le monde souhaite que vous viviez et fait des vœux pour le recouvrement de votre santé. — Est-il vrai ? Ah ! vous ne savez pas tout ; quelqu'un la désire. — Cela ne peut être, Monseigneur ; ne vous mettez point de visions dans l'esprit. — Je sais le contraire, me dit-il ; mais n'en parlons plus. Il faut mourir plutôt aujourd'hui que demain. Il souhaite ma mort, je le sais bien. » Je compris qu'il vouloit parler du Roi, dont la capacité qu'il connoissoit lui donnoit de la jalousie. Que l'homme est peu de chose quand Dieu l'abandonne à lui-même et permet qu'il sente le poids de sa propre misère ! Le plus fort génie est le plus foible alors, et ce que je viens de dire vaut mieux sans doute et touche davantage que les meilleurs sermons du Père Bourdaloue.

Voici encore un fait fort particulier et qui mérite d'entrer dans l'histoire de ma vie courtisane. Nous étions à Saint-Jean-de-Luz [1] et le Cardinal, qui logeoit à Ciboure, de l'autre côté de la rivière qui sépare ces deux bourgs, étoit malade et fut visité de

---

1. Cette circonstance a encore été rapportée par Brienne (t. II, p. 23), à quelques différences près, qui ne touchent pas le fond de l'anecdote.

la Reine-Mère accompagnée de la comtesse de Fleix [1] et de Mme de Noailles [2]. J'étois dans la chambre de Son Éminence quand elle entra. Le Cardinal étoit au lit, et se levant en robe de chambre, il découvrit ses cuisses et ses jambes tout à coup et dit : « Voyez, Madame, voilà les jambes du cardinal Mazarin, de cet homme autrefois si bien fait, dont la chronique scandaleuse a dit tant de mal et a publié tant de faussetés. » Elles étoient couvertes de grandes taches jaunes et blanches et l'on auroit dit des écailles d'un serpent. La Reine fit un grand cri et ses dames aussi. Le pauvre Cardinal n'y entendoit plus de finesse ; il auroit pu me les montrer et au Roi même ; mais à la Reine et à ses dames, c'étoit un peu trop, et on en parla à la cour comme d'un manque de respect à la plus grande et à la plus vertueuse Reine du monde. Mais Sa Majesté le consola de son mieux et dit fort judicieusement : « On peut montrer de telles jambes sans scandaliser personne. La compassion qu'elles font est plus grande que tout autre sentiment. »

Autre fait. Le Cardinal, quatre ou cinq jours avant sa mort, se fit faire la barbe et relever la moustache au fer, mettre du rouge aux joues et sur les lèvres, et se farda si bien avec de la céruse et du blanc d'Espagne qu'il n'avoit peut-être jamais été de sa

1. La première dame d'honneur d'Anne d'Autriche (voy. t. II, p. 304).

2. Dame d'atour de la Reine qu'elle accompagnait fréquemment avec Mme de Fleix, Louise Boyer, duchesse de Noailles, était la femme d'Anne de Noailles, capitaine de la première compagnie des gardes du corps du Roi.

vie ni si blanc ni si vermeil ; et montant dans sa chaise à porteurs qui étoit ouverte par devant, il alla faire en ce bel équipage, un tour de jardin [1] pour enterrer, comme il le disoit lui-même, en jouant cette comédie, la synagogue avec honneur. Je ne fus jamais plus surpris que de voir cette métamorphose si prompte et ce changement de théâtre si soudain du lit de la mort, où je venois de le laisser, à ce rajeunissement plus vrai en apparence que celui d'Éson. Cependant il tiroit, pour ainsi dire, à l'agonie, et je suis persuadé que cet effort qu'il fit sur lui-même avança sa mort de quelques jours. S'il n'eut point fait cette tromperie à la nature, il n'auroit pas si tôt succombé ; mais cette folie devant Dieu est encore plus grande devant les hommes, qui bien éveillés comme moi regardoient cela comme un songe ; ce qui ne servit qu'à décrier davantage ce politique mourant et fit dire aux courtisans : Fourbe il a vécu et fourbe il a voulu mourir. Tant il est vrai qu'on ne quitte jamais sa vieille peau !

Le comte de Nogent, mauvais plaisant [2], le voyant dans cet équipage, lui dit, croyant dire un bon mot : « L'air vous est bon, il a fait un grand changement en vous ; Votre Éminence devroit le prendre souvent. » On ne sait si le Cardinal rougit ou pâlit à cette parole qui le surprit parce qu'elle découvroit sa fourberie ; mais il est certain qu'elle le frappa et qu'on s'aperçut du changement de ses yeux, si on

1. Brienne a encore fait précédemment (t. II, p. 31) le récit de cette circonstance.

2. Nicolas Bautru, comte de Nogent, capitaine des gardes de la porte, mort en septembre 1661.

ne put s'apercevoir de celui des couleurs de son
visage, qui étoit trop bien peint pour y laisser paroître
d'autre rouge ou d'autre blanc que celui que son
barbier venoit d'y mettre. Le Cardinal dit : « Retournons, je me trouve mal. » Nogent poussant sa pointe
et pour achever de le désoler dit : « Je le crois, car
Votre Éminence est bien rouge. » Autre coup de
poignard qu'il enfonça dans le cœur du cardinal
comédien. Je le suivis et le vis reporter sur son lit ;
il se laissa tomber dessus à la renverse, comme un
homme qui tombe en syncope. On lui donna quelque
liqueur. Il revint, et Bernouin, son valet de chambre,
lui dit : « Je savois bien que cela arriveroit et je
vous l'avois dit. A quoi bon cette momerie ? » Le
Cardinal ne répondit pas un mot et on fit sortir tout
le monde. Le comte de Nogent, qui avoit vu toute
cette minauderie aussi bien que moi, courut en faire
sa cour à la Reine-Mère, qui ne put s'empêcher d'en
rire et croyoit effectivement qu'il plaisantoit ; mais
je confirmai ce qu'il avoit dit, parce qu'il me prit
à témoin ; mais je parlai de ce fait avec plus de cir-
conspection et rejetai cela sur le conseil des médecins qui l'avoient obligé à prendre l'air. « Il ne
devoit point se faire la barbe, dit la Reine ; cela
avancera sa mort. » Et elle envoya savoir de ses
nouvelles. « Tout le monde sait bien l'état où il est,
ajouta Sa Majesté ; à quoi bon le déguiser ? Cela ne
sert qu'à faire parler. » En effet toute la cour ne
s'entretenoit d'autre chose et je ne crois pas que
jamais on ait tant raillé du Cardinal que cette fois-
là. Mon père, à qui j'en fis le conte le soir, ne voulut
jamais me croire et me gronda, comme si je lui eusse

dit un mensonge. J'eus beau lui jurer que je ne mentois pas, il me gronda sévèrement et se fâcha contre moi d'une faute dont j'étois très innocent. Enfin il me crut et leva les épaules.

Enfin, pour dernière circonstance de la mort du Cardinal, dont je fus témoin oculaire, je dirai qu'on joua dans sa chambre auprès de son lit jusqu'au jour qu'il reçut le viatique et l'indulgence que le Nonce du Pape vint lui conférer ou, pour mieux dire, appliquer à la mort [1]. Après quoi les cartes disparurent. Le commandeur de Souvré tenoit son jeu (j'y étois), et, ayant gagné un beau coup, il en avertit Son Éminence, comptant lui faire plaisir. « Commandeur, reprit-elle de fort bon sens, je perds beaucoup plus dans mon lit que je ne gagne et ne puis gagner à la table où vous tenez mon jeu. » Le commandeur dit : « Bon, bon, ne faut-il pas enterrer la synagogue avec honneur ? — Oui, dit le Cardinal, mais ce sera vous autres, mes amis, qui l'enterrerez, et je payerai les frais de la pompe funèbre. » Il dit cela avec beaucoup de force et de présence d'esprit. Je ne puis assez admirer qu'un homme qui craignoit tant la mort parce que son cœur ne tenoit qu'à la terre, parlât si bien et agît si mal. Enfin il se résolut par l'avis du maréchal de Gramont de se mettre entre les mains de M. Joly, curé de Saint-Nicolas-des-Champs, qu'on appeloit communément *le bon faiseur de moribonds*, parce qu'il avoit assisté force personnes à la mort [2]. Voilà donc Son Éminence entre ses mains. On n'a point su le détail de ce qui

1. Voyez à ce propos t. II, p. 31.
2. Voyez encore t. II, p. 35.

se passa entre eux dans ce terrible moment. On sait seulement que le Cardinal lui dit : « J'ai confessé mes péchés à mon confesseur ; j'espère que Dieu me les pardonnera ; ne me parlez, je vous prie, Monsieur Joly, que de ses miséricordes, car pour ses jugements je n'en suis que trop pénétré. » Il l'étoit en effet à un point qui ne se peut dire ni exprimer. On vient d'en voir quelques traits dans ce récit, et n'ayant plus rien à dire du Cardinal, je prie Dieu de lui faire miséricorde, s'il est encore en état de la recevoir. Ce qui me frappe davantage dans la mort de ce grand politique, c'est qu'il a eu tout le temps de se reconnoître, et qu'il en sera plus coupable s'il n'a pas profité d'un temps si précieux...

ARTICLE DEUXIÈME

Le Roi se charge de la conduite de son État et veut être lui-même son premier ministre et l'âme de son conseil.

J'ai déjà rapporté comment Sa Majesté se mit en possession de la conduite des affaires, et on a vú la relation exacte de ce qui se passa au premier conseil qu'elle tint en qualité de pilote de la barque de la France, qui n'a jamais été mieux gouvernée.

De tous ses ministres celui qui avoit plus de part dans sa confiance, c'étoit M. Le Tellier ; aussi ce fut lui qui fit seul avec le Cardinal mourant[1] la distribu-

1. Brienne revient ici sur un sujet qu'il a déjà amplement traité (t. II, p. 37), la dévolution des biens de Mazarin.

tion de tous ses bénéfices. Les fils du duc de Vendôme et du comte de Soissons, petits-neveux du Cardinal, furent les mieux partagés. M. Le Tellier ne s'oublia pas et prit Saint-Bénigne de Dijon pour l'abbé son fils et ne fit tomber à mon frère que l'abbaye de Cercamp dans l'Artois, dont mon père ne voulut pas à cause qu'elle est régulière. Il eut en échange celle de Saint-Germain d'Auxerre. M. de Lionne attrapa Saint-Mélaine de Rennes en Bretagne ; l'abbé Bentivoglio Saint-Valery-sur-Somme, et M. Colbert le Bec, Bonport et quelques autres. Il commençoit à se faire connoître au Roi et les quarante millions du Cardinal qu'il fit entrer dans les coffres de Sa Majesté, quoique par le testament qu'elle signa ils appartinssent de droit au duc Mazarin que cette opulente succession a ruiné, furent le premier échelon de sa fortune. En cela il ne fit rien que de louable ; mais la ruine de M. Foucquet, qui fut un coup de sa main, est un crime dont sa mémoire ne peut être justifiée.

Le Roi, après la mort du Cardinal, changea tout l'ordre des Conseils, ou pour mieux dire rétablit le bon ordre, car ce n'avoit été proprement que confusion sous le ministère du Cardinal. Les Conseils se tenoient dans sa chambre, pendant qu'on lui faisoit la barbe et qu'on l'habilloit, et souvent il badinoit avec sa fauvette ou sa guenon pendant qu'on lui parloit d'affaires. Il ne faisoit asseoir personne dans sa chambre, pas même le Chancelier ni M. le maréchal de Villeroy.

Le Roi ne manquoit jamais de venir prendre une longue leçon de politique après que le Conseil étoit fini. Le Cardinal, dit-on, ne lui a rien caché et peut-être quelque jour verra-t-on le testament politique de ce grand politique. Or, je dirai au sujet de ces sortes de testaments, tels que sont celui du cardinal de Richelieu à Louis XIII, celui de MM. Colbert et marquis de Louvois au Roi qu'on a imprimé dans les pays étrangers, que ce ne sont que des pièces feintes par d'habiles écrivains qui ne raisonnent pas tant mal [1]. Ces mémoires pourront me servir un jour pour faire celui de M. le comte de Brienne, ministre et secrétaire d'État, mon père, et, si je ne me trompe, il vaudra bien les autres. Mais cela demande beaucoup de loisir et de travail ; pour le loisir, j'en ai de reste ; pour la peine, je la crains, quoique homme du monde n'écrive autant que moi et ne barbouille si grande quantité de papier.

Dès que Sa Majesté eut réglé son Conseil en la forme que j'ai dit, on commença à s'assembler une fois la semaine : le chancelier Pierre Séguier, les ministres, Brienne, Lionne et Le Tellier, les secré-

---

1. Il convient de faire une distinction. *Le Testament politique de Colbert* parut pour la première fois en 1693, à La Haye, et le *Testament politique du marquis de Louvois* en 1695, sans lieu d'impression. — Ces deux dates confirment, en passant, celle que nous attribuons à la composition de cette rédaction des Mémoires (1694 au plus tôt). — Bien que ces deux testaments, de Colbert et de Louvois, aient été réimprimés l'un et l'autre dans le *Recueil des Testaments politiques* (Paris, 1749, 4 vol. in-12), ce ne sont, en effet, que des compilations sans valeur, attribuées à Courtilz de Sandras. Au contraire, si le *Testament politique du cardinal de Richelieu*, qui parut pour la première fois en 1688, à Amsterdam, a été regardé comme apocryphe par Voltaire, il y a longtemps que Foncemagne en a démontré l'authenticité (1750, in-12).

taires d'État, La Vrillière, Guénegaud, Brienne le
fils, et Louvois, qui étoit reçu en survivance du
vivant du Cardinal, mais qui n'exerça qu'après sa
mort [1]; ces huit personnes composoient le conseil
sans compter Sa Majesté. Le Roi nous écoutoit assis.
Tous les ministres étoient debout, le Chancelier à
la gauche de Sa Majesté, du côté du lit et s'appuyoit
s'il vouloit sur le balustre, tous les autres comme ils
se trouvoient. Le secrétaire d'État qui rapportoit
s'avançoit vis à vis Sa Majesté, et, s'il falloit écrire,
il s'asseyoit sur un placet qui étoit au bout de la
table, où il y avoit une écritoire et du papier [2].

Le maréchal de Villeroy [3] et le surintendant Fouc-

1. « Louvois, pourvu de la survivance de son père dès 1655,
avec un brevet de conseiller d'État et une charge de conseiller
au parlement de Metz, vient à peine d'accomplir sa vingtième
année, et pourtant on le voit prendre une part active à l'exécution de beaucoup d'affaires, surtout dans les cas urgents, son
père et lui agissant avec Colbert contre la Surintendance. »
(J. de Boislisle, *Mémoriaux*, t. I, p. 5.)

2. Les détails que Brienne vient de donner sur les occupa-
tions du Conseil du Roi complètent ce qu'il en a déjà marqué
en tête des *Mémoriaux du Conseil de 1661*, publiés par M. Jean
de Boislisle, pour la Société de l'histoire de France (1905-1907,
3 vol. in-8), et en reproduisent la physionomie extérieure.
Pour connaître ce qui s'y passait et les affaires qu'on y discuta,
il faut se reporter à ce recueil, où Brienne l'a énuméré fort
soigneusement jusqu'au 3 septembre 1661. Ce que Brienne
ajoute ici s'applique surtout au *Conseil des dépêches*, qui était
bi-hebdomadaire et composé des personnes désignées ci-dessus,
par opposition au *Conseil secret* ou *Conseil étroit*, qui se réunis-
sait presque tous les jours et se composait seulement de trois
personnes, Foucquet, Le Tellier, Lionne, et Brienne lui-même.

3. Comme chef du Conseil des Finances, après la disgrâce
de Foucquet.

quet venoient quelques fois à ces conseils, mais moins exactement que le Chancelier et les secrétaires d'État. Mon père y manquoit souvent à cause de ses grandes infirmités, et comme il ne pouvoit se tenir debout, il s'asseyoit sur le placet qui étoit au bout de la table. M. de Lionne s'appuyoit d'ordinaire contre le chambranle de la cheminée. J'étois celui des secrétaires d'État qui parloit davantage, et si j'avois voulu, à l'exemple de M. Le Tellier, lire tout du long les dépêches que je recevois, j'aurois seul occupé plusieurs séances ; mais je ne rapportois que sur extraits. Cela déplut au Roi qui veut tout voir et tout savoir. Sa Majesté m'ordonna de lui venir lire les dépêches de ses ambassadeurs à mesure que je les recevois et du reste de continuer dans le conseil secret à en faire le rapport sur mes extraits. M. de Lionne étoit informé en droiture par les ambassadeurs des choses les plus importantes et leur écrivoit tous les ordinaires ; mais les longs détails ne se mandoient qu'à moi à qui toutes les dépêches s'adressoient, mon père s'étant entièrement déchargé sur moi de ce soin. Il n'y avoit que M. de Lionne et moi dans le conseil secret qui sussions lire, les autres ne faisoient qu'ânonner, et c'étoit d'ordinaire moi à qui le Roi faisoit lire les longues pièces qu'ils apportoient, hors celles qu'apportoit M. Le Tellier, très mauvais lecteur, mais qui n'aimoit pas d'être soulagé par personne. Peut-être que la vue de ces messieurs baissoit ou plutôt qu'ils n'avoient jamais appris à lire, car il ne faut pas s'y tromper, c'est une science plus difficile qu'on ne s'imagine : cela dépend de la construction des organes de la voix. Qui l'a bonne en rende grâce au Ciel, car ceux qui l'ont mauvaise et désagréable ne sauroient la rendre ni agréable ni bonne. Je lisois d'une rapidité prodigieuse et le Roi n'en perdoit pas un mot, ce qui faisoit remarquer davantage la lenteur de la voix de M. Le Tellier qui fatiguoit beaucoup Sa Majesté. Je m'offris plusieurs fois à le soulager de cette fatigue, mais en vain. Peut-être qu'il ne vouloit pas qu'on vit ce qui étoit dans les lettres de M. Courtin qui étoient toujours extrêmement longues et qu'il n'en lisoit que ce qu'il vouloit bien que tout le monde sut. Il en rendoit compte du reste à Sa Majesté en particulier. M. Colbert fut enfin agrégé à ce conseil ; mais ce ne fut qu'après la prison de M. Foucquet [1]. Tel étoit le Conseil de Sa Majesté.

Comme la cour étoit de retour à Fontainebleau, après le voyage de Nantes, la bagarre de Londres arriva [2]. Le carrosse de Watteville, ambassadeur d'Espagne, prit de force le pas sur le carrosse de M. d'Estrades, ambassadeur de France, à l'arrivée,

1. Jusqu'au 3 septembre 1661, le nom de Colbert n'est, en effet, pas porté une seule fois sur les procès-verbaux du Conseil, quoiqu'il soit intendant des finances depuis le 8 mars et qu'il ait dû prendre séance en cette qualité le 16 mars. Mais son pouvoir occulte est énorme et nul ne s'y méprend. La chute de Foucquet, dont il fut l'artisan, le manifeste bientôt à tous les yeux.

2. Le 10 octobre 1661. On peut voir sur cette affaire les *Mémoriaux du Conseil de 1661*, t. III, p. 20-26, 72, 75, 85, et appendice V, p. 140-176, qui contient un exposé de l'affaire comprenant quelques extraits des lettres de Brienne. On peut voir aussi les *Mémoires de Saint-Simon*, édition Boislisle, t. III, p. 240, note 3.

je crois, de l'ambassadeur de Danemark [1]. Cette fâcheuse nouvelle me fut apportée par un courrier extraordinaire. Il étoit bien onze heures du soir. J'en fus donner avis à mon père. Il me dit d'en aller sur l'heure avertir Sa Majesté et de ne me pas laisser prévenir, car le courrier avoit des lettres pour M. de Lionne. J'y fus donc. Sa Majesté soupoit avec la Reine et Monsieur à même table chez la Reine sa mère [2]. « Qu'y a-t-il, Brienne, de nouveau ? » me dit-il dès qu'il m'aperçut. « C'est, Sire, un courrier de M. d'Estrades qui vient d'arriver, et je rendrai compte à Votre Majesté de l'affaire pour laquelle il le dépêche après qu'elle aura soupé. » Le Roi, sans me répondre, avance sa tête, et me prenant le bras, me commanda de lui dire ce que c'étoit. Il fallut obéir ; je le prévins pourtant et lui dis : « Ne soyez point surpris, Sire, s'il vous plaît, car il y a ici bien des spectateurs. » Après quoi je lui contai que les gens de Watteville ayant coupé les traits des chevaux du carrosse de son ambassadeur, tué le postillon et coupé les jarrets des chevaux, le carrosse de Watteville avoit pris le pas devant l'autre, et que le fils de M. d'Estrades avoit été blessé. Le Roi, sans me répondre, se lève de table si en colère qu'il pensa la renverser, et me tenant toujours le bras me mène dans la chambre de la Reine sa mère pour entendre

1. C'était de l'ambassadeur de Suède qu'il s'agissait. Voy. lettre du 15 octobre 1661 de Brienne au cardinal Antoine Barberini, dans *Mémoriaux*, t. III, p. 154.

2. Le récit qu'on va lire doit être complété par la lettre-circulaire que Brienne écrivit, le 21 octobre, au duc Mazarin, gouverneur d'Alsace, et à d'autres. (*Mémoriaux*, t. III, p. 159.)

la lecture de la dépêche de son ambassadeur. La
Reine le suivit et lui dit : « Qu'y a-t-il donc ? — C'est
qu'on veut nous brouiller, le Roi mon frère et moi »,
reprit Sa Majesté, fort simplement et en se calmant un
peu, car je ne l'ai vu en colère que cette seule fois-là, en
tout le temps que j'ai eu l'honneur de la servir [1]. La
Reine le pria d'achever de souper. « J'ai soupé,
Madame, dit-il en haussant la voix. J'aurai raison
de cette affaire ou je déclarerai la guerre au roi d'Espagne, et je l'obligerai à céder à mes ambassadeurs
la préséance dans toutes les cours de l'Europe. —
Ah ! mon fils, dit la Reine en soupirant, ne rompez
pas la paix qui m'a coûté tant de larmes. Songez que
le roi d'Espagne est mon frère. » Et elle ne put s'empêcher de pleurer. « Laissez-moi, je vous prie,
Madame, pour entendre la lecture de la lettre de
d'Estrades. Allez-vous remettre à table et qu'on me
garde seulement un peu de fruit. » La Reine sortit
et se remit à table, voyant que le Roi le vouloit. Je
restai un bon quart d'heure avec lui ; puis, quand il
m'eut donné ses ordres, je passai toute la nuit à
écrire et ne laissai pas de me trouver à son lever.
On tint conseil extraordinaire sur cette affaire, et
enfin le Roi obtint du roi d'Espagne ce qu'il voulut,
le Roi son beau-père aimant mieux céder la préséance à son gendre que de rompre la paix. On en
prit acte, et l'ambassadeur d'Espagne fit cette déclaration à Sa Majesté en pleine audience, dans le salon

1. La possession que Louis XIV avait de lui-même est bien
connue et on en verra des exemples ailleurs, en particulier à
l'égard de Lauzun. L'abbé de Choisy en cite aussi. (*Mémoires*,
t. I, p. 24.)

de son appartement du Louvre, où tous les ambassadeurs qui étoient à Paris se trouvèrent : le Nonce, Venise, la Suède, le Danemark, la Hollande et Gênes [1]. Je fis traduire en latin par le Père Cossart cet acte de renonciation que l'abbé Le Tellier lui porta de la part du Roi [2] : ce que le Père Cossart auroit fait encore plus volontiers pour moi que pour lui ; mais j'eus ce petit déboire, et à quelques jours de là je fus exilé. Or pour achever cet article que je pourrois beaucoup étendre, si je voulois, de mille petites particularités dont on peut se passer, je dirai seulement qu'au retour du voyage de Nantes, M. Le Tellier me proposa de recevoir M. Le Peletier [3],

1. C'est seulement le 24 mars 1662, au Louvre et dans les conditions que Brienne rapporte, que l'ambassadeur d'Espagne, le marquis de La Fuente, accomplit cet acte de réparation. La *Gazette* se hâta de l'enregistrer, et on en trouve la relation en plusieurs endroits, par exemple, dans le *Journal du roi* de Colbert (*Lettres*, t. VI, p. 489), les *Lettres de Chapelain* (t. II, p. 181), les *Mémoires de Saint-Hilaire* (t. I, p. 18). C'est seulement après cette réparation, que Louis XIV consentit à notifier officiellement à son beau-père la naissance du Dauphin, qui remontait déjà à cinq mois.

2. *Authenticum instrumentum, exhibens Regis Catholici declarationem, qua per legatum suum extraordinarium marchionem de La Fuente Regi Christianissimo, pro Londinensibus in gallicum legatum injuriis satisfecit,* etc. *Ex autographo gallico latine redditum.* Lutetiae, apud S. Cramoisy, 1662, in-folio. On trouvera ci-dessous (p. 108, en note) de nombreux exemples de la manie latinisante de Brienne, qui sévit particulièrement à cette époque et fut une des causes de sa perte.

3. Claude Le Peletier (1630-10 août 1711), successivement président aux enquêtes, prévôt des marchands, conseiller d'État et contrôleur général des finances à la mort de Colbert (1683).

maintenant ministre d'État, pour prendre de lui les
ordres, au lieu de M. de Lionne, que la conjoncture
étoit favorable pour l'éloigner du Conseil. J'en parlai à mon père, qui se mit fort en colère et n'y voulut jamais consentir. Ce fut la première faute qu'on
me fit faire pour me perdre. La seconde démarche
qu'on fit ensuite contre moi, ce fut de me laisser
traduire en latin un acte de mon département,
comme j'avois traduit avec succès les traités de campagne que Sa Majesté fit avec le protecteur Cromwell,
pour la conquête de Dunkerque [1]. Enfin le troisième
coup qui acheva de me perdre, c'est qu'on empoisonna le gain que j'avois fait à l'abbé de Gordes [2],

1. Ces traductions latines ne paraissent pas avoir été impri-
mées.

2. Louis-Marie-Armand de Simiane de Gordes, évêque de
Langres depuis janvier 1671 jusqu'au 21 novembre 1695. Voici
une note contemporaine qui confirme ce fait : « M. de Ces-
sac, l'abbé de Gordes, à présent évêque de Langres, ont porté
M. de Brienne à jouer et ont été cause de sa perte. » (Eug. Griselle, *Silhouettes jansénistes et propos de littérature, d'art et
d'histoire au XVII*e *siècle*, dans Revue d'histoire littéraire de la
France, 1916, p. 237). — Voici une autre explication, un peu
différente, que Brienne lui-même aurait fournie et qui se
retrouve sous la plume du P. Batterel. « Dans des Mémoires
que [Brienne] composait [à Saint-Lazare], et dont j'ai vu des
morceaux écrits de sa main, il s'y plaint en propres termes que
M. de Péréfixe, [archevêque de Paris], mauvais joueur, jusqu'à
briser tous les meubles quand il perdoit, l'avait accusé lui,
comte de Brienne, d'être un peu filou ; ce qui, arrivé peut-être
en une ou deux occasions de peu d'importance, aura été exa-
géré par le public malin, et aura fait regarder comme une exclu-
sion de la cour son renoncement volontaire aux honneurs du
siècle. » (Louis Batterel, *Mémoires domestiques pour servir à
l'histoire de l'Oratoire*, p. p. A.-M.-P. Ingold et E. Bonnardet,
t. III, p. 265.)

et j'eus cette obligation à la comtesse de Soissons [1]
et à Mme de Lionne [2]. On l'empoisonna, dis-je, de
telle sorte, auprès du Roi, qu'on me fit passer dans
son esprit pour le plus adroit filou de la cour, jusque
là qu'on lui dit que j'avois gagné à la lunette [3],
(qu'on appeloit la machine) des sommes considérables au comte Tot, ambassadeur de Suède [4], et au
prince Ferdinand de Fürstenberg [5], maintenant cardinal : ce qui étoit très faux. Le Roi consentit à
m'éloigner de la cour pour quelque temps et m'en
fit donner l'ordre par mon père afin d'adoucir la
chose.

Je ne fus pas plus tôt parti pour Beauchamps [6],
maison que mon beau-frère avoit auprès de son
marquisat de Gamaches, que le Roi ne me voyant
plus sous sa main et n'étant plus servi de mon père
aussi ponctuellement, parce que ses grandes infirmités ne le lui permettoient pas, le Roi, dis-je, ne me

1. Olympe Mancini, exilée à son tour, quelques années plus
tard, à la suite d'une intrigue contre Mlle de La Vallière.

2. Paule Payen, dont les débauches étaient scandaleuses.

3. C'est sans doute quelque variété de ces jeux ruineux qui
pullulèrent alors et qu'on dut prohiber. Faut-il y voir quelque
analogie avec le jeu que Rabelais cite deux fois (l. II, ch. 5, et
l. V, ch. 23), qu'il nomme *luette* et sur lequel les commenta-
teurs ne s'accordent pas?

4. Il en a déjà été question (t. II, p. 258) ; son goût du luxe
et son amour du jeu étaient fameux.

5. C'est de Guillaume-Égon de Fürstenberg qu'il s'agit ici et
dont Brienne a déjà parlé (t. II, p. 124).

6. Beauchamps, actuellement commune du département de
la Somme, dans le canton de Gamaches, à quelques kilomètres
de la Manche.

voyant plus, dit à Montaigu [1], mon cousin, officier
des chevau-légers : « Petit maître, nous nous sommes
bien pressé d'éloigner le petit Brienne ; il me fait
faute, je le veux rappeler, mais ne le lui mandez pas
encore. » Le sort de ma perte étoit jeté. Sa Majesté
le dit à la vérité ; mais mes ennemis l'empêchèrent
de le faire, et je fus obligé de donner ma démission
en faveur de M. de Lionne, pour neuf cent mille
livres, en un temps où j'en refusois encore dix-huit
cent mille livres de M. Fieubet [2], après en avoir refusé de M. l'abbé Foucquet un million quatre cent
mille livres dans Lyon, avec l'assurance d'un brevet
de duc ; ma femme et Mme Bouthillier, qui s'imagi-
noient, fondées sur une trop vaine prédiction d'as-
trologues, que je gouvernerois l'État, s'y opposèrent.
Peut-être cela me seroit-il arrivé aussi bien qu'au
marquis de Louvois, mon confrère, si son père réuni
avec M. de Lionne, que j'eusse pu perdre et ne le
fis pas, ne m'eut lui-même (je dis M. Le Tellier)
abandonné et sacrifié à l'ambition de mon concur-
rent. Voilà l'histoire en deux mots de ma disgrâce.

ARTICLE TROISIÈME ET DERNIER DU SECOND MÉMOIRE

*Mon entrée dans l'Oratoire après la mort de ma
femme. Les nouvelles amours du Roi avec Mme
de Montespan, etc.*

Henriette Le Bouthillier, ma femme s'étant jetée
aux pieds de la Reine-Mère, conduite par Mme de

---

1. Jean de Magnaut, comte de Montaigu. (Voy. t. I, p. 32.)
2. Gaspard de Fieubet, seigneur de Cendray, chancelier de
Marie-Thérèse et conseiller d'État, mort en 1694.

Brienne, ma mère, et accompagnée par Mme Bouthillier[1], qui vivoit encore et que Sa Majesté ne haïssoit pas, la supplia, les larmes aux yeux, d'avoir pitié de mon innocence et de ne permettre pas qu'elle fût opprimée. La Reine-Mère eut la bonté d'en parler au Roi, et Sa Majesté trouva bon que mon père me fît rapprocher de Paris. Il m'écrivit une lettre et me manda de venir à Saint-Denis-en-France, où Sa Majesté m'ordonnoit de me tenir jusqu'à nouvel ordre. On m'avoit fait préparer un appartement très proprement meublé dans le dehors du monastère des Carmélites, dont mon père et ma mère étoient fondateurs. Mes amis vinrent m'y rendre visite, et j'en reçus beaucoup pendant les deux mois que j'y restai. C'étoit un peu après les fêtes de Noël de l'année 1662 que j'y arrivai[2]. Le

1. Marie de Bragelongne, veuve de Claude Bouthillier et mère de Chavigny. Elle ne mourut que le 26 mai 1673, à l'âge de 83 ans.

2. Le manuscrit porte 1663, mais c'est une erreur : les faits dont il s'agit ne sauraient être que de la fin de 1662. Le récit que Brienne fait ici de sa disgrâce manque de chronologie. Peut-être en avait-il mis davantage dans le récit inconnu qu'il en avait tracé ailleurs. Essayons d'y suppléer. On manque de renseignements sur la vie administrative de Brienne en 1662. Il était pourtant en fonction en juillet, car il emploie alors son crédit en faveur de Prioleau qui venait d'être fortement houspillé. (*Lettres de Prioleau*, p. p. Tamizey de Larroque, dans *Archives de la Saintonge et de l'Aunis*, t. IV (1877), p. 284.) Il composa, d'abord en latin, la vie et l'éloge de Prioleau (*De vitâ Benjamini Prioli*), dont le manuscrit, daté de 1662, se trouve actuellement dans la bibliothèque de M. Adrien Dupont, à Château-Landon. Puis, il publia la seconde édition de son *Itinerarium*, dont le privilège est du 31 juillet (*pridie calendarum augusti*). Puis, il se mit à en faire les honneurs en latin à ses connaissances.

marquis de Gamaches, chevalier des ordres du Roi, mon beau-frère, voulut m'y accompagner. Je ne puis assez me louer de la bonne chère qu'il me fit dans sa maison de Beauchamps, ni de toutes les marques d'amitié qu'il me donna pendant mon exil. Il fit tout ce qu'il put pour en adoucir l'amertume, et moi, de mon côté, j'eus recours aux Muses que j'avois jusqu'alors peu cultivées, pour conter mes douleurs et faire, en les contant aux échos de la mer, quelque diversion avec elle. Jamais je ne composai de si beaux vers latins, ni n'en fis une si grande quantité en si peu de temps[1].

1. Jamais la manie latinisante de Brienne ne s'exerça plus qu'à cette époque. Le 14 août (*XIX cal. Septembr.*), il envoie, de Saint-Germain, une lettre en prose et en vers à Le Tellier pour justifier son goût des poètes (Bibl. nat. Nouv. Acq. Lat., n° 171, f° 38) ; le 7 septembre (*VII eid. Septembr.*), il date de Saint-Germain son élégie sur la mort de Chanut mort en juillet précédent (voy. note t. II, p. 369) ; le 28 septembre (*IV cal. octobre*), il envoie son volume, avec une épitre latine, à Arnauld d'Andilly (Bibl. de l'Arsenal, n° 6626, f° 43) ; le 12 octobre (*IV eid. octobr.*), il envoie à Constantin Huyghens de Zulichem la description, également en prose et en vers, de sa collection de tableaux, *De Pinacothecâ suâ* (Bibl. nat., Imprimés, Yc 1067) ; enfin, le 17 octobre (*VI kal. novembr.*), nouvelle lettre, toujours en prose et en vers, de Paris, à Nicolas Heinsius (*Nic. Heinsii Poematum nova editio.* Amsterdam, 1666, in-8, *Adoptiva carmina*, liv. I, p. 13). Tout ceci n'était pas le fait d'un secrétaire d'État absorbé par ses fonctions et devait nuire à sa réputation. Le scandale du jeu dut éclater dans les derniers mois de 1662, — probablement novembre. — La première mention qui en est faite se trouve dans une lettre, du 15 février 1663, de Chapelain à Nicolas Heinsius, dont voici l'extrait : « Ce que vous avez ouï dire du jeune comte de Brienne n'est que trop véritable Une friponnerie de jeu, dans laquelle on a prétendu qu'il étoit entré pour une part principale, a trouvé le Roi facile à se le persua-

Ce fut là aussi où je commençai pour m'amuser à m'appliquer à la poésie françoise à laquelle je ne m'étois point encore appliqué. J'y eus beaucoup de peine dans le commencement, et je la trouvai beaucoup plus difficile que la latine. Les vers fran-

der et l'a porté à lui envoyer commander de se retirer de la cour, ce qui seroit peu de chose, les relégations des gens de cet âge ne durant pas d'ordinaire longtemps ; mais ce qu'il y a de pis est que Sa Majesté s'est fait entendre qu'elle ne se serviroit jamais de lui en la charge de secrétaire d'État, dont il avoit la survivance, et que même Elle vouloit qu'il s'en défît ; quelques-unes, Mme de Brienne surtout, accusent M. de Lionne d'avoir contribué à le perdre dans l'esprit du Roi pour prendre sa place en le récompensant. Le banni est toujours banni, et l'on ne voit rien qui fasse espérer de l'adoucissement dans sa disgrâce. Je le plains beaucoup, car je suis serviteur de toute sa maison, et je ne puis voir sans douleur avorter la fortune d'une personne de cette qualité. Ce n'est pas que sa conduite fût trop bonne, et que d'ailleurs, même dans les chose louables, comme est la passion qu'il a pour les Muses, il n'ait agi peu considérément. Que peut-on juger en effet du jugement d'un homme qui méprise le style de Cicéron et qui n'en voit de bon que celui de Tacite, qui met Prioleau au-dessus de tous les écrivains, qui se pique d'en écrire la vie, et qui se rend le publicateur des poésies de Madelenet ? Il faisoit une publique profession, en en parlant, de devoir au premier tout ce qu'il pouvoit valoir dans les lettres, quoiqu'il fût vrai que, style pour style, en prose latine l'écolier valoit mieux que le maître. D'une telle humeur, quelque passion qu'il vous témoignât, vous n'aviez rien à attendre de raisonnable ; en la perte de sa fortune vous avez moins perdu que nous ne croyez. S'il vous a envoyé de bons vers, dites qu'ils ne sont pas de lui, mais du P. Cossart, ou de quelque autre ; car je lui ai ouï assurer qu'il ne savoit que c'étoit de prosodie. Tout ceci entre nous s'il vous plaît, et je ne vous eusse pas complu de ce détail peu avantageux pour lui, si j'eusse été capable de vous refuser quelque chose. » (*Lettres*, éd. Tamizey de Larroque, t. II, p. 291.)

çois ne se font pas si facilement qu'on se l'imagine.
Mais à force de travail on vient à bout de tout. En
effet j'ai fait quelques progrès dans ce doux genre
d'écrire, et on ne peut croire les obligations que
j'ai aux sœurs d'Apollon. Sans elles je serois mort
cent fois de chagrin ; il n'y a qu'elles et la prière
qui m'aient soutenu dans mes disgrâces. Je m'étois
mis dans la dévotion quelque temps avant mon
départ de Paris, et j'avois fait une confession générale au Père Hayneufve, jésuite d'une haute piété,
un peu avant qu'on m'exilât[1]. Je ne connoissois
encore Dieu et ses voies que très imparfaitement ;
ce n'est guère à lui que l'on pense à la cour. Le Père
Hayneufve commença à me le faire connoitre et me
dit que la marque la plus assurée de la prédestina-
tion à la gloire étoit d'être affligé en cette vie qui
passe comme une ombre. Bienheureux ceux, me dit-
il, qui souffrent persécution pour la justice, le
royaume de Dieu sera leur partage ; et bienheureux
encore ceux qui pleurent leurs péchés, ils seront
consolés un jour. Et ce grand jour de l'éternité où
commencera leur bonheur et finiront leurs peines,
est plus proche qu'on ne pense. Ce langage m'étoit

1. Julien Hayneufve, né le 3 septembre 1588 à Laval, entré
au noviciat des Jésuites le 31 mai 1608, mourut à Paris le 31
janvier 1663 ; — ce qui prouve, entre autres choses, que ce
que Brienne rapporte ne put se passer qu'à la Noël de 1662.
— Avant d'être le confesseur de Brienne, le P. Hayneufve
avait été celui de Foucquet. (Jules Lair, *Nicolas Foucquet*, t. II,
p. 150.) Il est auteur de plusieurs ouvrages d'édification :
Méditations sur la vie de Jésus-Christ (1641, in-4), *le Grand
chemin qui perd le monde* (1649, in-4), qui eurent de nombreuses
éditions.

tout nouveau. Je ne croyois pas que la souffrance
fût un bien. Je le sais maintenant par mon expérience : la croix est le chemin qui conduit à la
gloire.

Mais, revenant à mon sujet, je ne me plaisois pas
à Saint-Denis, non que je ne reçusse beaucoup de
consolation dans les entretiens fréquents que j'avois
avec la Mère Madeleine, prieure, sœur du Président
de La Grange, un de mes meilleurs amis [1], et de
ma nièce, sœur Marie-Julie de Gamaches, qui vient
d'être élue prieure cette année dernière [2] et qui alors
m'excitoit à lui faire de petits cantiques de dévotion
sur les airs du monde dont j'avois la tête toute
remplie ; ce qui m'a beaucoup servi, je l'avoue,
pour acquérir cette prodigieuse facilité de rimer que
j'ai enfin acquise à force de travail, parce que je
n'ai point trouvé de meilleur moyen pour enchan-
ter mes peines. Je n'aurois jamais été poète si je
n'avois été malheureux. Comme donc je m'ennuyois
à Saint-Denis, un monastère de filles ne convenant
nullement alors à ma dignité, je priai mon père de
trouver bon que je changeasse la maison des Car-

1. Elle était sœur de Louis de La Grange, sieur de Trianon
et de Neuville, président au Parlement, qui était père de Henri
de La Grange-Trianon, abbé de Saint-Séverin de Château-
Landon, près duquel Brienne se retira pour mourir.
2. Julie-Gabrielle, fille de Nicolas-Joachim Rouault de
Gamaches, et de Marie-Antoinette de Loménie, fut baptisée le
27 octobre 1643 et tenue sur les fonts par « Eminentissime
Jules-César Mazarin, cardinal », et par « Henriette de Montmorency, femme de Monseigneur le Prince ». (Jal, *Dictionnaire*,
p. 630.) On a déjà vu (t. II, p. 281) qu'en 1654 elle était élevée
à Saint-Denis.

mélites en celle de Vanves [1], qui étoit en ce temps à
M. le président de Thou, mon ami particulier, ce
que la cour m'accorda [2]. J'y fus encore quelque
temps, et ce fut là que M. le duc de Montausier [3]
me fit l'honneur de me rendre visite avec le marquis de Gamaches, mon beau-frère, pour m'exhor-
ter à la patience dans mon malheur et à l'obéissance en même temps aux volontés du Roi. Je ne
m'attendois pas à ce compliment de la part d'un des
meilleurs amis de mon père, et cela me fit faire
beaucoup de réflexions que je n'avois pas encore
faites. Je répondis en bon politique, quoique je ne
le sois guère, et parus me vouloir soumettre à tout
ce que Sa Majesté désiroit de moi ; mais dans le
fond ma résolution étoit prise de mourir secrétaire

1. Brienne écrit *Vanores*, comme c'était l'usage alors.

2. Le manuscrit porte fautivement de *Thion*. Il s'agit de
Louis-Auguste de Thou (1609-26 septembre 1677), président
aux Enquêtes, puis (1657) ambassadeur en Hollande, grand
ami de Brienne. Il possédait effectivement une résidence à
Vanves, ainsi qu'en témoigne une quittance du 23 juillet 1669,
citée par Fernand Bournon, *Notice historique sur Vanves*, 1901,
in-8, p. 12.

3. Charles de Sainte-Maure, marquis puis duc de Montausier
(6 octobre 1610-17 mai 1690), gouverneur du Grand Dauphin
(1668) et que ses qualités de franchise et de droiture ont rendu
fameux. On prétend que Molière a songé à lui en composant *le
Misanthrope*. — Dans sa lettre du 22 mars 1663, à Nicolas
Heinsius, Chapelain fait allusion à ce rapprochement de Paris.
« Le jeune M. de Brienne, dit-il, s'est rapproché de Paris,
mais n'a pas encore permission d'y rentrer et bien moins d'y
faire sa charge, dont ses amis sont très mortifiés, n'osant
presque se promettre son rétablissement à cause de la fermeté
que le Roi montre dans toutes les résolutions qu'il a prises une
fois. » (*Lettres*, t. II, p. 298.)

d'État, et de me cacher comme le cardinal de Retz, et de ne donner jamais ma démission [1]. Ma femme m'inspira ce conseil, parce que ma charge étoit son amour et je puis dire sa folie. Et en effet, je n'eus pas plus tôt donné ma démission [2], par la peur que

1. Ceci est encore confirmé par un passage très explicite de la lettre de Chapelain, du 12 avril 1663, à Nicolas Heinsius : « Le jeune comte de Brienne, dit-il, que vous plaignez dans son malheur, bien éloigné de le voir adoucir, l'a vu accroître de moitié depuis mes dernières, car enfin le Roi lui a commandé de se défaire de sa charge en faveur de M. de Lionne, et la résistance qu'il y fait en se cachant ne sert qu'à aigrir contre lui Sa Majesté, laquelle, en ayant le consentement du père, dont il n'a que la survivance, passera outre, si le fils s'opiniâtre, et revêtira du secrétariat celui qu'Elle a destiné à cet emploi. On m'a encore assuré aujourd'hui que tous les vers latins qu'il a publiés et ceux qu'il vous a envoyés sont du Père Cossart, jésuite. Je sais bien du moins qu'il m'a dit lui-même, en présence de M. Huyghens le vieux, que la prosodie lui étoit du tout inconnue. Je le plains avec vous, mais principalement du tort que sa tête et ses passions effrénées ont fait à sa fortune et à sa maison à laquelle plus d'une raison m'a attaché depuis trente années, et je ne viens à vous découvrir ses plaies que pour ne trahir pas notre amitié en vous dissimulant ce que vous devez savoir. Je pardonne à sa jeunesse les faux jugements qu'il a fait des auteurs anciens et modernes. » (*Lettres*, t. II, p. 301.)

2. La *Gazette* du 21 avril 1663 enregistre la démission de secrétaire d'État donnée par Brienne père et fils, et Loret, mentionnant le fait sous la même date, félicite en même temps Lionne de sa nomination. (*Muse historique*, éd. Ravenel-Livet, t. IV, p. 43.) Sur ce point encore, Chapelain est bien informé. « Je vous ai mandé, écrit-il à Heinsius, le 8 juin 1663, que M. de Lionne étoit revêtu de la charge de M. de Brienne. *Nec injuriâ*, vous y perdrez peu, et la bienveillance du dernier, quand il aurait pu conserver l'emploi, ne vous eût guère été avantageuse. Il s'est décrié à la cour et dans sa propre famille en par-

j'eus de perdre le peu de bien qui me restoit si je rompois mon ban, ce qui eût servi de prétexte à mes ennemis pour m'opprimer et ruiner entièrement mes enfants (j'avois déjà un fils et deux filles, ma femme étoit grosse d'un garçon dont on m'a caché ensuite le sexe pour diminuer ma douleur), en effet, dis-je, je n'eus pas plus tôt donné malgré moi ma démission, que ma femme devint inconsolable et mourut à quelques mois de là avec son fruit de pure douleur [1]. Elle répandoit des larmes avec une si grande abondance que les draps de son lit en étoient tous trempés et que les mouchoirs ne pouvoient lui suffire. Elle remplissoit des serviettes entières et les mouilloit en un moment comme si on les eût trempées dans la rivière. C'est qu'elle avoit un cœur de reine, cette pauvre femme, mais elle avoit fort mal placé son amour [2]. Je lui devins

tie pour une chose louable en soi, j'entends par sa passion pour les lettres, mais qui, vu nos mœurs corrompues et l'ignorance de nos courtisans, doit être découverte avec grande discrétion, qui ne veut pas tomber dans le mépris de se faire tourner en ridicule. » (*Lettres*, t. II, p. 306.)

1. Loret (t. IV, p. 117) date ce décès du 3 novembre 1663 et en profite pour aligner quelques vers d'éloges au souvenir de la défunte. La *Gazette* du 17 novembre enregistre que, dix jours avant, un service avait été célébré, en l'honneur de Mme de Brienne, à Auxerre, en l'abbaye de Saint-Germain, dont Charles-François de Loménie était abbé.

2. Dans le *Recueil des portraits et éloges en vers et en prose, dédié à Son Altesse Royale Mademoiselle* (Paris, Charles de Sercy et Claude Barbin, 1659, in-8), il y a (p. 167) un *Portrait de Madame la comtesse de Brienne, la fille, fait par elle-même* On y apprend qu'elle était petite, avait la bouche grande, le nez fort. « Il est extraordinaire, dit-elle, et presque incroya-

insupportable et elle ne gardoit plus de mesure avec
moi, comme si j'eusse été l'artisan de ma perte.
Elle perdit peut-être son âme avec celle de son fils
qu'on trouva dans son sein, où la douleur de la
mère l'avoit étouffé par ses sauglots. J'en fus touché
plus que je ne puis dire et qu'on ne le peut croire ;
et sans délibérer davantage, et peut-être sans voca-
tion, je me jetai, poussé par mon désespoir, comme
un fou, dans l'Oratoire, où je ne fut pas plus tôt
que je m'en repentis. Je ne pouvois me faire plus
de mal que je m'en procurai par cette action préci-
pitée. Dieu m'appeloit à la Chartreuse [1] et je n'obéis

ble, qu'étant jeune comme je suis, j'aie si peu d'afféterie et
d'attachement à ma personne. Je ne suis point gaie ni extrêmement mélancolique. J'aime le monde, non pas en général,
mais ce qui s'appelle le monde choisi. Les conversations des
gens savants me plaisent. Je me connais bien en beaux esprits,
en ceux qui sont galants et polis, et qui savent bien vivre, et
distinguer fort bien ceux qui sont obscurs et pesants. J'ai un
peu étudié et saurois plus que je ne sais, si j'avois voulu
m'appliquer, car j'avois un particulier talent pour apprendre. Je n'aime pas assez la lecture, ayant une aussi heureuse
mémoire que j'ai : ce n'est pas que je ne goûte les bons livres
et que je n'aie connoissance de quelques-uns ; mais je suis trop
paresseuse pour entreprendre quelque chose qui me gêne.
J'écris passablement et d'un style fort aisé. Je peins bien pour
une femme et sais mieux l'orthographe qu'elles ne la savent
d'ordinaire. Je parle peu et suis fort froide, si ce n'est avec
les gens avec qui je suis libre. » Elle conclut ainsi : « Je suis
heureuse, parce que je sais me satisfaire de ma condition, et si
je suis à plaindre en quelque chose, c'est de ne pouvoir éviter
les maux qu'elle engage de souffrir. »

1. Le 20 décembre 1663, Chapelain écrit encore à Heinsius :
« M. de Brienne se prépare à entrer dans la Chartreuse de
Paris, dégoûté du monde après la perte de sa charge et de sa
femme, et il est déjà retiré pour cela dans leur voisinage, chez

pas à sa voix. De là sont venus tous les malheurs de ma vie, la plus traversée qui fut jamais.

A peine fus-je entré dans l'Oratoire, que je m'aperçus que ce n'étoit pas là le lieu où Dieu m'appeloit ; cependant je fis bonne mine à mauvais jeu. Je m'y tins sept années durant dans un fort grand calme, et si le Jansénisme où je m'engageai fort imprudemment ne fût venu à la traverse, peut-être serois-je encore à Saint-Magloire où je me plaisois assez [1]. Mais l'envie d'être chartreux gâta tout. Je ne fus ni chartreux ni Père de l'Oratoire. *Inde mali labes.* Voilà la source de tous mes malheurs. Il fallut sortir de France comme un fugitif et un proscrit et je n'y revins que pour me faire enfermer dans la prison du monde la plus honteuse, où j'ai pensé perdre le peu de raison qui me reste. J'ai passé trois hivers sur les bords de la mer Baltique [2].

les Pères de l'Oratoire. » (*Lettres*, t. II, p. 343.) Comme on le sait, le couvent des Chartreux de Paris, situé au sud-est du Luxembourg, sur l'emplacement actuel des allées de l'Observatoire, étoit voisin de l'Institution de l'Oratoire, aujourd'hui hospice des Enfants assistés, rue Denfert-Rochereau, 74.

1. Le P. Batterel dit à ce propos : « Il (Brienne) vint se mettre en retraite en notre maison de l'Institution de Paris, à la Toussaint de la même année 1663, et après avoir examiné pendant près de trois mois ce que Dieu demandoit de lui, il fut reçu parmi nous, le 24 janvier 1664. » (*Mémoires domestiques*, t. III, p. 265.) Si l'on en croit Chapelain et sa lettre du 24 janvier 1664, à Nicolas Heinsius, on ne croyait pas, au dehors, à la détermination de Brienne : « On m'a pourtant dit, il y a quelques jours, qu'il ne persistoit pas dans cette humeur noire et qu'il songeoit à combattre cette maladie de Bellérophon. » (*Lettres*, t. II, p. 347.)

2. Les hivers de 1670, 1671 et 1672 que Brienne passa dans les états du duc de Mecklembourg-Schwerin.

Je reviens sur ma bonne foi ; on m'exile ; je romps mon ban, on m'enferme ; je sors de prison, on m'y remet, et je n'en sors enfin que pour être de nouveau envoyé en exil. Tâchons de nous y tenir, de peur de pis.

Mon père et ma mère, qui vivoient encore [1], me déterminèrent à entrer dans l'Oratoire [2], voyant qu'on ne vouloit pas me recevoir dans la Chartreuse de Paris. C'est une nouvelle obligation que j'eus à M. Le Tellier et au petit ministre le bigot Peletier, qui dirent que j'étois fou et qu'on ne me reçût pas. Cependant, au lieu d'aller postuler ailleurs, où j'aurois été reçu indubitablement, j'entrai dans l'Oratoire, et comme j'ai dit, je ne fus pas long-

1. Selon la *Gazette*, Mme de Brienne mère mourut le 5 septembre 1665, dans sa 63e année, et Brienne père mourut le 13 novembre 1666, à 71 ans.

2. Le 2 février 1664, Loret mentionne cette entrée (t. IV, p. 160), qui, comme on l'a vu, avait eu lieu le 24 janvier précédent. Cette date est confirmée par une lettre, du 29 janvier, de Guy Patin à Falconnet. « Le comte de Brienne, ci-devant secrétaire d'État, après avoir perdu sa charge et sa femme, fille de M. de Chavigny, s'est enfin rendu père de l'Oratoire. Voilà un jeune homme perdu si Dieu ne le sauve, que les jeux et les pipeurs ont ruiné. Il méritoit une meilleure fin ; car c'étoit un honnête homme et très savant. Il aimoit mon fils Charles au dernier point et l'envoyoit quérir tous les jours. Il lui a fait une belle préface à ses *Familiae Romanae*. (*Lettres*, éd. Réveillé-Parise, t. III, p. 455.) En effet, en tête du recueil de Charles Patin : *Familiae Romanae in antiquis numismatibus* (Paris, 1663, in-folio), on trouve : *Ludovicus Henricus Lomenius, Briennae comes, Regi a consiliis, actis et epistolis, in Caroli Patini, doctoris medici Parisiensis, Romanas familias praefatur.* — L'achevé d'imprimer du livre est du 7 septembre 1662, ce qui confirme la débauche de latin faite par Brienne à cette époque.

temps sans m'en repentir [1]. Tant que mon père
vécut, on ne me dit rien. Je jouissois encore d'une
pension considérable que je m'étois réservée sur la
terre de Brienne, sans celle de Pougy [2], que je n'avois
pas encore donnée à mon fils. C'étoit du bien beaucoup plus qu'il n'en falloit pour vivre très honora-
blement dans l'Oratoire ; mais ma tête s'échauffa à
force de veilles, de jeûnes et de pénitence. Je voulois mener la vie de chartreux dans l'Oratoire, ce
qui me jeta dans de très grandes insomnies. Enfin
je succombai sous le faix de mes austérités mal réglées et je devins fort infirme. Je me cassai la tête
(c'est le terme) et je devins inutile à toute sorte
d'exércice régulier et fort à charge à moi-même et
aux autres [3].

1. Un nouveau passage de Chapelain confirme en partie
ce que Brienne vient de dire. « Le jeune comte de Brienne,
écrit-il le 29 avril 1664, à Nicolas Heinsius, est tombé sans
ressource et s'est renfermé dans une des maisons de l'Oratoire de
Paris sur le refus qu'ont fait les Chartreux de le recevoir dans
la leur, craignant que leur profession ne fut trop austère pour
lui. Ce ne seroit qu'un mal supportable d'avoir perdu sa charge,
s'il avoit conservé sa réputation, et que sa chute n'eût pas été
à titre de pipeur et de fourbe. C'est pourtant dommage, car il
avoit de l'esprit et un grand amour pour les lettres dont il faisoit sa principale ambition. Voilà ce que c'est de n'avoir point
dé cervelle et d'être indifférent au vice et à la vertu. » (*Lettres*,
t. II, p. 360.)

2. Com. du cant. de Ramerupt, dans l'Aube, qui possédait un
« château fort très considérable, dont le vaste emplacement est
encore entouré de fossés très profonds ». Théophile Boutiot et
Emile Socard, *Dictionnaire topographique du département de
l'Aube*, 1874, p. 127.

3. Brienne fut expulsé de l'Oratoire. « Quelle qu'en soit la
cause, il falloit que les effets en fussent bien singuliers et no-

Le bain et le lait me rétablirent un peu ; mais ma ferveur ne battoit plus que d'une aile. Enfin je me rejetai dans la curiosité des estampes et des tableaux pour me dédommager. J'en achetai pour une somme de vingt mille livres : on en murmura. Ma bibliothèque m'avoit bien coûté quatre-vingt mille livres sans qu'on m'en eût fait un crime. On m'en fit un de mes estampes et je fus obligé de les rendre à Chauveau [1] qui me les avoit vendues. C'étoit l'œuvre complète de Marc Antoine [2] dont j'avois payé six mille livres ou environ. Je perdis beaucoup sur mes autres estampes. Je donnai mes tableaux à mon fils avec ma belle et curieuse bibliothèque, en m'en réservant toutefois l'usufruit ma vie durant [3]. On m'interdit, on m'en dépouilla.

toires pour obliger le P. Senault et son conseil à lui faire signifier cet ordre du 11 février 1670 : « Le confrère de Brienne sera prié de se retirer de la congrégation à cause de sa mauvaise conduite. » On n'en vient pas sans de bonnes raisons à de telles extrémités contre un sujet de cette condition. Il nous quitta le 12 juin de cette même année, et se jeta bientôt dans une vie entièrement dissipée » (Le P. Batterel, *Mémoires domestiques*, t. III, p. 271).

1. François Chauveau, graveur et dessinateur, né à Paris en 1621, mort dans la même ville le 3 février 1676.

2. Marco-Antonio Raimondi, né à Bologne, vers 1488, mort vers 1530. Vte Henri Delaborde, *Marc-Antoine Raimondi*, 1887, in-4.

3. Le catalogue manuscrit de cette bibliothèque, *Bibliotheca Lomeniana, 1668*, est conservé à la Bibliothèque nationale fonds latin n° 10377. On lit à la fin : « Le présent catalogue, contenant cent vingt-cinq feuillets a été signé double par les parties et notaires soussignés, suivant le contrat de donation faite par Messire Louis-Henri de Loménie de Brienne, de l'Oratoire de Jésus, à Messire Henri-Louis de Loménie, son fils mineur,

Mon frère se la fit adjuger pour quatorze mille livres payables au mineur en quatorze années, quoique Léonard [1] offrît de constituer une rente de vingt-quatre mille livres au profit de mon fils pour le prix de mes livres. On maria ma fille sans mon consentement au comte de Cayeux, second fils de mon beau-frère, cadet de Picardie [2]. J'étois enfermé alors à Saint-Lazare et condamné par avis de parents à la mort civile. On modifia ma pension à cinq mille livres, dont trois mille pour mon entretien et deux mille pour ma nourriture qu'ont touchées Messieurs de la Mission pendant dix-neuf années, ce qui fait trente-huit mille livres, et moi cinquante-sept mille livres dont je me suis refait petit à petit une nouvelle bibliothèque de sept à huit mille livres, de très

par devant Symonnet et Vincent, notaires au Châtelet de Paris, soussignés, dont la minute est vers ledit Vincent, ce treizième jour de janvier mil six cent soixante dix, ledit présent catalogue ayant été présentement, à la réquisition des dites parties, coté et paraphé au bas de chacun des feuillets par lesdits notaires soussignés : CHARLES-FRANÇOIS, évêque de Coutances ; PHELIPEAUX ; de LOMÉNIE-BRIENNE, de l'Oratoire de Jésus ; de LOMÉNIE, comte de BRIENNE ; BOUCHARD ; de THOU ; SYMONNET ; VINCENT. » Cette bibliothèque fut classée et le catalogue fut dressé par un prêtre parisien, Pierre Delaplanche, le 28 juin 1668. Le British Museum possède (Harleian ms. 4638) le double de ce catalogue auquel est joint le contrat de donation.

1. Frédéric Ier Léonard, originaire de Bruxelles, fut reçu libraire et imprimeur le 27 février 1653, adjoint au syndic de sa corporation en 1666 et imprimeur ordinaire du Roi en 1678.

2. Claude-Jean-Baptiste-Hyacinthe Rouault, comte de Cayeux, était l'aîné et non pas le cadet de la famille. Il épousa effectivement sa cousine germaine Louise-Madeleine de Loménie.

bons livres, qui me suffit pour mon usage et que j'augmente tous les jours considérablement de mon épargne. J'ai encore quelques tableaux, de la santé et de la joie malgré mes peines. O mon Dieu, que vous êtes bon! Si vous ne m'aviez humilié si puissamment, je n'aurois jamais connu vos justices.

Mais comment trouver une transition de cet endroit si édifiant aux amours du Roi pour Mme de Montespan, sans révolter contre moi ce Dieu de bonté que j'implore? Il faut le faire toutefois, et le faire sans l'offenser le moins du monde, ni le Grand Roi même dont je me suis engagé de parler [1].

Pour cela je n'ai qu'à dire que si Louis le Grand pécha comme David, Dieu lui a fait la grâce d'imiter ce Roi, l'un des aïeux de son fils, dans sa pénitence; et si Mme de Montespan, femme d'un esprit charmant, mène une vie très édifiante, à tout péché miséricorde. Mais ce n'est pas cela que le lecteur attendoit de moi; j'en conviens. Mais quoi? il y a des choses sur lesquelles un historien doit tirer le rideau.

Je dirai seulement, car ceci peut édifier, qu'il est plus admirable, à l'âge où le Roi se trouve et dans la haute fortune à laquelle le ciel a élevé ce grand

---

1. Brienne passe un peu bien rapidement sur tous ces faits; et puisqu'il voulait philosopher, à bon propos, peut-être y avait-il une meilleure occasion de le faire — et plus justement — en les retraçant sommairement. A ceux qui voudront connaître en détail les intrigues qui poussèrent le Roi des bras de La Vallière dans ceux de Montespan, il suffit de rappeler l'ouvrage de MM. Jean Lemoine et André Lichtenberger, *De La Vallière à Montespan*, s. d., in-8.

héros, de se retirer du péché, comme Dieu lui en a fait la grâce, que de prendre Mons et Namur. Il a rencontré une seconde Esther qui l'a retiré du naufrage. Elle est digne, cette Esther, de toute louange, et outre que je lui ai obligation en mon particulier, je l'ai toujours fort honorée et je ne crains point de dire que Mme de Maintenon dut être comparée à sainte Clotilde qui retira Clovis de l'erreur de l'idolâtrie [1], chose plus facile à faire que ne l'étoit de retirer un prince aimable, et toujours heureux, de l'adultère. La pauvre Fontanges [2] fut la victime qu'il immola à l'amour. Elle en fit les funérailles et tomba comme une hécatombe aux marches de l'autel de ce dieu des malheureux amants. Voici un langage bien différent de celui que je tenois tout à l'heure. Qu'on s'en prenne au fils de Vénus, dont on ne doit parler qu'en termes poétiques et fabuleux, puisque en effet son culte est si nuisible aux hommes encore plus aveugles que lui. C'est tout ce que je dirai des amours du Roi.

1. Avec son ordinaire manque de mesure, Brienne ne sent pas le peu de convenance qu'il y a à comparer successivement Mme de Maintenon à Esther et à sainte Clotilde. Guidée sans doute par quelque pensée religieuse, Mme de Maintenon apporta, pour la faire aboutir, l'habileté et l'adresse de la diplomatie la plus féminine.

2. Marie-Angélique Scoraille de Roussille, duchesse de Fontanges, fille d'honneur de Madame, qui inspira une vive passion au Roi, y céda bientôt elle-même et mourut à vingt ans au monastère de Port-Royal, le 28 juin 1681.

TROISIÈME MÉMOIRE

Qui sera tout de la vie du Roi
Et de son règne glorieux

[ARTICLE PREMIER]

[Des conquêtes et des vertus de Louis le Grand.]

Parlons d'abord de ses conquêtes et de ses vertus.
Ce champ est bien vaste à la vérité et comme je ne
suis plus du monde ni de la cour, il ne m'appartient
guère de pénétrer dans les secrets de ce plus habile
roi du monde, le plus craint et le plus aimé. La
politique a moins de part à ses conseils que la justice et la religion. Il défend et protège un roi, son
cousin germain, opprimé par son gendre [1], et en
même temps il soutient seul la cause de l'Église
contre le schisme et l'hérésie. Dieu bénit visiblement
la justice de ses armes. On lui reprend Namur sa
conquête [2]; et peut-être que Dieu n'a permis ce
léger échec que pour couronner de nouveau, en le
reprenant avec plus de gloire, que la première fois,

1. Jacques II, roi d'Angleterre, battu et détrôné par son
gendre Guillaume, prince d'Orange, qui fut roi sous le nom de
Guillaume III. On trouvera les circonstances de cette lutte
exposées avec beaucoup de profondeur par Mme de La Fayette,
dans ses *Mémoires de la cour de France pour les années 1688 et
1689*.

2. Prise par Louis XIV le 5 juin 1692, elle fut reprise par le
prince d'Orange le 4 août 1695.

les exploits de ce saint héros qui combat pour la défense des rois et de la religion, inséparables l'une de l'autre dans cette guerre où la maison d'Autriche, qui se pique d'être si catholique, n'a pas rougi de honte d'entrer contre l'unique protecteur et défenseur de la foi. Quel opprobre devant Dieu et devant les hommes pour un empereur qui tient toute son autorité du Pape et pour un roi catholique qui a reçu l'Inquisition dans ses états.

Mais les choses doivent se traiter l'une après l'autre. Passons légèrement pour venir plus tôt au prince d'Orange, ce nouveau tyran de l'Europe, ce fléau de Dieu ; passons, dis-je, légèrement sur la première guerre de Flandres pour le maintien des droits de la Reine et de Monseigneur le Dauphin [1] ; sur la conquête de la Hollande que les mauvais conseils du marquis de Louvois ont fait perdre à Sa Majesté ; sur la conquête de la Hongrie par l'Empereur, contre les Musulmans, qui n'eût jamais été faite sans l'argent du Pape ; sur les bombardements de Gênes et d'Alger [2] qui nous conduiront insensiblement à l'invasion de l'Angleterre par le prince d'Orange. Ce sont là les sujets qui me restoient à traiter dans le chapitre qui finit mon second mémoire.

La guerre de Flandres dont on a tant parlé étoit plus spécieuse que juste, et le marquis de Louvois, tout bien considéré, fit très mal de la conseiller au Roi. L'envie qu'il avoit de régner dans la guerre lui fit faire cette faute qui jeta l'épouvante et la terreur

1. En 1667.
2. Gênes en mai 1684 et Alger en 1688, par Tourville.

dans l'Allemagne et la Hollande. L'Espagne vit prendre Douai, Tournai, Armentières, Audenarde et Lille même [1], la plus importante place après Mons qui lui restoit dans le voisinage d'Arras, sans se donner beaucoup de mouvement. Mais l'Allemagne plus agissante, et la Hollande encore plus que l'Allemagne, se trémoussèrent si bien et ces républicains, toujours ennemis des rois, parlèrent si haut que Louis le Grand consentit de donner un frein à ses conquêtes, lorsqu'il eut pris ces places qui lui tenoient lieu d'équivalent de la dot de la Reine, sa femme. Mais comme la peur ne se guérit pas, celle qu'avoient eu les grenouilles des marais de la Hollande s'augmenta quand elles virent Sa Majesté maîtresse de la Lys ; et Van Beuningen [2], l'une des plus fortes têtes qui fut dans les Provinces Unies, quoiqu'il ne dût sa naissance qu'à un brasseur de bière, se donna de si grands airs qu'il eut même l'insolence de se vanter d'avoir arrêté le soleil, et fit battre à son coin cette médaille qui fit tant de bruit, où d'un côté on voyoit la tête de cet autre Josué, car c'est son nom, et au revers le soleil, qui est la devise du Roi, avec ce mot de l'Écriture : *Stat sol.*

Il faut peu de chose quelquefois pour causer un grand embrasement. Cet affront s'imprima si avant dans le cœur de Sa Majesté qu'elle se résolut sans

---

1. Toutes ces villes furent prises pendant la campagne de 1667.

2. Le manuscrit porte à tort *Vauberning.* Brienne a déjà fait allusion (t. II, p. 211) au personnage et à sa prétendue médaille, qu'il désavoua et qui est, paraît-il, une mauvaise imagination de l'Allemagne.

peine à humilier les Hollandois [1]. Jamais entreprise ne fut mieux conduite ni plus sagement exécutée. Le marquis de Louvois s'acquitta très bien des ordres que le Roi lui donna sur ce sujet ; mais la rapidité des armes de Sa Majesté lui fit perdre la tramontane, et parce que c'étoit M. le Prince qui avoit donné le conseil de détruire les fondations des places qu'on prenoit et de passer outre sans affoiblir l'armée victorieuse par les garnisons qu'il faudroit autrement laisser dans chaque place conquise, ce ministre ambitieux et le plus absolu qui fut jamais, s'y opposa, et Sa Majesté manqua de prendre Amsterdam [2], qui fut sur le point de se soumettre et délibéra dans son conseil si elle porteroit les clefs à notre invincible héros. « Attendez au moins, dit le bourgmestre, qu'on les demande. » Et le maréchal de Rochefort [3] ayant manqué de s'emparer des écluses de Muiden [4], faute irréparable et qui devoit en bonne justice lui coûter la tête, cette importante conquête échoua et Sa Majesté se contenta de s'emparer d'Utrecht [5]. L'épouvante étoit générale, et Hambourg où j'étois alors n'étoit remplie que de familles hollandoises qui s'y étoient réfugiées. On croit que si le prince de Condé n'eut point été blessé par l'imprudence du duc de

1. En mai 1672.

2. Amsterdam fut préservée par les inondations qui avaient été tendues pour la défendre.

3. Henri-Louis d'Aloigny, marquis de Rochefort, maréchal de France en 1675, mort à Nancy le 23 mai 1676.

4. Petite ville à dix kilomètres au sud-est d'Amsterdam, à l'embouchure de la Vecht dans le Zuiderzée.

5. En juin 1672.

Longueville, qui coûta la vie à ce jeune prince [1], d'ailleurs d'une si grande espérance, la conquête de toute la Hollande auroit été achevée et consommée en cette seule campagne.

Sa Majesté se contenta de la gloire d'avoir pris quarante villes en moins de deux mois, et le marquis de Louvois par les garnisons qu'il mit dans tant de places, affoiblit tellement l'armée qu'elle n'étoit plus en état de tenir la campagne. L'Électeur de Brandebourg [2] se laissa tenter par l'argent des Hollandois et marcha à leur secours. Mais Sa Majesté lui opposa le vicomte de Turenne qui passa le Weser et tint en respect ce téméraire, quand il eut pris des quartiers d'hiver dans son propre pays. Cette histoire, que j'écris sans garder précisément l'ordre des temps, n'est ignorée de personne. Ce passage du Rhin est représenté sur les bas-reliefs, sur les arcs de triomphe que la ville de Paris a érigés au vainqueur de la Hollande sur toutes les portes, et il s'est fait sur cette conquête tant de poèmes, d'odes et de vers de toute sorte qu'il est assez inutile de s'étendre davantage sur ce sujet [3].

1. Charles-Paris d'Orléans, comte de Saint-Pol et dernier duc de Longueville, fut tué au passage du Rhin (12 juin 1672) et quelques instants plus tard, Condé avait eu le poignet fracassé d'un coup de pistolet.

2. Frédéric-Guillaume Ier, électeur de Brandebourg, dit le Grand Electeur. Voir sur lui l'ouvrage de M. A. Waddington, *Le Grand Electeur Frédéric Guillaume de Brandebourg*.

3. Le plus célèbre des bas-reliefs consacrés au passage du Rhin est celui de la porte Saint-Denis, par François Girardon et Michel Anguier, et le plus fameux des poèmes qui le chantent l'épître IV de Boileau, *au Roi*.

Les motifs de cette guerre ne pouvoient être plus justes qu'ils ne l'étoient. L'ingratitude des Hollandois n'a point encore été assez punie, et cette fière république s'est donné un maître en la personne du prince d'Orange, qui achèvera de la perdre, si le Roi lui-même ne maintient la liberté que ses pères lui ont procurée. Il n'y a qu'Amsterdam qui n'aime pas le tyran et qui voudroit bien en être défaite. Son père [1] voulut autrefois perdre et soumettre cette puissante ville à son autorité, mais il lui en coûta la vie. L'assassinat commis en la personne du maître pensionnaire de Hollande, le pauvre M. de Witt [2] plus sage que ceux qui depuis ont occupé sa place, non en pensionnaires de l'État, mais du prince d'Orange, saignera longtemps. C'est une plaie profonde faite dans le cœur de la république, qui ne peut se fermer que par la mort du tyran qui l'a faite, au préjudice des maximes du gouvernement, dont n'étant que le protecteur il est devenu le destructeur en ce jour, si avantageux pour lui mais si funeste à la Hollande, auquel il opprima la liberté publique. Ces choses devroient s'écrire avec un peu plus d'ordre ; mais ce n'est pas une histoire que je fais. Il suffit de les avoir marquées ici, afin de m'en sou-

1. Guillaume II, prince d'Orange, stathouder de Hollande (1626-6 novembre 1650). Il fut emporté par la petite vérole sans avoir pu exécuter ses projets ambitieux sur les Pays-Bas.

2. Jean de Witt, grand pensionnaire de Hollande, né le 27 septembre 1632, à Dordrecht, massacré le 20 août 1672, à La Haye. Voy. Antonin Lefèvre-Pontalis, *Vingt années de république parlementaire au XVIIe siècle : Jean de Witt, grand pensionnaire de Hollande*, 1884, 2 vol. in-8°.

venir: Ces mémoires ne sont que le canevas d'un plus grand ouvrage et mieux digéré que je prépare.

Or, de mes essais de morale et de ces mémoires, je pourrai composer une histoire de ma vie et des affaires de mon temps fort raisonnable. Je croyois les avoir perdus, ces nouveaux essais; mais je viens de les retrouver. Je les referai et j'en tirerai tout ce qui me regarde et qui sera mieux ici que là où je l'avois placé d'abord. Je fais cette note pour m'en souvenir en temps et lieu.

Revenons à notre grand monarque et parlons un peu des ressorts de sa politique ; ceci sera assez curieux.

ARTICLE SECOND

De la politique de Louis le Grand

Le testament politique de M. Jean-Baptiste Colbert, ministre et secrétaire d'État, imprimé à La Haye en l'année 1694 [1], me fournira la suite des actions de Sa Majesté. Je viens de le relire dans cette vue et il me sera d'un grand secours. Mais reprenons les choses de plus haut, je veux dire dès la minorité de

---

1. *Testament politique de Messire Jean-Baptiste Colbert, Ministre et Secrétaire d'État, où l'on voit tout ce qui s'est passé sous le règne de Louis le Grand jusqu'en l'année 1684, avec des remarques sur le gouvernement du royaume. A La Haye, chez Henri van Balderen, marchand libraire, dans le Pooten, à l'Enseigne de Mezeray, 1693, in-12, de xxx-502 p.* Comme on l'a déjà dit, c'est là une publication supposée de Gatien Sandras de Courtilz, qui a été maintes fois réimprimée ou contrefaite.

ce prince, quand Louis XIV ne portoit encore que le surnom de Dieudonné. Bussy, sur ce titre si vrai et si beau, fit un jour cette épigramme :

> Ce roi si grand, si fortuné,
> Plus sage que César, plus vaillant qu'Alexandre,
> On dit que Dieu nous l'a donné ;
> Hélas ! s'il vouloit le reprendre.

Cette pièce de contrebande me fait souvenir d'un sonnet qu'on attribue au sieur d'Hesnault [1] ; d'autres ont dit qu'il pourroit bien être du sieur Despréaux lui-même ; mais pour moi je n'en crois rien, encore que ce soit lui qui me l'ait donné. Le voici :

SONNET

> Ce peuple que jadis Dieu gouverna lui-même,
> Trop las de son bonheur voulut avoir un roi ;
> Hé ! bien, dit le Seigneur, peuple ingrat et sans foi,
> Tu sentiras bientôt le poids du diadème.
>
> Celui que je mettrai dans le pouvoir suprême.
> D'un empire absolu voudra régner sur toi,
> Ses seules volontés lui serviront de loi
> Et rien n'assouvira son avarice extrême.
>
> Il cherchera partout mille nouveaux moyens
> Pour te ravir l'honneur, la liberté, les biens ;
> Tu te plaindras en vain de tant de violence.

---

1. Jean d'Hesnault, né à Paris à une date inconnue, mort en 1682, après une vie irrégulière et vagabonde. Il faisait les vers avec agrément et Boileau en convenait. On a de lui un petit recueil d'*Œuvres diverses* (Paris, Jean Ribou, 1670, in-12), et quelques autres pièces disséminées dans divers ouvrages collectifs, dont on trouvera le détail dans la *Bibliographie* de M. Lachèvre (t. II, p. 254 ; t. III, p. 306 ; t. IV, p. 102). Le sonnet cité ici ne paraît pas lui avoir été attribué ni reproduit d'autre part.

Ce peuple en vit l'effet ; il en fut étonné.
Ainsi règne aujourd'hui par les vœux de la France
Ce monarque absolu qu'on nomme Dieudonné.

J'étois élevé auprès de lui, parmi ses enfants d'honneur, dès le temps qu'il portoit ce beau nom [1]. J'ai deux ans et huit mois plus que Sa Majesté, étant né le 13 janvier 1636, et elle le 5 de septembre 1638. Il étoit encore entre les mains des femmes, lorsqu'on me mit auprès de sa personne pour lui tenir compagnie. Ses divertissements ne respiroient que la guerre ; ses doigts battoient toujours du tambour, et, dès que ses petites mains purent tenir des baguettes, il avoit devant lui une grosse caisse toute pareille à celle des Cent Suisses et frappoit continuellement dessus. Il n'avoit point de plus grand plaisir que celui-là. On nous faisoit faire, à mes camarades et à moi, l'exercice tous les jours en sa présence. C'étoit Mme de La Salle, femme de chambre de la Reine Régente, qui nous commandoit, la pique à la main, et avec un air tout à fait militaire. Je croyois voir Thomiris, dont j'avois entendu parler à ma gouvernante. J'eus l'honneur d'accompagner le Roi dans tous ses voyages. Quand il fut en état de tirer, je lui fis présent d'une petite carabine, dont le canon étoit d'argent d'Allemagne damasquiné d'or de rapport et d'acier, proprement, et d'une très belle épée d'agathe, garnie d'or. Il me donna une arbalète dont j'avois envie et qui avoit été au feu Roi [2].

1. Brienne a déjà exposé au début de la première rédaction de ses *Mémoires* (t. I, p. 61) les faits dont il est question de nouveau ici.

2. Voy. t. I, p. 70.

J'appris bientôt à m'en servir et je tirois de petits oiseaux devant Sa Majesté avec des balles de terre cuite au soleil. Comme cela ne faisoit ni feu ni fumée, elle n'y prenoit pas grand plaisir ; mais, quand je tirois d'un fusil fort léger que Malo m'avoit fait et qui faisoit assez de bruit parce que le canon étoit virolé, le Roi battoit des mains et vouloit tirer lui-même ; mais on ne lui permit pas de manier des armes à feu qu'il n'eût sept ans passés. Dès la première fois qu'il tira il donna dans le blanc, et depuis, s'étant perfectionné de plus en plus, il est un des meilleurs tireurs en volant de son royaume et des plus prestes. C'est Saint-Mauri[ce] [1] qui lui a montré à tirer.

La première guerre de Paris arriva après la bataille de Lens, que M. le prince de Condé gagna. Ce fut cette bataille qui donna au Cardinal la hardiesse de faire arrêter par Cominges [2], capitaine des gardes du corps de la Reine Régente en survivance de Guitaut, son oncle; Broussel, Viole et le président Blancmesnil [3], qui étoient toujours opposés aux mono-

---

1. Jacques de Chevrières, sieur de Saint-Maurice, maître d'hôtel de Louis XIII. (Griselle, *État de la maison du roi Louis XIII*, n°s 608 et 5016.)

2. Gaston de Peychpeirou de Cominges, lieutenant aux gardes, adjoint à son oncle, François de Guitaut, comte de Cominges.

3. Pierre Broussel, conseiller au Parlement de Paris, qui avait alors plus de soixante-dix ans. — Pierre Viole, conseiller au Parlement, puis président de la 4e chambre des enquêtes, ne fut pas incarcéré alors. — René Potier de Blancmesnil, président de la première chambre des enquêtes. Ce fut Du Bois, exempt des gardes de la Reine, qui l'arrêta.

poles [1] et aux volontés de la cour. Il fallut rendre les prisonniers à l'insolence de la populace. Elle étoit excitée par le Parlement, qui autorisa les barricades, où je me trouvai, et qui s'avançoient toujours assez près du Palais Cardinal, où Leurs Majestés logeoient alors et qu'on appeloit à cause de cela le Palais Royal. Je l'ai vu deux ou trois fois changer de nom et d'écriteau. Le Roi se sauva de Paris, la veille des Rois, et se retira à Saint-Germain avec la Reine Régente, le Cardinal Ministre, le prince de Condé, le maréchal de Villeroy, son gouverneur, chez lequel Sa Majesté avoit soupé la veille des Rois. Mon père ne fut averti de cette sortie, si mal conseillée, que le lendemain et eut toutes les peines du monde de gagner Saint-Germain, tant les eaux de la Seine étoient débordées [2]. On ne voulut pas le laisser sortir par la porte de la Conférence [3]. On tira sur lui, ayant mis le pistolet à la main parce qu'on leva une chaîne sous le ventre de son cheval ; et l'abbé de l'Escale-Dieu, mon oncle à la mode de Bretagne [4], attrapa un bon coup de hallebarde sur le dos, dont

1. « Assemblée populaire, cabale secrète qui se fait au désavantage de l'État. » (Furetière.)

2. Tous les chroniqueurs parlent de cette crue du fleuve qui inonda les faubourgs Saint-Antoine et Saint-Germain. Dubuisson-Aubenay qui cite quelques incidents du *Regifugium* ne mentionne pas les aventures de la famille Brienne.

3. Le long et sur la rive droite de la Seine à l'extrémité du jardin des Tuileries et au début du Cours-la-Reine.

4. L'Escale-Dieu, abbaye d'hommes de l'ordre de Cîteaux, dans le Nébouzan (Haute-Garonne), au diocèse de Tarbes. L'abbé en était alors Bernard de Sariac, plus tard évêque d'Aire, que nous avons vu déjà cité en cette qualité (t. III, p. 34).

il pensa être éreinté. Ma mère se sauva travestie en sœur grise de la Charité des pauvres ; M. le Chancelier en père de la Mission de Saint-Lazare, et mon frère et moi en petits écoliers, ayant nos livres et nos portefeuilles sous le bras. On ne nous dit rien à la dernière barricade qui étoit devers les champs, par delà les Carmes déchaussés[1], et partie à pied, partie en charrette, nous arrivâmes à Meudon, où nous trouvâmes un carrosse de mon père qui nous mena à Saint-Germain-en-Laye.

La cour étoit fort leste, et on portoit alors des justaucorps de velours noir doublés de fourrure de petit-gris et à manches de toile d'or. J'en avois un comme les officiers d'armée ; mais après avoir fait ma cour, pendant quelque temps, à mon jeune maître, on nous envoya, mon frère et moi, en Picardie, avec le sieur Jean-Baptiste de Rocoles, notre précepteur[2], afin que le bruit des tambours et des trompettes n'achevât pas de nous faire perdre notre temps. Nous étions déjà en quatrième, mon frère et moi, au collège des Grassins[3], quand les troubles arrivèrent,

1. Installés dès 1611 sur un vaste emplacement rue de Vaugirard, vers celle du Cherche-Midi, à la hauteur de la rue du Regard.

2. Jean-Baptiste de Rocoles, né à Béziers en 1620, mort à Toulouse en 1696. Tour à tour moine et chanoine, conseiller et aumônier du roi, historiographe, il se rendit à Genève et se convertit au calvinisme ; puis il passa à Berlin, à Leyde, revint en France, et à l'église catholique, pour repasser en Hollande avant de venir mourir dans sa patrie et dans la foi de sa jeunesse. Son humeur, comme on le voit, fut aussi aventureuse que celle de son disciple.

3. Voy. t. I, p. 64.

et nous ne laissions pas, les dimanches et jours de
congé, d'aller au Louvre ou au Palais-Royal faire notre
cour au jeune Roi. Monsieur m'aimoit fort ; j'étois
d'une grande beauté et d'une souplesse de corps surprenante ; je sautois déjà quinze de mes semelles et
dans la suite j'ai franchi sans peine des fossés de
dix-huit pieds[1] de large. Je retombois sur mes pieds
comme un oiseau ; on auroit cru que j'avois des ailes
au pied tant je m'élevois en l'air et retombois légèrement à terre. Je dansois fort bien, et personne, même
les baladins, n'eût passé la cabriole ni l'entrechat
plus de fois que moi, ni plus promptement. Je faisois
le saut périlleux et j'ai plusieurs fois voltigé sur le garde
fou de la terrasse de la Reine, au Palais Royal, le corps
tout en l'air hors le balcon, et je revenois d'où j'étois
parti à coup sûr et sans péril. Le Roi prenoit plaisir
à me voir faire ces tours de batteleur. Entre autres,
je me mettois à genoux sur une table fort haute, le
visage regardant la compagnie, et sans m'aider de
mes mains ni de mes pieds, je faisois un effort de
reins et appuyé sur les genoux, je sautois et me jetois
en bas, tombant comme un bilboquet, toujours sur
mes pieds. Pour le saut périlleux, cela ne m'embar-
rassoit pas. Je marchois fort bien sur mes mains la
tête en bas. Je poussois un cheval avec une hardiesse
et une témérité surprenantes. Je ne me suis jamais
fait de mal, tant j'étois adroit.

De Beauchamps en Picardie, on nous envoya à

1. Brienne a déjà parlé de son agilité (t. I, p. 66) et n'a pas
manqué d'y revenir chaque fois que l'occasion s'en présentait
(t. II, p. 326).

Brienne en Champagne à quatre lieues de Bar-sur-Aube et à sept de Troyes. M. de Vigneux [1], gruyer du comté, bon gentilhomme qui avoit été capitaine d'infanterie dans Navarre, m'apprit en perfection à faire l'exercice du mousquet et de la pique. Je l'ai toujours depuis appelé mon capitaine, à cause de l'obligation que je lui avois. Cela me plaisoit bien plus que l'étude. J'appris aussi de mon précepteur à nager dans la rivière d'Aube, où nous allions souvent nous baigner. J'en eus une fort grosse maladie dont ma jeunesse seule me tira. Mon frère, de son côté, eut la petite vérole, et on me renvoya à cause de cela à Paris. Pour moi, je la pris à Libourne, sur la Dordogne ou sur la Garonne [2]; je ne sais pas bien laquelle des deux, n'ayant point ici la carte pour m'en assurer. On ne me remit plus au collège ; cela me donnoit plus de temps pour faire ma cour. J'étois de tous les plaisirs du Roi mon maître, et en ce temps-là, hors peut-être Mancini, il n'aimoit personne davantage que moi et me disoit tous ses petits secrets [3]. Je le voyois à toute heure : rien de caché pour moi. Je lui plaisois, mais encore davantage à Monsieur, qui appeloit ma mère sa commère et moi son ami, sans que jamais il se soit passé entre nous rien de mal, quoique je fusse fort éveillé et aussi instruit dans toutes les malices des jeunes écoliers et des pages

1. Henry de Vigneux (t. I, p. 66).

2. Sur la rive droite de la Dordogne, au confluent de l'Isle.

3. Paul Mancini (t. I, p. 281). La Porte prétend, au contraire, qu'il était insupportable au Roi, « tant il avoit de peine à souffrir auprès de lui ceux qui appartenoient à Son Eminence ». (*Mémoires*, coll. Petitot, p. 415.)

que mes camarades Mancini et Fouilloux [1], qui ne valoient pas mieux que moi. Ma mère exerça pendant le premier voyage à Bordeaux la charge de dame d'atour auprès de la Reine Régente. Je vis le siège d'un petit château nommé Vayres, je crois, dont le gouverneur fut pendu [2]. Il avoit eu la hardiesse, n'étant pas même gentilhomme, mais valet de chambre du duc de La Rochefoucauld, de tenir dans ce méchant château contre une armée royale, à la vue même du Roi. Le maréchal de La Meilleraye, qui n'entendoit pas raillerie, ordonna qu'il seroit pendu, et l'exécution en fut faite dans Libourne, où j'avois alors la petite vérole, comme j'ai dit, et où j'eus le plaisir de voir par mes fenêtres exécuter ce rebelle. Ma mère pria la Reine de lui permettre de m'assister pendant ma maladie, meilleure mère en cela que bonne courtisane. Je reparus fort rouge devant le Roi, qui se servoit de moi pour faire peur aux filles de la Reine, qu'il me commandoit d'attendre au passage pour les baiser : ce que je trouvois fort joli et n'y manquois pas. Mon père m'en gronda et rompit ce badinage. Je commençois à être grandelet et j'avois déjà toutes les marques de puberté.

Un jour que nous étions à Bourg sur la Dordogne [3],

1. Charles de Meaux, seigneur du Fouilloux-en-Arvert (t. I, p. 282).

2. Il se nommait Richon, capitaine du château de Vayres, sur la Dordogne, entre Libourne et Bordeaux ; et, par matière de représailles, les rebelles firent pendre également un gentilhomme royaliste, le chevalier de Canoles, qui commandait à l'Ile Saint-Georges. (La Rochefoucauld, *Mémoires*, éd. des Grands Écrivains, t. II, p. 198.)

3. La cour séjourna à Bourg-sur-Gironde du 28 août au 4 octobre 1650.

où mon père fut très malade, le Roi voyoit passer un attelage de chevaux de carrosse de la Reine Régente et les faisoit trotter. J'étois auprès de lui et je m'aperçus qu'il pleuroit comme un grand homme qui seroit fort en colère. Je lui pris la main et en la baisant je lui dis : « Qu'avez-vous, mon cher maître, vous pleurez ? » Il me répondit : « Je ne serai pas toujours enfant, mais taisez-vous. Je ne veux pas que personne s'aperçoive de mes larmes. Ces coquins de Bordelois ne me feront pas longtemps la loi. Je les châtierai comme ils le méritent. Taisez-vous, vous dis-je, et n'abusez pas de la confiance que j'ai en vous. » Ces paroles qui ne sentoient guère l'enfance sont demeurées si profondément gravées dans ma mémoire qu'il me semble que j'entends encore le Roi les prononcer, quoiqu'il y ait de cela plus de quarante ans.

La cour revint à Paris[1]. La guerre civile n'étoit pas bien assoupie. Les cinq premières années de la Régence ne pouvoient être plus heureuses qu'elles le furent. Les dernières furent la confusion même, et je ne doute point que, si on eut donné une bonne éducation à notre jeune héros, ayant été exercé de si bonne heure par l'adversité, le meilleur de tous les maîtres ne fût devenu le plus grand de tous les princes de son siècle, quoiqu'il le soit en effet, mais il ne doit après Dieu qu'à son bon jugement la grandeur et l'élévation où il se voit. Le Cardinal a fait

---

1. La cour quitta Bordeaux le 15 octobre, et ne fut de retour à Paris que le 18 novembre, le voyage ayant été retardé par une indisposition de la Reine à Amboise.

tout ce qu'il a pu pour le rendre un prince très commun.

On avoit dit qu'il ne se plaisoit qu'à la bagatelle ;
mais de temps en temps il lui échappoit de certaines
paroles si sensées, qu'elles me donnoient de grandes
espérances de la fortune où il s'est élevé lui-même.
Je n'ai jamais connu de plus forte tête ni de corps
plus infatigable. Il a l'esprit naturellement appliqué,
et comme il parle fort peu, il pense beaucoup ; et
avec cela on fait bien du chemin en peu de temps.

Enfin le temps de Sa Majesté arriva. Voici qui ne
regarde que moi. J'avois seize ans, et la Reine étoit
prête à remettre son autorité entre les mains du Roi
son fils. Il entroit dans la quatorzième année de son
âge ; et le peuple de Paris tenoit comme prisonnières
Leurs Majestés dans le Palais Royal. Le jeune
monarque fit faire un fort dans le jardin, et tous
les plus grands seigneurs de la cour furent partagés en deux compagnies pour attaquer et pour
défendre ce petit fort. Le Roi voulut bien que je
fusse du nombre. C'étoit Viantais[1] qui commandoit
le détachement où je me trouvois. Je pensai être
emporté d'une caque de poudre où le feu prit, lorsque
je remplissois les charges de ma bandoulière[2]. Ce

1. N. Boursault de Viantais, qui après avoir eu une compagnie de gardes françaises traita d'une compagnie de cavalerie.
(Le Pippre de Nœufville, *Abrégé chronologique de la maison du
Roi*, t. III, p. 241).
2. « Espèce de baudrier qu'on met sur le corps de gauche à
droite, qui sert à ceux qui combattent avec des armes à feu,
soit pour porter des carabines, soit pour porter des charges
pour le mousquet. » (Furetière, *Dictionnaire*.)

ne fut pas moi qui y mis le feu. Je n'eus que les cheveux et les sourcils de brûlés, parce que je me trouvai par bonheur derrière l'arbre contre lequel on avoit posé le baril de poudre, et l'arbre me sauva. Mais le feu ne laissa pas de prendre à mon poulverin [1]. Les charges de ma bandoulière n'étoient pas remplies : ce qui me sauva. Les ducs de Candale [2], de Roquelaure [3], de Créquy [4] et plusieurs officiers des armées de Sa Majesté, portoient le mousquet comme Mancini et moi, camarades inséparables, qui nous aimions beaucoup. Il fut tué à la journée du faubourg Saint-Antoine, où il périt tant de braves gens. Je le consolai de mon mieux à Saint-Denis en France où l'on l'avoit porté ; mais je fus obligé de le quitter quelques jours avant sa mort, pour me rendre à Mayence sur le Rhin, où mon père m'envoya faire ma philosophie [5].

La Reine Régente étant donc sur le point de remettre son autorité entre les mains du Roi son fils (le cardinal Mazarin étoit alors absent et hors de

1. « *Poulverin*, manière d'étui couvert de cuir ou de velours, qui pend avec les charges à la bandoulière, et où l'on met de la poudre fine froissée, dont on se sert pour amorcer. » (Thomas Corneille, *Dictionnaire des arts et des sciences*, 1731, t. II, p. 270.)

2. Louis-Charles-Gaston de Nogaret et de Foix (1627-1658), marquis de La Vallette jusqu'en 1639, où il devint duc de Candale.

3. Gaston, duc de Roquelaure (1617-1684), gouverneur de la Guyenne en 1676, bien connu pour sa réputation de plaisantin.

4. Charles III de Créquy, né vers 1623, duc et pair en 1653, ambassadeur à Rome en 1662, mort le 13 février 1687.

5. Voy. t. II, p. 139-143.

France), la duchesse d'Aiguillon [1], qui aimoit fort ma mère et avoit beaucoup de considération pour M. de Brienne, s'avisa de parler à la Reine en ma faveur. « Sortirez-vous, madame, lui dit-elle, de la Régence sans accorder à M. de Brienne, qui vous a si bien servie et qui est si pauvre en comparaison de ce qu'il devroit être, la survivance de sa charge à son fils ? On dit qu'il est joli garçon, et en vérité la vertu de son père, sa fidélité inviolable, son amour et son respect pour la personne de Votre Majesté méritent que vous lui donniez cette marque de distinction. » La Reine lui dit : « Mais le Cardinal n'est pas ici, et je sors dans deux jours de ma régence. — Oh ! pour M. le Cardinal, j'en réponds ; il est fort content de M. de Brienne. — Pas trop, dit la Reine, depuis l'affaire de Poitiers », où le maréchal de Villeroy trompa le triumvirat, c'est-à-dire le garde des sceaux, Châteauneuf et mon père. Peut-être que je fais ici un anachronisme, mais il n'importe [2] : quoi

1. Marie-Madeleine de Vignerot, dame de Combalet, puis duchesse d'Aiguillon, la nièce préférée du cardinal de Richelieu. Il a déjà été question d'elle.

2. La chronologie de Brienne est mal présentée, mais ce qu'il dit n'est pas moins exact. Il est certain que Mazarin était en froid avec Brienne père, au moment de la majorité du Roi : le cardinal se défiait de l'autre. (*Lettres*, t. IV, p. vii, 200.) Ils ne se rapprochèrent qu'en décembre 1651. (*Ibid.*, p. 774.) Si la Reine accorda la survivance du père au fils de Brienne, c'est qu'il entrait dans la politique de la régente de se montrer bienveillante pour les adversaires du cardinal et faciliter ainsi le retour de celui-ci. — C'est le moment où le chapeau fut réservé à Retz. — La lettre dont il est question est la *Lettre de M. le cardinal Mazarin à M. de Brienne* qu'on trouve à la suite des *Mémoires de La Rochefoucauld.* (Cologne, 1664, p. 257.) C'est

qu'il en soit, je ne me trompe point quand je dis
que le Cardinal et mon père n'étoient pas trop bien
ensemble. La lettre du Cardinal, qui est imprimée
et qui s'adresse à M. de Brienne, fait foi de leur mésintelligence. Il s'imaginoit que le garde des sceaux
l'avoit voulu supplanter, que mon père y avoit consenti et que le maréchal de Villeroy, qui les trompa
l'un et l'autre, rompit ce coup. La Reine donc faisoit
allusion à cela quand la duchesse d'Aiguillon lui
parla si avantageusement pour moi et de moi.

Sa Majesté se rendit et ajouta : « Il est vrai que
M. de Brienne mérite quelque préférence. Hé ! bien,
je lui accorde, sans l'avis de M. le Cardinal, ce que
vous me demandez pour son fils. Je veux qu'il soit
la personne de mon royaume (elle entendoit parler
de mon père) sur qui s'étende la dernière grâce que
j'accorderai en quittant ma régence. Allez, Madame,
lui dire qu'il vienne me remercier et que je suis
fâchée de faire si peu de chose pour lui et pour sa
famille. »

La duchesse d'Aiguillon vint aussitôt à l'hôtel de
Brienne, où elle ne trouva que moi. Elle me prit
dans son carrosse sans me rien dire, alla aux Carmélites [1] porter cette bonne nouvelle à ma mère, sa
meilleure amie, et se rendit de là au Palais-Royal où
mon père étoit et avoit déjà appris de la Reine
l'obligation que nous avions, lui et moi, à Mme la

une forme très différente de celle qui se lit dans les *Lettres*
(t. IV, p. 412), sous la date du 5 septembre 1651, à la veille de
la déclaration de majorité du Roi.

1. Probablement le couvent de la rue du Bouloi, protégé spé-
cialement par Anne d'Autriche, puis par Marie-Thérèse.

duchesse d'Aiguillon. Le lendemain, qui fut le dernier jour de sa régence, je prêtai serment entre ses belles mains, que je ne pouvois me lasser de baiser; et le jour suivant, après avoir paru dans la cavalcade en habit brodé, la casaque de camelot incarnat tout broché d'or sur les bras, une housse de velours noir à cause de ma nouvelle dignité, sur un très beau barbe[1] blanc qu'avoit mon père, toujours curieux en chevaux, je pris ma place au Palais, dans la Grand'Chambre, sur le banc de MM. les Secrétaires d'État. J'eus cette obligation à MM. de La Vrillière et de Guénegaud, mes confrères. Celui-ci avoit reçu mon serment de fidélité. Ces messieurs, contre l'avis de M. Le Tellier, toujours difficultueux à mon égard, prièrent mon père qui étoit l'ancien et prenoit à cause de cela la qualité de premier secrétaire d'État, ce que M. Le Tellier ne pouvoit souffrir, prièrent, dis-je, mon père de me permettre de m'asseoir : ce qu'il fit très volontiers, en ayant de la joie et croyant lui-même que cela pouvoit m'être accordé. Je me mis donc la moitié de la fesse sur le banc et le chapeau sous le bras, cavalièrement; car il étoit fort extraordinaire de voir dans le Palais, où le Roi tenoit son lit de justice, un jeune secrétaire d'État en habit et en broderie d'or, l'épée au côté, quoique je n'eusse point mis de bouquet de plumes sur mon chapeau.

A quelques jours de là, je partis pour l'Allemagne. J'ai fait imprimer une relation de mes voyages en

---

1. « *Barbe* est un cheval de Barbarie, qui a une taille menue et les jambes déchargées ». (Furetière, *Dictionnaire*).

latin, et depuis je l'ai traduite en françois et l'ai fort augmentée [1].

C'est ici qu'il faudra placer tout ce que j'ai dit de moi et de ma disgrâce dans mes nouveaux essais de morale. En attendant aussi que je compose l'histoire de ma vie, dans laquelle entrera la relation de mes voyages, il est bon d'en faire en cet endroit une légère récapitulation, à laquelle j'ajouterai quelques faits dont je viens de me souvenir et que je ne crois point avoir écrit ailleurs.

Je partis de Paris au mois de juillet 1652 [2] et me rendis par la Franche-Comté, l'Alsace et le Palatinat à Mayence. Je m'embarquai à Brisach sur le Rhin. On n'a jamais voyagé avec plus de commodités et plus d'agrément que moi. J'étois parfaitement bien reçu en qualité de fils de ministre et de secrétaire d'État en survivance du comte de Brienne, mon père. Les villes me faisoient les présents accoutumés de vin et de confitures. Hambourg y ajouta un gobelet de vermeil doré fort historié et des colifichets allemands. Lubeck me régala en passant. Je me tins incognito en Hollande, mais M. Chanut m'y traita de son mieux et commença à m'apprendre la bonne manière de faire en peu de temps bien des progrès dans la langue latine, que j'avois appris à Mayence, en y faisant ma philosophie, à parler fort facilement.

1. C'est la partie qui forme le second volume de la présente édition.

2. Le manuscrit porte décembre 1653, mais c'est une erreur. Brienne quitta Paris le IX des calendes d'août, comme il le dit dans son *Itinéraire* latin, c'est-à-dire le 24 juillet 1652. Voy. aussi t. II, p. 102.

Je savois aussi parfaitement la langue allemande.
M. Chanut me dit donc que M. l'abbé de Saint-
Romain, qui a eu diverses ambassades et est mort
conseiller d'État ordinaire [1], ne savoit pas plus de
latin et de françois que moi, quand il se mit, à
Munster, où il avoit accompagné feu M. le comte
d'Avaux, à étudier le latin et le françois ensemble
dans les épîtres de Cicéron à Atticus. Il en traduisoit
une tous les jours en françois de son mieux, et puis
remettoit en latin sur sa version françoise l'épître de
Cicéron ; puis corrigeoit le thème sur l'original de
ce maître de l'éloquence latine. En peu de temps il
fit de très grands progrès dans l'une et dans l'autre
langue.

J'avois vu la cour de l'Empereur à Ratisbonne,
pendant les vacances de ma première année de philosophie. On en fait trois en Allemagne, la méta-
physique, dont je fais très peu de cas, occupant toute
la troisième année avec les mathématiques. M. Blondel, mon gouverneur, en savoit plus que tous les
Pères Jésuites ensemble, sans en excepter leur célèbre
Clavius [2]. J'ai fait sous lui bien du chemin dans la

1. Melchior de Harod de Senevas, baron, puis marquis de
Saint-Romain, d'une ancienne maison du Lyonnais, était abbé
commendataire de Préaux et de Saint-Léonard de Corbigny, ce
qui fait qu'on l'appelle souvent dans les documents officiels l'abbé
de Saint-Romain. Il naquit vers 1614 et mourut subitement à
Paris, à 80 ans, le 14 juillet 1694. Pour sa biographie voy. le
Moréri de 1759 et aussi *Recueil des instructions données aux
ambassadeurs, Portugal,* par le vicomte de Caix de Saint-
Aymour, p. 87.

2. Christophe Clavius, appelé l'Euclide de son siècle, né à
Bamberg en 1538, entré dans la Compagnie de Jésus en 1555,

résistance des solides. Je lui ai vu composer son *Galilæus, seu de resistentia solidorum* [1], et j'y comprenois quelque chose. Il vouloit me le dédier et j'en ai vu l'épitre dédicatoire qui renfermoit mon panégyrique ; mais je ne voulus pas faire les frais de l'impression de ce livre, qui n'est peut-être pas encore imprimé.

Je me trouvai à Ratisbonne au couronnement du roi des Romains, frère ainé du père de l'Empereur d'aujourd'hui [2]. J'y parus avec assez de magnificence pour un écolier. J'avois, oùtre mon habit du jour de la cérémonie, un autre habit brodé à coquilles d'or et d'argent et un très bel habit noir, le pourpoint de toile d'or, tout couvert de dentelles de soie rattachées par le brodeur avec de petits fleurons d'or et de soie incarnate, ce qui faisoit un très bel effet ; sans d'autres habits en quantité, mais moins riches. Je saluai l'Empereur et toute sa cour et je fus de la marche des princes à mon rang de comte, c'est à dire des barons de l'Empire. Mais je refusai d'être du festin impérial par la seule crainte de m'enivrer.

mort à Rome le 6 février 1612. Il fut employé par Grégoire XIII à la réforme du calendrier. Son véritable nom serait *Clau* et non *Schlüssel*. (C. Sommervogel, *Bibliothèque de la Compagnie de Jésus*, t. II, col. 1212.)

1. Brienne fait allusion à l'opuscule suivant : *F. (Francisci) B. (Blondelii) Epistola ad P. (Paulum) W. (Warsium), in quâ famosa Galilaei propositio discutitur, circa naturam lineae quâ trabes secari debint ut sint aequalis ubique resistentiae et in qua lineam illam non quidem parabolicam ut ipse Galilaeus arbitratus est, sed ellipticam esse demonstratur.* Paris, 1661, in-4° de 18 p. (Bibliothèque nationale, V, 6585).

2. Voy. t. II, p. 145.

Ce n'est pas que je n'eusse la tête très forte ; mais
l'excès du vin me faisoit mal, et je n'ai jamais aimé
les débauches des Allemands. Je bus beaucoup en
Danemark et je ne m'y suis enivré qu'une seule fois,
dont je fus fort incommodé, ce qui depuis me rendit
sobre en Suède et en Pologne. Je vis la Prusse en
passant, et traversant la Livonie et un petit coin de la
Moscovie, je me rendis par Dantzick à Varsovie, où
la reine Marie de Gonzague me reçut comme ayant
l'honneur d'être son parent du côté de ma mère, de
l'impériale maison de Luxembourg aussi par sa mère
et de celle de Béon, cadet de Béon, par son père [1].

Je traversai toute la Pologne dans un carrosse du
Roi, accompagné d'un gentilhomme de la Reine et
comblé de très riches présents. Si j'eusse voulu recevoir des chevaux, les Palatins m'en offrirent une si
grande quantité et de si beaux, de selle et de carrosse,

1. Brienne n'a pas poussé jusque là la traduction de son *Itinéraire* latin. Citons ici un passage de la *Gazette* du 29 mai 1655,
qui concerne son séjour à Varsovie : « Le 22 du courant (avril),
le comte de Brienne arriva en cette ville, où il a été fort bien
reçu de Leurs Majestés Polonoises, la Reine ayant fait préparer
pour son logement la maison canoniale du sieur de Fleury, son
confesseur, où il est défrayé et servi par les officiers de Sa
Majesté. Le roi de Pologne l'a régalé et diverti d'une chasse,
et au retour lui a donné un diamant estimé plus de huit mille
livres, avec six beaux tapis de Perse, et la Reine son portrait
dans une boîte aussi garnie de gros diamants, du prix de vingt
mille livres. Il a été ensuite visité par le nonce de Sa Sainteté
et le vice-chancelier, qui l'a traité magnifiquement, de même
que le grand trésorier et tous les principaux de cette cour, de
laquelle il doit bientôt partir pour Cracovie dans les carrosses
de Sa Majesté Polonoise, qui le veut faire escorter par ses dragons. »

que j'eusse amené en France, outre deux attelages, plus de quatre chevaux tartares infatigables et six autres des plus beaux coursiers turcs et polaques qui soient jamais sortis de Pologne, et des haras du Grand Seigneur. Ce sont les présents les plus ordinaires que font les Palatins de Pologne et les plus grands seigneurs qui sont tous presque Palatins, petits ou grands.

Je rentrai dans l'Allemagne au sortir de Cracovie, où l'évêque me régala superbement[1]. J'y rentrai, dis-je, par la Silésie et la Moravie. Je fis un tour en Bohême, et de là, par Vienne, je me rendis à Presbourg[2], capitale alors de la Hongrie impériale, et je m'y trouvai pendant le couronnement de l'Empereur d'aujourd'hui, à qui les Hongrois déférèrent l'hérédité et la couronne de leur royaume.

De là je vins à Munich, en Bavière, puis à Augsbourg, et traversant le Tyrol, je me rendis par Trente, Vicence, Vérone, à Venise[3], où la République me fit le présent des ambassadeurs, qui fut des verres de cristal, quantité de confitures, de vins, de fromages, de liqueurs et deux grandes caisses de bougies. Je me rendis de là par Padoue et Mantoue à Florence, où je passai la canicule. Enfin je vins à

1. Le voyageur arriva à Cracovie le 11 mai.

2. Il était à Vienne le 27 mai et à Presbourg le 6 juin. C'est là qu'eut lieu le couronnement de l'archiduc Léopold-Ignace — le futur empereur Léopold Ier — en qualité du roi de Bohême. (Voy. t. II, p. 146, note 2.)

3. Le 13 juillet. Brienne a déjà fait allusion à l'accueil qu'il reçut à Venise de la part de l'ambassadeur de France, Marc-René de Voyer d'Argenson. (Voy. t. II, p. 249.)

Rome, d'où j'allai en poste à Lorette [1]. Étant revenu par Tivoli, que je ne vis pas néanmoins, non plus que le superbe château de Ronciglione [2], quoique je couchasse dans le bourg, étant, dis-je, revenu à Rome pour la seconde fois [3], je repassai en France sur une galère de Gênes que le cardinal Grimaldi avoit fait venir pour lui. Je vis en passant le duc de Monaco, son parent fort proche [4], et à Toulon où nous débarquâmes, le duc de Vendôme, amiral de France, qui me fit un plaisant compliment [5]. « Garde-toi bien, me dit-il, sans m'avoir jamais vu que cette fois-là, d'être aussi homme de bien que ton père ; la dévotion n'est bonne à rien. Il faut hurler avec

1. Honorer la *Santa Casa* qu'un voyageur, à cette époque, ne manquait pas de venir visiter.

2. Ville de la province de Rome, à 17 kilomètres au sud de Viterbe, sur le lac de Ronciglione, et dont le château féodal est depuis longtemps en ruines.

3. La *Gazette* du 6 novembre 1655 parle ainsi, sous la date du 11 octobre, du séjour que Brienne fit alors à Rome : « Le jour précédent (5 octobre), le jeune comte de Brienne, fils du secrétaire d'État de Sa Majesté Très Chrétienne, qui, par une curiosité digne de sa naissance, est venu voir l'Italie, comme il a fait depuis quatre ans tout ce qu'il y a de remarquable dans la Hollande, l'Angleterre, — c'est une erreur ; Brienne ne visita pas l'Angleterre ; — l'Allemagne, la Suède et la Pologne, traita ici magnifiquement à dîner le sieur de Lionne et quelques autres personnages de marque. »

4. Honoré II Grimaldi, prince de Monaco, mourut le 10 janvier 1662, à l'âge de 65 ans. Le cardinal Jérôme Grimaldi était issu de la branche des Grimaldi Cavalleroni, barons de Saint-Félix, au royaume de Naples.

5. César, duc de Vendôme, fils naturel de Henri IV et de Gabrielle d'Estrées (juin 1594-22 octobre 1665). Il en a déjà été question t. I, p. 180, etc.

les loups. La galanterie est d'usage. Sois fourbe, scélérat même, si tu veux faire fortune. Ton père ne te dira pas cela ; mais, pour moi, mon cousin, je t'en avertis, afin que tu n'en prétextes cause d'ignorance. » Certes, voilà une instruction à un jeune homme bien digne de ce prince, bâtard de Henri IV et le plus perfide de tous ses enfants du côté gauche ! Il n'étoit bon à rien et étoit fort décrié sur l'article de la sodomie ; en sorte qu'on appeloit le petit hôtel de Vendôme l'hôtel Sodome, soit que cela fut véritable ou non, soit que la rime eut fourni ce mauvais quolibet.

Je ne pus m'empêcher de rire et je dis au duc de Vendôme : « Ma foi, Monsieur, vous me donnez-là une belle leçon. Si mon père le savoit (mais je me donnerai bien de garde de le lui dire), je crois qu'il ne vous le pardonneroit jamais. — Mordieu, reprit il, je lui ai bien dit à lui-même ; mais il n'a pas eu assez d'esprit pour me croire. Aussi il est gueux comme un rat d'église. Va, va, mon petit cousin, il n'y a rien de tel pour amasser du bien que d'être méchant. Il en faut avoir *per fas et nefas*, ou l'on n'est qu'un sot. Vois-tu bien mon fils de Mercœur ? C'est un fat [1]. C'est qu'il ne m'a jamais voulu croire. Pour le duc de Beaufort, il est galant homme ; mais il n'est pas encore assez méchant à mon gré. J'ai plus d'esprit qu'eux tous. C'est que leur mère [2] est une

---

1. Il a déjà été question du fils aîné du duc de Vendôme, Louis, duc de Mercœur, puis cardinal (t. II, p. 37, 80 et 85). comme du cadet, François, duc de Beaufort. (Voy. t. I, p. 78 et 274, et t. II, p. 78-98.)

2. Françoise de Lorraine, fille de Philippe-Emmanuel de Lorraine, duc de Mercœur.

bête et la tienne aussi. » Il me congédia avec ces douces paroles et oncques depuis ne me suis-je trouvé en particulier avec lui. C'étoit un grand bougre et un grand poltron ; il n'étoit bon ni à bouillir ni à rôtir, comme on dit, quoique jamais homme n'ait mieux mérité la corde que lui.

De Toulon je me rendis, par la Sainte-Baume[1], à Marseille, où je pris la poste et vins sans me gêner à Lyon, où l'archevêque, le fils du maréchal de Ville-roy[2], me fit grande chère et me tint un langage fort différent de celui du duc de Vendôme. Il étoit fort ami de mon père et il me dit : « Tout dépend de bien débuter à la cour. Je connois le Cardinal, il aime l'encens ; c'est l'idole à laquelle il faut sacrifier pour faire fortune. Il n'a point eu de part à la survivance que la Reine a accordée à M. votre père pour vous ; faites-lui en une honnêteté, dites-lui que vous voulez bien être sa créature et offrez-vous de prêter un nouveau serment de fidélité au Roi en présence du Cardinal. Croyez-moi, le conseil est très salutaire. Or, je vous apprends qu'encore que l'on fasse courir le bruit que M. le maréchal, mon père, a donné au Roi, par l'avis du Cardinal, une très mauvaise éducation, cela est faux. Vous verrez si le Roi ne sera pas le plus grand prince et le plus

---

1. C'est la grotte où sainte Madeleine, la pénitente de l'Évangile, vint finir ses jours en Provence, suivant la tradition, à la limite actuelle des départements du Var et des Bouches-du-Rhône.

2. Camille de Neufville de Villeroy, archevêque de Lyon du 28 mai 1653 au 3 juin 1693. Il en a déjà été parlé, t. I, p. 346.

brave héros qu'ait eu la France depuis Clovis et Charlemagne. Il a tout l'esprit de Henri le Grand, son aïeul, et toute la piété de Louis le Juste, son père. Ne vous y méprenez pas. Il ne dit pas un mot de ce qu'il pense. Mon père, M. le Maréchal, le connoît mieux que personne, et la sagesse du Roi, jointe à son grand jugement, justifiera M. le Maréchal des faux bruits qu'on se plaît à répandre contre la bonne éducation du Roi. Ne faites rien sans l'avis de mes frères, qui aiment fort toute votre maison, et, quand je serai à la cour, je vous conduirai comme si vous étiez mon neveu. » Il m'embrassa après avoir si bien parlé. Je pris la poste et me rendis en quatre jours à Paris. Mon père pleura de joie de me revoir un homme fait ; ma mère me trouva un peu hâlé et enlaidi, mais le bain remédia à ce léger défaut et je sortis de chez Prud'homme [1] frais et gaillard. Je me mariai à quelque temps de là. Le Cardinal me reçut fort bien et me présenta au Roi et à la Reine sa mère. Elle me fit mille honnêtetés et depuis ce jour, où je débutai fort bien à la cour, je fus de tous les plaisirs du Roi et l'un de ses ministres, quoique je n'en eusse pas le brevet mais la qualité, des plus employés, tant que vécut le Cardinal. Le reste je l'ai dit.

Je rapporterai ici seulement deux circonstances de ma vie fort particulières. La première fut que

1. Les frères Prudhomme, étuvistes ou baigneurs, avaient un établissement rue d'Orléans, au Marais, que fréquentaient tous les gens de qualité. Retz en parle plusieurs fois (éd. des Grands écrivains, t. II, p. 191) et les Frondeurs y descendaient volontiers.

Monsieur, qui me trouvoit l'air un peu allemand,
parce que j'étois devenu fort sérieux de fort enjoué
qu'il m'avoit vu dans ma jeunesse, me gronda, et me
patinant fort longtemps tout le corps par dessus mes
habits, me trouva fort à son gré [1]. J'étois fort embarrassé de ma contenance et je rougis. Il me serra la
main, et cela n'alla pas plus loin cette première fois.
Depuis il ne me trouvoit point sans s'arrêter à moi
et me trouva le corps fort à son gré. Je n'en dis pas
davantage. Je n'osai profiter de ma bonne fortune
selon le monde, et je laissai plusieurs fois échapper
l'heure du berger. Je voyois assez ce qu'il me demandoit. Il étoit ému et empressé quand je lui parlois.
Il s'approchoit fort près de moi et me serroit de
temps en temps les mains et les cuisses ; j'entendois
trop bien ce manège pour m'y méprendre ; mais
j'avois alors plus de pudeur que Mme de Gaudon [2],

1. Les habitudes efféminées de Philippe d'Orléans sont bien
connues et nombre de ses contemporains les ont relatées.
Mme de La Fayette a dit de lui qu'il avait « plus songé à faire
admirer sa beauté à tout le monde qu'à s'en servir pour se
faire aimer des femmes » (*Henriette d'Angleterre*, éd. Asse,
p. 11), et l'abbé de Choisy, plus explicite, déclare encore :
« Le goût de Monsieur n'était pas tout à fait tourné du côté des
femmes, parmi lesquelles rien ne paraissoit plus digne d'être
aimé que Madame. » (*Mémoires*, éd. Lescure, t. II, p. 57.) A
ces témoignages on peut joindre ceux de la seconde Madame,
la Palatine (*Correspondance*, éd. Brunet, t. I, p. 204), les
Mémoires de Saint-Simon (éd. Boislisle, t. VIII, p. 345-349,
p. 622-630), la *Relation de la cour de France* d'Ezéchiel Spanheim (éd. Bourgeois, p. 139-142), les *Mémoires* de Primi Vis-
conti (p. 190) et les *Lettres du marquis de Saint-Maurice*
(éd. Jean Lemoine, t. I, p 35).

2. Il doit s'agir ici de Mme de Gordon, dont Brienne déforme
le nom. Henriette de Gordon-Huntley fut successivement dame

qui n'étoit pas, à ce qu'on disoit, si scrupuleuse
et qui lui avoit appris bien des choses qui s'apprennent
toutefois assez sans maîtres.

Pour le Roi, je lui ai présenté souvent le pot de
chambre ; mais je ne l'ai jamais vu d'une manière
indécente, pas même en prenant sa chemise. Pour
Monsieur, il ne faisoit point de façons de se laisser
voir tout nu. Je l'ai considéré en tout état.

Un jour, comme la cour étoit à Lyon [1], et qu'on
parloit du voyage de Provence, je lisois à la Reine-
Mère, dans sa chambre, à sa toilette, le projet des
lettres patentes pour la translation des reliques de
sainte Madeleine, que j'avois fait dresser par M. d'Andilly même, à la prière de M. du Fresne, mon premier commis, qui étoit fort de sa connoissance, à
cause qu'il avoit été au service de feu M. de Feuquières, tué à la bataille de Thionville [2]. Le Roi

d'atour des deux femmes de Monsieur, et semble avoir eu beaucoup d'intimité avec le jeune prince avant son mariage, alors
qu'elle était fille d'honneur de la Reine. (Voyez les *Mémoires
de Saint-Simon*, éd. Boislisle, t. VIII, Appendice, p. 625 et
note.)

1. Tout au début de 1660. La translation des ossements de
sainte Madeleine, de la chapelle souterraine dans celle du couvent des Frères Prêcheurs, eut lieu les 4, 5 et 6 février, à Saint-
Maximin, en présence du Roi, de la Reine et du duc d'Orléans.
On trouve la relation de tout ce qui s'y passa (p. 108-112) dans
l'*Histoire de sainte Marie Magdeleine* par un religieux du couvent de Saint-Maximin (Marseille, s. d., in-12).

2. Léonard de Mousseau, écuyer, seigneur du Fresne,
débuta comme secrétaire de Manassés du Pas, marquis de
Feuquières, qui fut envoyé comme ambassadeur extraordinaire
auprès des princes protestants et des généraux de l'armée sué-
doise, puis il demeura en la même qualité auprès d'Isaac du
Pas, fils du précédent. Du Fresné joua, pour son propre compte,

entra dans ces entrefaites et me fit recommencer la lecture que je faisois. Il ne trouva pas ces lettres de son goût et me dit *que je le faisois parler comme un saint, qu'il ne l'étoit pas.* Je lui dis que c'étoit mon premier commis qui les avoit dressées et les avoit fait revoir par un des plus habiles hommes de France en fait de style et d'éloquence. « Qui est cet habile sot? » me répondit le Roi, fort échauffé contre sa coutume. — « C'est, sire, lui dis-je, M. Arnauld d'Andilly. — J'en suis bien aise, dit Sa Majesté ; mais cela ne me convient nullement. » Il prit ces lettres, les déchira et me les jetant me dit : « Refaites-en d'autres où je parle en Roi et non en janséniste. » Paroles remarquables et dont toutefois je me suis très mal souvenu, quand, étant entré dans l'Oratoire, je devins janséniste par pure complaisance pour la duchesse de Longueville, ma marraine, dont il est temps de parler [1].

un rôle diplomatique auprès de Jean-Philippe de Schönborn, électeur de l'Empire, et il fut choisi, en 1659, comme l'un de ses commis, par le jeune Brienne. En 1910, les Archives du Ministère des Affaires étrangères ont acquis plusieurs registres formés par Dufresne, et qui ont fourni à M. Louis Delavaud l'occasion de travaux intéressants et très précis sur ce personnage. (Voy. en particulier : *Le marquis de Pomponne,* p. 304 et 348; *Le trésor de Chilpéric,* dans *Revue de Paris,* 15 septembre 1911; *Un projet d'établissement commercial français à Arkangel,* dans *Revue des Sciences politiques* de novembre-décembre 1912; *La cour de Louis XIV en 1671,* dans *Feuilles d'histoire* du 1er novembre 1912; *Documents coloniaux extraits des papiers de Dufresne,* dans *Revue de l'histoire des colonies,* 1916, IV° fasc., etc.).

1. Il a été déjà plusieurs fois (t. I, p. 29, 33, 34, 87, 350) question d'Anne-Geneviève de Bourbon, duchesse de Longueville (29 août 1619-15 avril 1679).

Anne-Geneviève de Bourbon, sœur du prince de Condé, m'avoit tenu sur les fonts de baptême avec feu le cardinal de La Valette, qui s'appeloit Apollon[1]. Mais ils me donnèrent le nom de ma mère, qui s'appeloit Louise, et de mon père, qui portoit le nom de saint Henri. Ainsi je fus nommé Louis-Henri. Je pris à la confirmation celui de Joseph. Je ne fus pas plus tôt confrère de l'Oratoire que Mme la duchesse de Longueville, que j'avois rencontrée chez ma mère, en mon habit de clerc, avec mon compagnon le Père Quesnel[2], me vint voir la première, après m'avoir fait de grands reproches de ce que je ne l'avois vue ni lorsqu'elle étoit le plus du monde, ni même depuis que j'y avois moi-même renoncé. Elle m'envoya son carrosse le lendemain et me retint à dîner avec elle, en la compagnie de Mme la maréchale d'Humières[3], ma cousine, et Mlle de Vertus[4],

1. La *Gallia christiana* (t. XIII, col. 60) le nomme seulement Louis ; on sait que, sans avoir été prêtre, il occupa quinze ans le siège archiépiscopal de Toulouse. (Voy. t. I, p. 165.)

2. Pasquier Quesnel (14 juillet 1634-2 décembre 1719). Il était en relations avec Brienne au moins depuis 1663, car, à cette date, ce dernier engagea P. Quesnel à traduire en français les *Verbi incarnati verba* du P. Jourdin (L. Batterel, *Mémoires domestiques de l'Oratoire*, t. II, p. 374, t. IV, p. 472). C'est lui qui en 1685 dut se retirer en Hollande à cause de ses opinions jansénistes, et y écrivit ses *Réflexions morales sur le Nouveau Testament*, qui furent la cause première de la bulle *Unigenitus*.

3. Louise-Antoinette-Thérèse de La Châtre, femme de Louis de Crevant d'Humières, duc et maréchal de France. Elle était parente de la mère de Brienne.

4. Catherine-Françoise de Bretagne de Vertus (1617-1692), l'intime amie de la duchesse de Longueville dont elle fut « l'ange visible », qui se retira auprès d'elle à Port-Royal et

sa confidente dans toutes ses affaires et tout à fait unie d'amitié et d'intérêts avec les religieuses de Port-Royal de Paris et des Champs (car la séparation des deux monastères n'étoit pas faite encore). On ne parla de rien dans cette première conversation, où je me trouvai toutefois sans compagnon.

Je la vis souvent et nous ne fûmes pas longtemps à toucher sur le jansénisme. Je lui dis que j'étois ami depuis longtemps de M. d'Andilly et de M. Varet, et que je le serois, quand il lui plairoit, de M. Arnauld. Elle en fut ravie et m'apprit qu'on le nommoit M. l'Aimé en son nom de frère; qu'elle diroit à Mme Angran [1] de me le faire voir ; mais qu'il falloit garder le secret et être fort réservé à parler de lui dans l'Oratoire.

Me voilà initié dans les mystères du jansénisme, l'horreur du Roi et la chimère des jésuites, où j'avois néanmoins beaucoup d'amis.

Comme j'avois été plusieurs fois à l'appartement de M. le comte de Saint-Pol [2] sans l'y trouver, il me fit l'honneur de me venir voir à Saint-Magloire. Je fus surpris tellement que sa visite et plus encore sa ressemblance au duc de La Rochefoucauld m'embarrassa, et je lui parus tout étourdi. Il crut peut-être

mourut treize ans après la princesse. (Godefroi Hermant, *Mémoires*, éd. Gazier, t. V, p. 139.)

1. Marie Aubery, femme de Jean Angran de Fontpertuis, conseiller à la Cour des Aides, ou sa belle-sœur, Mme Angran de Belisy, qui toutes les deux étaient fort liées avec Arnauld (G. Hermant, *Mémoires*, t. IV, p. 82).

2. C'est le fils de Mme de Longueville qui fut tué au passage du Rhin et dont il a été question ci-dessus. (Voy. p. 127.)

que cela étoit de l'essence du petit collet, et je me
tirai d'affaire comme je pus. J'en fis le conte à
Madame sa mère, qui ne put s'empêcher d'en
rire. Elle entendoit fort bien raison sur le chapitre
de ses amours. Je jugeai, à la voir encore si fraîche,
qu'elle devoit avoir été d'une fort grande beauté ;
mais son haleine étoit insupportable [1]. Elle me fit
faire un jour tout le tour de sa chambre à reculons.
Je la fuyois et ne pouvois éviter de respirer l'air
empesté qui sortoit de sa belle bouche, belle quand
elle la tenoit fermée ; car quand elle parloit, on lui
voyoit d'affreuses dents, et il en sortoit une vapeur
qui *enchavignoit* tout le monde. Ce mot est de la
duchesse de Mecklembourg[2] au sujet dont je parle.
Elle disoit les choses d'une manière particulière, et
de Chavigny elle avoit fait « enchavigner » qui lui
plaisoit fort.

Je ne fus donc pas longtemps sans voir MM. Arnauld et Nicole. Je conterai ailleurs le bien et le
mal que je sais d'eux. Le mal ne regarde que M.
Nicole, car je n'ai connu que du bien de M. Arnauld[3].

Mais revenons à Mme de Longueville. Jamais

1. La remarque si réaliste que Brienne fait ici sur l'haleine
mal odorante de Mme de Longueville a été négligée par Barrière.
Au contraire, Sainte-Beuve, qui a connu le manuscrit, n'a pas
manqué de citer le mot de Mme de Châtillon à ce sujet, pour
dépoétiser l'héroïne de Victor Cousin (*Port-Royal*, in-12, t. V,
p. 129, en note).

2. Isabelle de Montmorency, successivement duchesse de
Châtillon et duchesse de Mecklembourg.

3. Nous ne connaissons que quelques fragments de ce qu'en
a écrit Brienne. On les trouvera plus loin.

femme n'a été si soumise qu'elle à ses directeurs et à ses amants. C'est le même principe, sinon que l'amour est différent. Elle étoit janséniste de très bonne foi, de même qu'elle avoit fait ses galanteries fort sincèrement et toujours à tambour battant. Une princesse du sang ne craint rien, et celle-ci marcha toujours la tête levée. Je lui dis une fois fort imprudemment une sottise que j'avois entendu dire à Compiègne par la reine de Suède, Christine-Alexandre, à la Reine-Mère[1]. Elle m'en gronda fort et me dit ces paroles de saint Paul : *Ne nominentur in vobis*. Je lui disois donc que cette reine dévergondée avoit dit à la plus sage reine du monde: « Ma foi, madame, je ferois cela tous les jours (et elle dit le mot de *Je f...* tous les jours), si j'y trouvois du plaisir ; mais le margouillis des femmes me déplaît. Si j'étois homme ce seroit autre chose. » Mme de Longueville, avec toute sa dévotion qui étoit fort suivie, ne put s'empêcher de rire de cette impudente ingénuité de la reine Christine, et me dit : « Je n'ai jamais parlé comme cela, quoique j'aie été plus décriée qu'elle. » C'est ainsi qu'elle parloit, mais toujours avec un esprit et une grâce qui charmoient les cœurs. On ne peut avoir plus d'esprit ni écrire mieux qu'elle écrivoit. Les belles lettres que j'ai vues d'elle ! Elle revoyoit les écrits de M. Arnauld et les corrigeoit de sa main. C'est elle qui a formé M. Nicole. Il a beaucoup profité à son école. Elle m'aimoit assez, car, à parler proprement, elle n'aimoit que sa personne ; et M. Arnauld, son directeur,

1. Brienne a déjà conté l'anecdote. (Voy. t. II, p. 304.)

étant devenu son amant spirituel, elle en étoit folle comme elle l'avoit été de son amant charnel, le duc de La Rochefoucauld, qui ne l'a guère ménagée dans ses Mémoires. Je m'offris un jour à elle de la défendre et de répondre si bien au duc de La Rochefoucauld que je le couvrirois de confusion et elle de gloire. « Dieu vous en garde, mon filleul, l'ordure ne sent jamais bon. » Je me le tins pour dit et ne lui en parlai plus de ma vie.

Elle m'a fort oublié durant ma prison de dix-neuf années, ou peu s'en faut. Je n'ai pu, pendant tout ce temps-là, qui m'a duré un siècle, avoir de ses nouvelles. Elle étoit morte et, dit-on, fort chrétiennement, quand je fus élargi. Peut-être que, si elle eut vécu, elle en auroit eu de la joie ; car dans le fond je crois qu'elle m'aimoit.

Elle étoit fort avare, comme le sont tous les Bourbon-Condé. Cependant elle a fait de grandes restitutions, et des profusions plus que royales aux jansénistes. Elle a bâti une maison à Port-Royal des Champs sur le fonds des religieuses, dont elles ont hérité après sa mort. Malgré le jansénisme, le P. Talon[1], jésuite, qui l'a assistée à la mort, l'a canonisée disant partout : « Janséniste tant qu'on voudra ; elle est morte comme meurent les saints. » Plus n'en sais pour le présent.

1. Nicolas Talon, né le 31 août 1605 à Moulins, entré au noviciat des Jésuites le 9 octobre 1621, fut au service de la maison de Condé jusqu'à sa mort (29 mars 1691), successivement confesseur du prince de Conti et gouverneur du duc de Bourbon. Voy. Jean Lemoine et André Lichtenberger, *Trois familiers du Grand Condé : l'abbé Bourdelot, le père Talon, le père Tixier*, 1909, in-8).

Revenons au Roi ; il me reste à parler de sa politique. Son règne, qui passe cinquante années d'une prospérité toujours soutenue et d'une rapidité de conquêtes dont on auroit peine à trouver d'exemple dans l'histoire ancienne ni moderne, sans en excepter Charlemagne ; son règne, dis-je, mérite une histoire particulière et un historien capable de la bien écrire. Bussy l'auroit très bien faite ; il le connoissoit, et moi aussi je crois le connoitre.

C'est un prince très dissimulé et paresseux, quoiqu'il paroisse très agissant. Il ne parle que très peu et toujours très à propos. Il aime à être soulagé. Il ne peut se défendre d'être dominé par ses ministres et par ses domestiques mêmes. Il n'y a pas jusqu'à Rose et Bontemps[1] qui ne le gouvernent aussi absolument et peut-être plus impunément que n'ont fait le cardinal Mazarin et le marquis de Louvois, mon confrère. Pour moi, je lui avois obéi très ponctuellement ; mais je me suis bien donné de garde de le maîtriser ni de le gourmander, et moins encore de le trahir. Il a été un temps que je l'aurois pu faire sans qu'il eût su s'en apercevoir.

La politique de ce grand roi consiste à n'en point avoir. Il a fait des fautes étonnantes qui le devoient perdre et la France ; mais le ciel le soutient et le

---

1. Alexandre Bontemps, premier valet de chambre du Roi, intendant des châteaux de Versailles et de Marly depuis 1663, secrétaire général des Suisses et Grisons, mourut le 18 janvier 1701, à 77 ans. Sur la façon dont il remplit son rôle auprès du Roi, voir ce qu'en dit l'abbé de Choisy, qui le déclare « le meilleur valet qui eut jamais été » (*Mémoires*, éd. Lescure, t. I, p. 180).

protège visiblement. Il a détruit en France le huguenotisme et a risqué le tout pour le tout : mais avec Dieu on ne perd rien. Le prince d'Orange a fait de son côté toutes les avances imaginables pour acquérir l'amitié du Roi. Il n'a pu en venir à bout, et las de tant de refus, il dit et il a fait : « Je n'ai pu avoir son affection ; j'aurai au moins son estime. Qu'il me craigne, puisqu'il ne veut pas m'aimer. » Il s'est fait craindre en effet et est devenu (car c'est celui-là qui a de la politique sans bonheur) le fléau de l'Europe.

Pour Sa Majesté, j'ai déjà dit et je le répète, je ne la crois nullement politique. Pour heureuse, elle l'est sans doute. Tout lui réussit. Aussi, il faut avouer que, si elle a de pauvres ministres, elle a de bons soldats et de braves généraux, sans en excepter le duc de Villeroy [1], qui vaut son prix et peut devenir un fort grand capitaine. Mais les maréchaux de Catinat [2] et de Boufflers [3] en valent bien deux autres

1. François de Neufville, duc de Villeroy (7 avril 1644-18 juillet 1730), fils du maréchal Nicolas de Villeroy, maréchal de France lui-même en 1693. Sa bravoure, qui était éclatante, ne réussit pas à sauver son incapacité, qu'il commença à manifester peu après que Brienne exprimait ce sentiment sur son compte.

2. Nicolas Catinat, sieur de Saint-Gratien, né en 1637, mort en 1712, le célèbre et modeste vainqueur de Staffarde et de la Marsaille.

3. Louis-François, chevalier, puis duc de Boufflers, né en 1644, mort en 1711, le vaillant défenseur de Lille eu 1708, et le commandant de la retraite de Malplaquet. Le 27 mars 1693, Louis XIV fit une promotion de sept maréchaux qui comprenait Villeroy, Catinat, Boufflers et Tourville.

sur la terre. Et pour les officiers de la marine, ils ne peuvent être plus experts ni plus déterminés qu'ils le sont. Le maréchal de Tourville [1], qui ne laisse pas d'avoir son mérite particulier, est peut-être le moindre de tous, mais Châteaurenaud [2] et Nesmond [3] iront bien loin. Je souhaite que le comte de Chavigny [4], mon neveu, les imite. Pour son frère, le colonel de Quercy [5], il ira loin ; c'est un des plus jolis hommes dans son métier que je connoisse.

Mais si le Roi n'a pas de politique, il a de l'autorité et il est craint. Jamais prince ne fut mieux obéi. Le fort des affaires roule maintenant sur M. de Pontchartrain [6]. On dit qu'il est vigilant et actif, bonne tête, mais peu de ces vues qu'auroit l'abbé Bignon, son neveu [7], s'il étoit en sa place. C'est un

1. Anne-Hilarion de Costentin, comte de Tourville, né en 1642, mort en 1701.

2. François-Louis de Rousselet, comte de Châteaurenaud, maréchal de France en 1703, mort en 1716, à 82 ans.

3. André, chevalier, puis marquis de Nesmond, fut fait lieutenant général en 1693 et se trouvait sur le point de recevoir le bâton de maréchal de France quand il mourut en 1702.

4. Claude-François Bouthillier, comte de Chavigny, qui acquit le régiment d'Auvergne en 1693 et mourut en 1703 à la bataille de Guastalla.

5. Louis Bouthillier, comte de Chavigny, colonel du régiment de Quercy, marié à D[lle] Legoux, de Dijon, mort en 1729.

6. Louis Phélypeaux de Pontchartrain, contrôleur général en 1689, secrétaire d'Etat en 1690, chancelier en 1699, mort en 1727. Saint-Simon en a tracé le portrait (éd. Boislisle t. VI, p. 282) et aussi Gourville (éd. Lecéstre, t. II, p. 165).

7. L'abbé Jean-Paul Bignon (19 septembre 1662-14 mars 1743), prédicateur du Roi, son bibliothécaire, membre honoraire de l'Académie des Sciences (1691), de l'Académie des in-

génie du premier ordre et qui iroit aussi loin peut-
être que le cardinal de Richelieu s'il étoit employé.
Le Roi devroit le mettre dans son conseil secret et
employer l'abbé Brigault [1] dans ses ambassades.
C'est un esprit qui a des vues, et je doute qu'il soit
venu de Lyon un plus adroit politique, quoique
d'ailleurs très homme de bien. Il parle et pense
bien, et l'abbé Bignon, son ami intime et son modèle,
encore mieux.

Quand le Roi est embarrassé, et cela lui arrive
assez souvent, il ne sait à qui dire sa peine. C'est
pour cela qu'il a pris auprès de lui Mme de Maintenon ; elle le conseille très bien pour une femme,
mais c'est qu'elle est à Dieu et que l'Esprit Saint est
avec elle. Quand une fois elle a mis le Roi dans le
bon chemin et sur les voies d'une affaire, il la suit
très bien. Pour son conseil privé, il se réduit aux
pauvres ministres que berne ainsi la chanson :

> Le babillard chancelier [2],
> Et le bigot Peletier [3],

scriptions (1701), conseiller honoraire de l'Académie de peinture,
élu, le 28 mai 1693, à l'Académie française, en remplacement
de Bussy-Rabutin.

1. L'abbé Louis Brigault, oratorien, chanoine de Cambrai,
fut plus tard compromis dans les intrigues de la duchesse du
Maine et dans la conspiration de Cellamare, et, comme tel,
incarcéré à la Bastille. (Voir sur lui les *Mémoires de Mme de
Staal-Delaunay*.)

2. Louis Boucherat, de 1685 à 1699.

3. Claude Le Peletier (1631-10 août 1711) remplaça Colbert
au contrôle général en 1683, fut fait ministre d'État en 1686 et
démissionna en 1689.

> Barbezieux [1], Croissy [2], Pomponne [3]
> Sont les nigauds que nous donne
>   Laire-là,
> Dieu nous pardonne,
> Laire-là, ce conseil-là.

Je ne sais si la chanson est tout à fait ainsi, mais toujours ç'en est là le sens. Le Chancelier est un très pauvre homme et qui n'est là que pour la forme seulement. Le ministre Peletier est un dévot de profession, d'une très médiocre suffisance. Barbezieux est fou à lier de la chasse et de ses oiseaux. M. de Pomponne est sourd comme un pot, et cependant, avec M. de Pontchartrain, c'est la meilleure tête du Conseil. Pour M. de Croissy, c'est un bon homme, mais d'une capacité très bornée [4]. On dit que son

1. Louis-François Marie Le Tellier, marquis de Barbezieux (1668-1701), troisième fils de Louvois, d'abord dans l'ordre de Malte, fut pourvu, en 1685, sur la démission de son frère aîné, le marquis de Courtenvaux, de la survivance de la charge de secrétaire d'État de son père. Il succéda à Louvois le 16 juillet 1691, ayant à peine vingt-trois ans.

2. Charles Colbert, marquis de Croissy, ambassadeur en Angleterre depuis 1668, succéda à Pomponne comme secrétaire d'État des Affaires étrangères en novembre 1679.

3. Simon Arnauld, marquis de Pomponne, ambassadeur en Hollande depuis 1668, remplaça, en septembre 1671, Lionne comme secrétaire d'État. Disgracié en 1679, il fut rappelé au conseil à la mort de Louvois, en juillet 1691, et fit partie du ministère jusqu'à sa mort (27 septembre 1699).

4. On peut rapprocher les appréciations que Brienne vient de faire des successeurs de Louvois de celles que Saint-Simon a émises sur leur compte, en divers passages de ses *Mémoires*, et aussi du chapitre que Gourville a intitulé *Portraits de Messieurs les Ministres* à la fin des siens. (Éd. Lecestre, t. II, p. 158.)

fils [1] vaudra mieux que lui ; je le souhaite, car il ne m'a jamais fait de mal.

Voilà donc tout le Conseil de Roi réduit à Mme de Maintenon et à M. de Pontchartrain. Je ne vois là personne qui prime. Rose et Bontemps en sont aussi, chacun dans la sphère de son emploi. Rose est habile et méchant ; Bontemps brutal, mais fidèle à son maître. Voilà tout ce que je sais et que je puis dire de la politique de Louis le Grand. Parlons maintenant de la vaillance de cet heureux monarque : celle-ci est mieux caractérisée que la politique.

ARTICLE TROISIÈME

De la valeur de Louis le Grand.

Il faut bien distinguer entre brave et téméraire, entre intrépide et brutal. Cela posé, je dis que le Roi n'est ni téméraire, ni brutal, mais qu'il est brave et intrépide. La voix publique ne lui est pas favorable de ce côté-là ; on a publié que le Roi étoit plus heureux que brave [2]. Je ne l'ai point vu dans l'action, ainsi je n'en puis rien dire par mes yeux. Ce ne sont ni les mousquetades, auxquelles on s'est trouvé

1. Jean-Baptiste Colbert, marquis de Torcy (14 septembre-1665-2 septembre 1746), succéda à son père, le marquis de Croissy, comme secrétaire d'État, en juillet 1696.

2. L'abbé de Choisy a cité quelques traits de la bravoure de Louis XIV (*Mémoires*, éd. Lescure, t. I, p. 10). Elle est un peu empanachée, mais réelle. L'abbé lui reproche seulement de n'avoir pas osé passer le Rhin à la nage, lorsque le duc de Longueville y périt (T. I, p. 26). Voir aussi les *Mémoires de Saint-Simon*, éd. Boislisle, t. XXVIII, p. 34, note 4.

exposé sans baisser la tête, ni les coups d'épée qu'on
a portés ou parés, qui décident de la valeur ; cette
vertu militaire consiste dans le mépris de la mort.
Si cela est vrai, le Roi la craint trop pour être avec
justice appelé brave ; mais on l'a vu sans pâlir s'exposer aux mousquetades. Cela n'y fait rien. Il ne
sera pas brave à ce compte. Il a peur de la mort, il
la craint ; donc il n'est pas brave. Mais c'est mal
raisonner : M. de Turenne étoit brave sans doute et
cependant il craignoit fort la mort. Dieu lui en a ôté
la vue : il a été emporté d'un coup de canon [1].

Monsieur le Prince étoit la bravoure même et n'a
jamais craint la mort. Il l'a souhaitée plusieurs fois,
belle et glorieuse ; il n'a pu la trouver dans les
plaines de Nordlingue, de Fribourg, de Rocroy, de
Seneffe [2]. Ce sont autant de batailles qu'il a données
et qu'il a gagnées et où il a vu répandre beaucoup
de sang. Néanmoins il est mort dans son lit [3] et il a
eu tout le temps d'envisager la mort avec ses hor-
reurs. Il l'a vue sans qu'elle l'ait effrayé. Il étoit
donc certainement brave. Si cela est, me dira-t-on,
il n'y a guère de braves dans le monde. Je l'avoue
et je réponds, selon mon système, que la véritable
bravoure est incompatible avec le péché, que le péril
ôte aux pécheurs à la vérité la pensée de la mort et
les fait affronter la mort comme s'ils étoient inno-
cents. Cela ne prouve rien. Un brutal ne sait ce

1. Le 27 juillet 1675.
2. Brienne ne suit pas ici scrupuleusement l'ordre chronologique. Le 3 août 1645 ; 2-4 août 1644 ; 19 mai 1643 ; 11 août
1674.
3. Le 8 décembre 1686.

que c'est que d'avoir peur. C'est son sang enflammé et qui bout dans ses veines qui l'emporte ; il ne sait ce qu'il fait. Un brutal peut être un fort grand coquin. Un homme sage qui voit tout et qui connoît le danger et l'envisage dans toute son étendue, ce qui n'arrive guère que sur la mer, cet homme sage et de sang-froid qui voit la mort présente et ne s'en effraie point est brave sans doute. Croyez-vous, fanfarons, vous qui lisez ceci, vous qui, pour être habitués aux coups de mousquet et au bruit du canon, être braves pour cela ? Nullement. Vous l'êtes moins que moi qui ne fus jamais homme de guerre. Cent mousquetades me siffleroient aux oreilles que je n'en frémirois pas de peur, ni ne baisserois pas la tête. J'ai donc cela de commun avec vous pour la fermeté de mon âme, sans avoir vu toutefois de mes yeux la mort présente aux champs de Mars. La véritable bravoure, selon moi, consiste à savoir qu'on est en péril de mort, à la voir, à l'envisager fort proche et presque inévitable, et cependant à ne la craindre ni la désirer. Un brutal, tel que La Guillotière [1], qui néanmoins étoit un fort brave homme, s'enveloppe la tête dans son manteau et se laisse couler à la mer le plus doucement qu'il peut, quand le vaisseau *le Soleil d'or*

1. Michel d'Aits, sieur de La Guillotière, maréchal de camp le 23 mars 1649. Il alla, en 1664, servir sous les ordres du comte de Gadagne et se distingua au siège de Gigeri. C'est au retour qu'il se noya (octobre 1664). Monglat dit que ce fut par accident. « Un vaisseau français, nommé *la Lune*, se perdit en vue des côtes de France et les dix premières compagnies du régiment de Picardie furent noyées avec La Guillotière, maréchal de camp, qui fut un surcroît de malheur » (*Mémoires*, année 1664, coll. Petitot, 2ᵉ série, t. II, p. 132).

ou *d'argent* prend l'eau dans le port de Toulon et est sur le point de faire naufrage. C'est un lâche qui a perdu la tramontane et qui a eu peur de la mort. Je me serois bien gardé de faire cela ; j'aurois lutté tant que j'aurois pu contre la mer : les flots, en faisant mon possible pour me sauver, m'auroient englouti. A la bonne heure. Mais je ne m'y serois point jeté la tête la première. C'est être fou. La vie est le bien le plus cher que nous ayons. Il faut la conserver autant que nous pouvons et ne l'abandonner qu'à la dernière extrémité. Pour être assuré de la bravoure et pouvoir s'en rendre témoignage à soi-même, il faut, comme le prince de Condé, s'être vu dans le combat en butte aux déterminés qui ont conjuré notre mort et les avoir tués de notre propre main, comme ce brave prince tua Fouilloux de la sienne à la journée du faubourg Saint-Antoine[1]. « En voici un, dit-il, qui m'approche de bien près. » Fouilloux lui tire son coup de pistolet dans la cuisse, couverte d'une casaque volante. Le prince de Condé lui casse la tête et le fait tomber à ses pieds. Voilà ce qui s'appelle brave. Il a vu le péril, il l'a connu, il en a reçu la preuve sur ses armes, il tue sans s'effrayer et sans perdre le jugement le téméraire qui l'a voulu tuer. Voilà ce que j'appelle la bravoure et c'est sans doute être brave à toute épreuve. Le comte de Guiche[2] étoit encore un bon cavalier et sans

---

1. 2 juillet 1652. Voy. t. I, p. 282.

2. Armand de Gramont, comte de Guiche, fils du maréchal de Gramont. Il fut exilé une première fois, en 1662, pour ses assiduités auprès de Madame; et une deuxième fois, en 1665, pour complicité dans une affaire de lettre anonyme adressée à

reproche, tel que le chevalier Bayard, La Hire et Poton[1]. Bussy n'étoit pas de cette trempe, ni M. le maréchal de Clérambault ; ils n'étoient guère braves que par raison, non plus que M. de Turenne qui ne s'est jamais exposé mal à propos aux mousquetades. Le comte de Grandpré[2] étoit un brutal achevé ; il n'a jamais eu peur de la mort ; il se seroit jeté dans un feu avec autant d'assurance que les poltrons se jettent dans la rivière qu'ils connoissent. Donc, pour en revenir au Roi qui veut qu'on le croie brave, je dis qu'il l'est devenu par raison et par habitude, comme cent autres qui le sont et ne laissent pas de craindre la mort autant que lui. Henri IV la craignoit et l'avoit méprisée. Le prince de Condé n'étoit pas des plus intrépides avant que d'être échauffé par l'action. Dira-t-on qu'ils n'étoient pas braves ? On auroit tort. Ainsi je conclus que Louis le Grand est d'autant plus brave que, craignant la mort, il l'a tant de fois bravée et affrontée, et encore qu'il ne se soit jamais trouvé à une bataille, ni même à un combat, cela n'y fait rien. Il a essuyé des mousquetades en reconnoissant Besançon, et le brave Cavoye[3],

la Reine contre La Vallière. Il fut tout particulièrement brave au passage du Rhin et mourut dans la campagne du Palatinat, le 29 novembre 1673.

1. Pierre du Terrail, seigneur de Bayard (1475-30 avril 1524). — Étienne de Vignolles, dit La Hire, mort le 11 janvier 1443. — Poton de Saintrailles ou Xaintrailles, mort à Bordeaux le 7 octobre 1461.

2. Charles-François de Joyeuse, comte de Grandpré, brigadier de milice en 1693.

3. Louis d'Oger, marquis de Cavoye, fut grand maréchal des logis. Il se distingua au passage du Rhin, où on le crut

qui est brutal et téméraire, fut blessé à ses côtés. Il a passé le Rhin dans un bateau : c'est que la dignité de sa personne lui défendoit de s'exposer aux forces de son cheval. Il auroit traversé ce fleuve redoutable de même que les plus intrépides s'il n'avoit pas été roi. Le prince de Condé auroit peut-être eu peur, s'il eut été obligé de passer le Rhin à la nage d'un coursier. Le duc de Chevreuse [1] le traversa en même

mort. Racine se plaisait en sa compagnie, ce qui provoqua cette remarque du Roi : « Cavoye, dit-il, croit devenir bel esprit, et Racine se croira bientôt un fin courtisan » (Abbé de Choisy, *Mémoires*, t. I, p. 26).

1. Charles-Honoré d'Albert, duc de Luynes et de Chevreuse, épousa le 3 février 1667, Marie-Jeanne-Thérèse Colbert, la fille aînée du ministre. On discuta sa conduite au passage du Rhin. « Le duc de Chevreuse, écrit le marquis de Saint-Maurice au duc de Savoie, le 2 septembre 1672, a maintenant une méchante affaire à la Cour et de mauvaise grâce pour sa réputation. Lorsque l'on passa le Rhin à la nage, il fut commandé de passer avec la belle et bonne compagnie de chevau-légers de la garde du Roi qui est de deux cents maîtres, et dont il en a acheté la lieutenance 700.000 livres. Il n'eut pas la hardiesse de se mettre dans l'eau et donna cent pistoles pour la traverser en bateau ; cette lâcheté, qui ôte le cœur aux troupes, a déplu au Roi qui lui a fait commander de se défaire de sa charge. M. Colbert son beau-père, travaille à le sauver, à faire qu'il garde sa charge ou à tout le moins qu'il ait celle de grand-maître de la garde-robe ; son crédit fera quelque chose, mais, quand il s'agit de lâcheté, le Roi n'a aucun égard au ministère, car enfin il regarde son service et la réputation de ses armes. On croit que si M. Colbert ne peut pas obtenir que le duc de Chevreuse garde ladite compagnie, que le comte de Guiche l'aura. Il a tout à fait l'honneur du passage du Rhin ; il le proposa au Roi et le tenta des premiers. On remarque la modération du Roi en cette rencontre et l'estime qu'il a pour Monsieur le Prince, car, quand le comte de Guiche lui proposa ledit pas-

bateau avec La Salle ; on le railla fort, et cela ne fit
aucun mauvais effet contre La Salle, dont la bravoure
étoit connue [1]. De tout cela je conclus que le soldat
ne se trompe guère et qu'il faut, puisqu'il loue l'intrépidité et la bravoure du Roi, que Sa Majesté soit
brave et même intrépide, qui est ce que j'avoue ;
mais cela ne fait pas qu'elle ne craigne la mort :
c'est qu'elle a plus à perdre que moi.

Cantabit vacuus coram latrone viator [2].

La mort sans doute est un larron, et il faut être
bien préparé à ce terrible passage (et on ne peut y
être préparé que par une bonne vie), pour ne le pas
craindre.

sage, il lui répondit qu'il n'étoit pas encore assez savant pour
prendre cette résolution lui seul et qu'il falloit consulter Monsieur le Prince pour cela, ce qui fut admiré de tout le monde,
et Monsieur le Prince fut quelque temps en doute si on se hasar-
deroit, mais le comte de Guiche fut si importun qu'on le lui
permit et il en réussit glorieusement » (*Lettres sur la cour de
Louis XIV*, publiées par Jean Lemoine, t. II, p. 404).

1. Louis de Caillebot de La Salle et de Montpinçon, capitaine
aux Gardes françaises, puis enseigne des gendarmes de la
garde, dont il eut, en 1666, la charge de lieutenant-capitaine,
après la démission du maréchal d'Albret. « Il fit en cette qualité la campagne de Hollande en 1672, dit Le Pippre de Nœufville. Ses incommodités ne lui permettant pas de passer le Rhin
à la nage, à la tête de sa compagnie, il s'embarqua sur une
nacelle. En y entrant, il eut le déplaisir de voir son fils fort
blessé, arriver dans un petit bateau. A peine eut-il le temps de
le reconnoître et de le recommander à ses gens, parce qu'il
falloit marcher et se séparer de lui » (*Abrégé chronologique et
historique de la maison du Roi*, t. I, p. 444).

2. Juvénal, Sat. X, v. 22.

De tout ceci je conclus que le Roi, dont je parle avec si peu de ménagement, est trop sage et trop judicieux pour s'en offenser. Les fils tiennent de la mère encore plus que du père. Son aïeul et le roi son père étoient braves. Le Roi l'est encore plus et cela lui vient de la fermeté et du grand courage de la Reine, sa mère, qui jamais en sa vie n'a eu peur de rien, sinon peut-être de la main du chancelier Séguier quand il eut la hardiesse de chercher et de vouloir prendre dans son sein la lettre du grand écuyer Saint-Mars, son compère prétendu [1] ; mais il ne la trouva pas, et le pauvre Monsieur le Grand ne laissa pas de porter sa tête sur un échafaud. Or, elle eut peur ce jour-là. Le chancelier trouva ce qu'il ne cherchoit point ; ce fut une lettre de la princesse Anne de Gonzague [2] à la Reine, où elle parloit de toute autre chose que de conjuration avec les ennemis de l'État. Elle étoit la confidente des amours de la Reine avec celui qui passoit, disoit-on, pour être le père du Roi. Cela est encore bien équi-

1. Cet épisode si connu se place à la date du 22 août 1637. Victor Cousin dans *Madame de Chevreuse* et René Kerviler dans *Le chancelier Séguier* ont rétabli les faits à l'encontre des historiens et chroniqueurs contemporains, et il semble bien que Séguier n'ait pas eu le rôle qu'on lui a prêté. Il est vrai que La Porte parle (coll. Petitot, 2e série, t. LIX, p. 357) d'un autre incident, postérieur en date, où le chancelier aurait fait mine de rechercher une lettre compromettante que la Reine cachait dans son sein. Saint-Simon a maintes fois fait allusion à cet incident (Éd. Boislisle, t. I, p. 189 ; t. V, p. 241 ; t. XI, p. 291, etc.).

2. Anne de Gonzague (1616-1684), sœur cadette de la reine de Pologne, la princesse Palatine de Bavière, que Bossuet parvint à convertir.

voque et fort incertain. Quoi qu'il en soit, j'ai ouï
dire à Louis le Grand une fois en ma vie : « Si le cardinal de Richelieu est mon père, je lui ai beaucoup
d'obligation. Le soit qui voudra ; je suis Roi et fils
d'une très grande Reine [1]. » Il ne feroit pas bon, à
l'heure qu'il est, de s'entretenir de pareils propos
avec lui ; mais en ce temps-là on en disoit bien
d'autres et les triolets de la Fronde ne parloient
d'autres choses. Le Roi n'étoit encore qu'un enfant,
mais tout enfant qu'il fut, il avoit déjà du penchant
pour la duchesse de Châtillon [2]. Aussi Benserade fit
sur leur flamme naissante cette courante [3] :

> Châtillon, gardez vos appas
> Pour une autre conquête ;
> Si vous êtes prête,
> Le Roi ne l'est pas.
> Avec vous il cause,
> Mais en vérité
> Il faut autre chose
> Pour votre beauté
> Qu'une minorité [4].

1. Ce propos que Brienne affirme avoir entendu n'a d'autre
garant que lui. C'est un propos de jeune homme que le Roi
n'aurait pas dit plus tard, s'il le dit jamais à l'époque où on le
rapporte.

2. Isabelle-Angélique de Montmorency, successivement
duchesse de Châtillon et de Mecklembourg, dont il a été question ci-dessus sous ce dernier nom (p. 158). Elle avait onze
ans de plus que Louis XIV, étant née en 1627.

3. C'est, proprement, un air de musique d'une mesure ter-
naire et triple. Mais, on appelle aussi *courante*, dit Furetière,
« tant l'air, que les pas qu'on fait dessus pour le danser, et
même les paroles sur lesquelles on a mis un air de cette mesure ».

4. Le recueil de pièces satiriques connu sous le nom de Maurepas contient cette courante sous la date de 1657, mais sans

Rien de mieux ! Les héros ont toujours été amoureux de fort bonne heure. Comme on ne peut être
amoureux sans être brave, car enfin un poltron n'a
pas la hardiesse de dire à une belle femme qu'il a de
l'amour pour elle, je conclus de la vie du Roi qu'il
est brave et qu'il a eu trop de maîtresses et fait trop
de conquêtes en guerre et en amour, pour n'être pas
brave, qui est ce que j'avois à prouver.

ARTICLE QUATRIÈME

De la sagesse du Roi Louis le Grand.

Pour cette vertu, elle n'est nullement équivoque
dans le Roi. Il est sage et avisé et personne n'eut et
n'aura jamais plus de sagesse. Je vais prouver ma
proposition par des exemples.

Le premier est un mot fort imprudent que dit le
comte de Guiche en sa présence et qu'il voulut bien
que Sa Majesté entendît. « Ce faux brave, disoit-il à
je ne sais quel courtisan, nous fait tous les jours
briser les bras et les jambes, et ne s'est pas encore
exposé à un seul coup de mousquet. » Le Roi l'entendit et ne fit pas semblant de l'entendre. Il faut
être bien maître de soi. Mais ce qui est plus admirable, c'est la réflexion qu'on lui fit faire, peut-être
après coup, quand il eut la tête sur son chevet. « Le
comte de Guiche, se disoit-il à lui-même, a raison.
Il a la main estropiée pour mon service et je n'ai

l'attribuer à Benserade. Voy. l'édition imprimée (Leyde, 1865),
t. IV, p. 234.

jamais été blessé. Il est brave, et il étoit ivre quand il me traita de faux brave. Il faut se venger d'une parole imprudente et faire voir que j'ai autant de courage que lui. » Si cela n'est vrai à la lettre, cela ne laisse pas d'être très beau sur le papier. Le maréchal de Gramont exila son fils pour quelque temps et lui donna le moyen d'aller faire éclater son intrépidité en Hollande [1].

L'autre fait est très remarquable, et j'en suis témoin, et acteur dans cette scène. Péguilhem et Cavoye, aussi fous l'un que l'autre, se gourmoient derrière le Roi et à trois pas de Sa Majesté. Il n'y avoit que M. de Noailles, capitaine des gardes du corps, et moi entre le Roi et eux. C'étoit sur le grand degré du Louvre. La perruque de Cavoye vola à terre. Le Roi se retourna, et moi, qui étois deux marches plus bas, j'étendis mon manteau, et empêchant Sa Majesté de voir ceux qui lui manquoient de respect, je lui dis : « Ah ! Sire, il y a des choses que Votre Majesté ne doit point voir. » Elle m'en sut fort bon gré et me dit : « Vous avez raison. » Elle dit pourtant quelque chose aux combattants,

1. Le comte de Guiche avait commencé à déplaire au Roi dès août 1661, car le 10 de ce mois notre Brienne mandait à son correspondant Du Houssay : « Le comte de Guiche a reçu ordre de se dispenser de la cour jusqu'à ce qu'il plaise à Sa Majesté de l'y appeler ; je ne vous dirai pas qu'il a été si malheureux que l'on a cru qu'il importunoit Madame. » Le propos et l'attitude que lui prête ici Brienne ne peuvent être que postérieurs, puisqu'il y est fait allusion à une blessure que le comte de Guiche reçut le 16 juin 1666, au combat du Texel, donné par les Hollandais contre les Anglais, où il fut blessé au bras et à l'épaule.

entre autres : « Remerciez Brienne qui m'a empêché de voir qui vous êtes. Qu'on se retire et n'y retournez plus. » Et se tournant de mon côté, le Roi me dit : « Je vous remercie, vous m'avez épargné la peine de me mettre en colère et de punir une personne que j'aime. » Tout cela est d'une grande sagesse [1].

Voici une autre preuve de cette vérité si généralement reconnue, et j'en suis l'acteur. C'étoit dans les jardins de Saint-Germain-en-Laye. J'étois jeune et fort étourdi. Le Roi galopoit et moi derrière lui. Le duc de Joyeuse [2] me toucha rudement de son cheval et donna un coup de gaule en passant à ma jument qui étoit fort vive. Je choquai la croupe du cheval du Roi, malgré que j'en eusse, et il en fut ébranlé. Je me jetai à bas et lui demandai pardon. Il me dit en me voyant en posture de suppliant : « C'est qu'une autre fois il ne faut pas galoper derrière mon cheval. Relevez-vous ; le duc de Joyeuse a plus de tort que vous. » Et il me tendit sa main, que je n'ai jamais baisée de meilleur cœur, quoi que je l'aie tant et si souvent baisée.

Autre fait. Un nommé Briard, mauvais plaisant et

---

1. A quelle date se passa cet incident dont Brienne dit avoir été le témoin ? Il est malaisé de le préciser, l'anecdote ne se retrouvant pas sous la plume d'un autre narrateur.

2. Louis de Lorraine, duc de Joyeuse et d'Angoulême, né le 11 janvier 1622, grand chambellan en 1644, et colonel général de la cavalerie légère, mourut à Paris, le 27 septembre 1654, des suites d'une blessure reçue le 22 août précédent. Gourville, *Mémoires*, éd. Lecestre, t. I, p. 109 ; Turenne, *Mémoires*, éd. Marichal, t. II, p. 12-13.

qui importunoit fort le Roi, s'avisa un jour à Versailles, comme Sa Majesté étoit enfermée avec Mme de Montespan, de prendre une échelle, et passant la tête par la fenêtre, les surprit en une action qui ne pouvoit, dit-on, souffrir de témoins. Il dit je ne sais quelle impertinence. Le Roi, sans s'émouvoir, le fit prendre et l'envoya à Saint-Lazare, d'où depuis il s'est sauvé avec un frère de la Mission, fort las de son petit collet.

Mais ceci est plus sérieux. Van Beuningen [1], ambassadeur extraordinaire de Hollande auprès de Sa Majesté, homme de grand mérite, mais vain au possible, comme le sont tous les républicains, parloit un jour dans une audience publique au Roi avec beaucoup d'insolence. Enfonçant son chapeau d'une manière fort bourgeoise, Sa Majesté me regarda deux ou trois fois avant que de répondre, et sa vue où je remarquai de la colère, m'embarrassa. Je ne savois si le Roi vouloit que je répondisse pour lui. Enfin il prit son parti et dit à Van Beuningen : « Vous me parlez

1. Conrad Van Beuningen, conseiller de la ville d'Amsterdam, fut ambassadeur extraordinaire en France de 1662 à 1665. C'était « un homme d'esprit chaud », dit le marquis de Saint-Maurice (*Lettres*, t. I, p. 38), qui, ailleurs (p. 64), ajoute : « c'est assurément un galant homme et l'on le tient pour celui de tous les États le plus fort pour la négociation. » Conrad Van Beuningen n'était pas intimidé par la majesté de Louis XIV, et, à diverses reprises, il scandalisa les courtisans par le naturel de son attitude. Mais il avait de la présence d'esprit et se tirait avec à-propos des circonstances épineuses. Si, dans le cas que Brienne vient de détailler, les choses se passèrent comme il le dit, l'ambassadeur hollandais ne dut pas rester décontenancé. (Ant. Lefèvre-Pontalis, *Jean de Witt*, t. I, p. 285.)

bien fièrement, Monsieur l'ambassadeur. Un autre roi, moins modéré que je ne le suis, vous auroit fait jeter par les fenêtres du Louvre. » Et se tournant vers moi sans lui donner le temps de répondre, il me dit : « Brienne, portez-en ma plainte à ses maîtres par mon ambassadeur. » Et il lui tourna le dos. Van Beuningen changea de couleur et ôta son chapeau, qui, même durant cette mercuriale, n'avoit point parti de sa tête. Je suivis le Roi dans son cabinet, et il me dit : « Ce brasseur de bière [1] est bien insolent ! — Oui sans doute, Sire, j'ai eu envie de lui jeter son chapeau à terre à vos pieds. — Vous auriez mal fait, dit le Roi ; mais il me le paiera tôt ou tard, et ses maîtres aussi, s'ils ne m'en font satisfaction. » Cela fut cause que l'on rompit le traité de commerce qui se projetoit avec la Hollande [2], et que je n'eus point un bassin d'or de douze mille livres qui m'étoit destiné, et un pareil à tous les commissaires au nombre de sept : savoir, M. Séguier, chancelier de France, M. Foucquet, surintendant des finances, mon père, M. de Lionne et M. Le Tellier, comme ministre d'État, M. Le Peletier et moi ; et Sa Majesté ne fit point de présent aux trois ambassadeurs des

1. Ceci ne doit pas être pris à la lettre : fils d'un bourgmestre d'Amsterdam, Van Beuningen était secrétaire du conseil de la ville, après avoir suivi en France Hugo Grotius.

2. Brienne fait ici quelque confusion. Un traité d'alliance, défensive et offensive, fut passé entre la France et les Provinces-Unies, le 27 avril 1662. Sans doute Brienne veut dire, et il fait entendre que bien des questions commerciales et maritimes demeurèrent en suspens, parce que Lionne et Colbert s'y opposaient.

États des Provinces Unies, dont le premier et le dernier étoient gentilshommes [1]; Van Beuningen, qui étoit le second en rang, n'étoit que bourgeois d'Amsterdam. Je parlerai de lui ailleurs.

Un jour Sa Majesté dansoit avec Bontemps et quelques autres une entrée de ballet, avec de certaines castagnettes aux mains et des plaques aux pieds. Un de ses danseurs lui donna un coup de sa plaque dans le gras de la jambe, qui lui fit fort mal. C'est qu'il n'adressa pas bien et manqua son coup contre la plaque, parce que le Roi étoit sorti de cadence. Sa Majesté se retira sans dire un seul mot.

Je n'aurois jamais fait si je voulois rapporter toutes les preuves que je pourrois étaler de sa sagesse. Jamais prince ne fut plus maître de lui et de sa colère, quand il le faut être. Il n'a jamais dit une mauvaise parole à personne. Encore un fait et puis plus. Un jour, un de ses pages de la chambre, tenant la pantoufle du Roi par le talon, la lui présenta plusieurs fois contre le pied par le bout et lui fit mal aux doigts. Sa Majesté se baissa, et prenant la pantoufle, ne lui dit jamais autre chose sinon: « Page, prenez garde à ce que vous faites [2]. » J'y étois et je dis assez haut à Monsieur le Premier, afin

1. C'étaient Jean de Ghent, député de Gueldre, et Justus du Huybert, député de Zélande.

2. L'abbé de Choisy conte un trait à peu près semblable : un valet de chambre laissa couler la cire brûlante sur la jambe nue du Roi, qui se contenta de dire : « Au moins donnez-moi de l'eau de la reine de Hongrie. » (*Mémoires*, éd. Lescure, t. I, p. 24.)

que le Roi l'entendit : « Ma foi, Monsieur, je ne
sais si vous et moi serions si patient. — Pour moi
oui », dit Monsieur le Premier. Le Roi se prit à
rire et me dit : « Tu frappes donc tes valets ? — Oui,
Sire, quelquefois, quand ils font mal.—Et qu'aurois-
tu fait si on t'avoit écorché le pied comme à moi ?—
J'aurois jeté la pantoufle à la tête de mon laquais.—
Oh ! bien, Brienne, apprenez à être patient ; je viens
de vous en donner l'exemple. — Exemple, Sire,
tant qu'il vous plaira. Je suis prompt et je n'aime
pas ceux qui pensent à toute autre chose qu'à ce
qu'ils font. » Le Roi se prit à rire, et le pauvre
page, qui étoit de qualité et très bien fait, mais glorieux, m'en sut fort mauvais gré.

ARTICLE CINQUIÈME ET DERNIER

*Du courage de Louis le Grand et de sa patience
dans les douleurs.*

Souffrir une grande douleur sans se plaindre est sans
doute une marque d'un grand courage et d'une patience héroïque. Le Roi possède cette vertu au souverain degré. Le cardinal Mazarin étoit impatient quand
il avoit la goutte ; le Roi en souffre sans crier, ou, s'il
crie quelquefois malgré lui, il en fait des excuses
aux spectateurs. Dans sa grande maladie de Calais,
je le voyois à toute heure. Sa patience m'étonnoit.
Quels efforts ne fit-il point pendant l'opération du
vin émétique que lui donna le sieur Du Saussay [1], mé-

1. Gui Patin le nomme Du Saussoy et dit qu'il y eut différend à propos de la saignée. « Dès le commencement du mal,

decin d'Abbéville ! On ne l'entendit jamais se plaindre. Et quand Félix [1] lui coupa sa fistule au fondement, ce qui est une opération très douloureuse, il cria, mais qui pourroit s'en empêcher ? Et puis c'est tout. Il a eu le coude démis par une chute de cheval [2] ; la douleur fut grande ; il la supporta constamment. Je crains qu'il n'y eut un peu d'orgueil dans son fait ;

le Roi n'ayant encore été soigné qu'une fois, il y eut dispute entre Valot et un autre médecin de la cour touchant la saignée. Valot disoit qu'il ne falloit point saigner, l'autre pressoit de le faire. On appela pour arbitre un tiers, qui est un médecin d'Abbeville où on l'alla quérir, nommé M. du Saussoy, qui fut d'avis que le Roi devoit être saigné. Valot trouva mauvais cette opposition, et lui dit qu'il étoit bien hardi. M. du Saussoy lui répondit : « Monsieur, je vous connois bien ; le Roi a besoin d'être saigné et le doit être ; si vous ne trouvez pas bon mon avis, je ne m'en soucie pas, non plus que je ne vous tiens point capable de juger de ce différend ». Le Roi fut saigné, et sur cette diversité d'avis, la Reine dit qu'il falloit envoyer quérir Guénault, à Paris. Quelques jours après, le Roi demanda lui-même le médecin d'Abbeville ; on le retourna quérir, il continua de traiter le Roi avec les autres. On l'a saigné neuf fois en tout. » (Lettre du 20 juillet 1658, à Falconet, éd. Réveillé-Parise, t. III, p. 85.)

1. Notre manuscrit estropie son nom. Il s'agit de Charles-François Tassy, dit Félix, premier chirurgien du Roi depuis 1662, qui l'opéra de sa fistule, le 18 novembre 1687. Félix fut anobli à cette occasion. Il mourut aux Moulineaux, le 25 mai 1703. Voy. le *Dictionnaire critique de biographie et d'histoire*, de Jal, p. 569-570.

2. Le 2 septembre 1683, le Roi tomba de cheval, à la chasse, dans la forêt de Fontainebleau, et « se disloqua entièrement le coude du bras gauche, lequel fut remis par M. Félix, fort heureusement, sitôt que Sa Majesté fut revenue dans sa chambre ». On peut voir les détails de cet accident dans *le Mercure galant* du mois de septembre 1683.

mais, quand cela seroit, cela ne fait pas que le Roi
ne soit extrêmement maître de lui. Je n'ai plus rien
à dire de sa personne, sinon qu'il est grand et bien
fait, mais a toujours eu de mauvaises dents, ce qui
vient de ce qu'il mange trop. Aussi m'a-t-on dit
qu'il n'en a plus du tout et que sa bouche se ressent
de ce défaut, paroissant beaucoup enfoncée. Pour
les mains, il les a petites et les doigts fort déliés.
C'est marque d'adresse, et il n'en manque pas, sinon
qu'il écrit fort mal. Je ne parle que de l'écriture, car il
dicte très bien une lettre et il paroît beaucoup d'esprit
dans tout ce qu'il dit. Il aime la turlupinade[1], les
rébus, les pointes et les quolibets. C'est qu'il a l'esprit fort prompt. Le maréchal duc de Vivonne, et
M. d'Armagnac[2], grand écuyer, ont trouvé, en
débitant force bons mots, le moyen de lui plaire.
J'en sais du duc de Vivonne. En voici un par
exemple qui fera juger des autres. « Cette femme,
lui disoit le chevalier de Nogent[3], au sujet d'une
femme qui avoit été fort belle, cette femme tire fort
sur l'âge. — Et morbleu, chevalier, sur quoi donc
voudrois-tu qu'elle tirât? Rien ne lui fait tant de
tort. »

Un jour, à La Fère, que le duc de Nevers, le marquis
de La Châtre, mon cousin, et moi parlions de cocuage

1. « Plaisanterie fade et basse », dit Furetière.

2. Louis de Lorraine, comte d'Armagnac et de Brionne,
vicomte de Marsan, grand écuyer de France depuis 1658, né
le 7 décembre 1641, mort le 13 juin 1718.

3. Louis Bautru, chevalier de Nogent, mestre de camp de
cavalerie, qui, dans sa vieillesse, prit le titre de marquis de
Nogent et mourut en 1708.

chez Vivonne [1], qui nous avoit donné fort mal à souper, il se mit à compter par ses doigts tous les cocus de sa connoissance. Jamais de ma vie je n'en entendis réciter une si longue kyrielle, et je m'avisai de lui demander : « Mais vous, mon brave, ne savez-vous point si vous êtes cocu ? — Cela peut fort bien être, répondit-il, sans que je le sache. Mais qui diable voudroit me faire cocu ? Ma femme est laide comme une guenon. » Et nous de rire. Alors j'entamai une fort longue conversation sur les maris jaloux de leurs femmes, et je soutenois que les gens de ce caractère ne devoient jamais se marier. La Châtre croyoit que je parlois de lui. Il avoit la femme du monde la plus belle, mais la plus sage, et il étoit d'une bizarrerie d'esprit si grande qu'il étoit presque impossible qu'il ne fut jaloux. Aussi l'étoit-il à la folie. Il prit l'affirmative contre moi, car je soutenois qu'on peut et qu'on doit même être jaloux de sa maitresse, mais jamais de sa femme. Vivonne étoit de mon avis ; mais mon cousin ne se rendit pas pour cela et maintint avec beaucoup de chaleur et de jalousie qu'on devoit être également jaloux de sa femme : et tout cela parce qu'il l'étoit de la sienne. Vivonne toujours naturel et plaisant lui dit : « Ah ! ma foi, vous êtes cocu, puisque vous avez si peur de l'être, et Brienne ne l'est pas, quoiqu'il l'avoue, parce qu'il n'a pas peur du cocuage. » En effet, je plaisantois le premier sur

____

1. Il a déjà été question de tous ces personnages : le duc de Nevers, t. I, p. 284 ; le marquis de La Châtre et le duc de Vivonne, t. I, p. 82.

les amours de ma femme, et je leur lus des vers où je me reconnoissois cocu dans toutes les formes. La Châtre crevoit de dépit dans sa peau et croyoit que nous nous moquions de lui. Le duc de Nevers, qui ne manque pas d'esprit, fit ce conte au Roi, et Sa Majesté voulut en avoir le plaisir devant elle à son petit coucher. Nous y étions tous quatre, lui, Vivonne La Châtre et moi. Vivonne fit donner La Châtre dans le panneau ; et lui de rougir. Je n'ai jamais vu d'homme plus décontenancé. Le Roi rioit de tout son cœur; mais le diable fut que le duc de Nevers me parla de mes vers. Je les désavouai pour être de moi et les donnai à Martinet [1], mon commis. Je ne laissai pas de les dire, et La Châtre, mon cousin, de se démener comme un possédé. « Justice, Sire, justice ! Je vous la demande. Parce que ma femme est belle, on veut que je sois cocu ! » Vivonne prend la balle au bond et dit : « Mon pauvre La Châtre, tu l'es. Il n'y a plus de Lucrèce à la cour. Et à propos, ta femme est Lorraine [2]. Oh ! ma foi tu l'es. Il n'y a en Lorraine que des Laïs. Je ne le sais que trop à

1. Serait-ce le même que celui dont parle Loret, dans sa lettre du 6 décembre 1653 (t. I, p. 438), pour avoir salué éloquemment le président de Novion, au Châtelet ?

> En ce lieu, le sieur Martinet
> Harangua, ce dit-on, si net
> Qu'on loua fort ce personnage
> Pour son esprit et beau langage

2. Charlotte-Louise d'Hardoncourt, mariée en 1658 à Louis de La Châtre, et qui mourut le 22 mars 1720, au couvent des Filles-Saint-Thomas.

mes dépens. Va, va, tu l'es, et j'en suis bien aise, pour me venger du mal qu'une Lorraine me donna. » Le Roi n'a jamais ri de meilleur cœur que ce soir-là.

Or, puisque je suis tombé sur cette matière, je dirai que ma femme, qui étoit quelquefois fort plaisante, avoit en son humeur de grandes inégalités, car des jours elle étoit folle jusqu'à l'emportement et en d'autres elle étoit froide jusqu'à l'indifférence et auroit glacé les cœurs les plus passionnés [1]. Je dirai donc, car je suis fort sincère et, quoique cela me regarde d'assez près, je publierai ce secret

---

1. Au cours du portrait qu'elle s'est consacré à elle-même dans le *Recueil des portraits dédié à S. A. R. Mademoiselle*, que nous avons déjà cité, Mme de Brienne parle ainsi de son caractère : « Je ne suis pas trop caressante ni accablante de civilité, mon principal but est de plaire à quelques gens raisonnables et de ne me mettre pas en peine si les autres s'accommodent de moi ou non. J'ai peu d'amis et n'en voudrois pas avoir davantage, car je ne voudrois pas être de celles qui partagent si aisément leur cœur, et sont avec tout cela régulières dans les devoirs d'amitié... Je suis un peu railleuse, mais non pas médisante. Il ne m'arrive jamais d'offenser personne que je n'en aie sujet. J'ai de l'ambition et de la vraie gloire, mais plus pour les gens à qui je suis attachée que pour moi-même. J'ai l'âme fière, et difficilement la puis-je captiver pour les personnes à qui je dois du respect : ce n'est pas que je ne sois circonspecte et fort reconnoissante et que je voulusse manquer de régularité. Je me pique d'une parfaite honnêteté, et n'ai jamais compris aucuns attraits qui emportent les autres. Je crains Dieu, et n'appréhende point d'être surprise à donner des rendez-vous en des lieux saints. Je suis heureuse, parce que je sais me satisfaire de ma condition, et si je suis à plaindre en quelque chose, c'est de ne pouvoir éviter les maux qu'elle engage de souffrir. »

à ma honte, si honte il y a, je dirai, dis-je, qu'elle me dit : « Va, mon mari, je te promets, si je te fais cocu, de te le dire. » Je n'étois pas de trop belle humeur et je lui fis la mine, et m'allai coucher sans lui répondre, bien résolu de me venger de cette impertinente parole. Elle ne me fit pas attendre, à son ordinaire, et vint me baiser fort tendrement : « Je te demande pardon, mon mari ; si je te faisois ce que tu crains, je me garderois bien de te le dire. » J'étois chagrin et je pris fort mal son excuse. Elle se mit à me caresser et ses caresses m'apprirent son secret malgré elle. « Qui t'a appris cela, lui dis-je. — C'est Monsieur, dit-elle de son air de précieuse et d'indifférente, c'est Monsieur, dit-elle froidement en retirant sa main, le duc de Luxembourg [1]. — Ah! ma foi, le petit bossu me le paiera. — Vous croyez donc que je dis vrai ? — Je ne sais qu'en croire, car je sais bien que vous vous plaisez fort à mentir. — Si ce n'est lui, c'est La Garde [2], si ce n'est La Garde, c'est Lussan [3], c'est le duc de Candale [4].

1. François-Henri de Montmorency, maréchal de Luxembourg (8 janvier 1628-4 janvier 1695). Est-il besoin de rappeler ici les trois volumes que le marquis de Ségur a consacrés à son histoire ?

2. Ce doit être Antoine Escalin, baron ou marquis de la Garde, qui avait été désigné en 1660 pour remplir les fonctions de capitaine des gardes de la reine Marie-Thérèse ; il ne mourut qu'en 1713, à quatre-vingt-douze ans, et fit Mme de Simiane sa légataire universelle. C'était un des correspondants habituels de la marquise d'Huxelles.

3. Jean d'Audibert, comte de Lussan.

4. Louis-Charles-Gaston de Nogaret, duc de La Valette et de Candale (14 avril 1627-29 janvier 1658). On peut consulter sur lui les *Mémoires* de Bussy et son *Histoire amoureuse des Gaules*.

Vous en voilà bien plus savant. » Il est vrai que ces quatre galants, mes rivaux, si mes rivaux y a, étoient fort assidus auprès d'elle ; mais, dans le vrai, je m'en mettois fort peu en peine. Je m'endormis et elle aussi, comme si de rien n'eut été. Elle étoit fort aimable alors, et avoit tout l'esprit qu'une femme puisse avoir. C'est d'elle, qui faisoit des vers mieux que moi, que Scarron a dit : « De votre langueur naturelle l'homme du monde le plus charmé [1]. »

Je ne croyois pas tant dire des aventures de mon mariage ; mais le profit que je désire que mes lecteurs tirent de tout ceci, c'est que, s'ils me croient, ils se donneront bien garde de se marier, s'ils sont jaloux. C'est trop à la fois d'être marié et d'être jaloux. Je leur conseille de rester toute leur vie amants, s'ils ont du penchant à la jalousie.

[1]. Il y a, dans les œuvres de Scarron, une lettre *A Madame la comtesse de Brienne*, du 7 août 1657, qui se termine ainsi (Mme de Brienne était venue voir le cul-de-jatte qui lui écrivit aussitôt) : « Vous avez eu la curiosité de me voir, comme la reine de Suède : vous devriez, comme elle, me permettre d'être amoureux de vous, et vous faire honneur d'une chose qui déjà peut-être ne dépend plus de votre consentement. » Après avoir plaisanté sur ce thème, Scarron achève de la sorte : « En attendant que vous déclariez sur mon bon ou mauvais destin, je suis et même serai, de quelque façon que vous me traitiez, de votre langueur naturelle l'homme du monde le plus charmé. — SCARRON. » (*Œuvres de Scarron*, nouvelle édition. Paris, J.-F. Bastien, 1786, in-8°, t. 1, p. 195.) Mme de Brienne dut répondre sans retard à cette déclaration, car Scarron lui écrivit dès le lendemain une nouvelle lettre où il déclare : « Je n'en tâcherai pas moins de mériter, par l'impétuosité de ma passion, ce que votre langueur naturelle me permet d'espérer. » (*Ibid.*, p. 197.)

QUATRIÈME MÉMOIRE

Suite de la vie de Louis le Grand, où je traite des conquêtes du Roi en général et de la prospérité de son règne en particulier.

ARTICLE PREMIER

Des conquêtes du Roi en général.

Je n'ai plus que ce mémoire à achever. Au moins n'ai-je que cela maintenant dans la tête. Peut-être que j'ajouterai à ces quatre mémoires un cinquième pour servir quelque jour à l'histoire du jansénisme, ma marotte, qu'il y a longtemps que j'ai envie d'écrire, parce qu'on ne peut mieux la savoir que je la sais. Il s'agit maintenant de parler en peu de mots des conquêtes du Roi.

Il faut le suivre pas à pas et ce mémoire ne sera proprement qu'une glose sur le testament politique de feu M. Colbert, que je ne crois point être de lui, mais de quelque fainéant comme moi, qui a écrit tout cela de conjecture, pour s'occuper, et n'a pas tant mal réussi [1].

---

1. Pour le commentaire qu'il commence ici, Brienne s'est servi de l'édition suivante : *Testament politique de Messire Jean-Baptiste Colbert, ministre et secrétaire d'État, où l'on voit tout ce qui s'est passé sous le règne de Louis le Grand, jusqu'en l'année 1684, avec des remarques sur le gouvernement du Roiaume.* A La Haye, chez Henry van Buldehen, Marchand Libraire, au Mezerai. M. DC. XCIV (1694). In-12, de xxii-410 p.

Le testament de même nature du cardinal de Richelieu au feu roi Louis XIII est plus véritable. Celui de M. Colbert a été fait sur des maximes toutes contraires, et enfin celui du marquis de Louvois, qui a paru le dernier, sur des principes tous différents des uns et des autres. On dit que cette pièce ne vaut rien du tout, pour la bien priser. Je ne l'ai pas lue ; mais elle est à Château-Landon et je la lirai.

Je commence donc cette histoire des conquêtes de Sa Majesté par la première guerre de Flandre qui finit par le traité d'Aix-la-Chapelle ; ensuite je traiterai de la guerre de Hollande jusqu'au traité de Nimègue [1] ; et enfin je pousserai ce récit jusqu'en l'année 1684, où finit le testament politique de M. Colbert. Celui qui s'est donné la peine de le dresser n'a point marqué les années auxquelles chaque événement s'est passé. C'est une grande faute et qui jette beaucoup de confusion dans cette histoire, de soi si curieuse. Je ne puis bien rectifier ces années, parce que je ne les sais pas ; mais cela pourra toujours se faire à loisir.

TEXTE

« Le Roi, dit M. Colbert, p. 170, chapitre III, ayant résolu la guerre de Flandre, s'y rendit à la tête d'une très belle armée.

1. Le traité d'Aix-la-Chapelle est du 2 mai 1668 et celui — ou plutôt ceux — de Nimègue ne furent signées qu'en 1678 et 1679.

« Les Espagnols en furent effrayés et non sans sujet, car Votre Majesté (c'est à elle qu'il adresse la parole) avoit pris soin, depuis la paix des Pyrénées, de rendre les troupes presque aussi aguerries que si elles eussent été continuellement dans l'occasion de s'exercer. Le vicomte de Turenne commandoit cette armée sous Votre Majesté et la confiance que vous aviez en lui vous le fit choisir préférablement aux autres, pour vous apprendre le métier de la guerre, dans lequel vous le regardiez déjà comme le plus expérimenté de vos généraux. Aussi, tant pour récompenser ses services que pour montrer à tout le monde que vous faites le cas que vous devez de sa vertu, vous l'aviez déclaré maréchal de camp général de vos armées, un peu avant la paix des Pyrénées, qualité qui le mettoit au dessus des maréchaux de France et qui faisoit revivre en lui la charge de connétable en quelque façon [1]. La confiance que Votre Majesté avoit en ce grand homme déplut au marquis de Louvois, dont l'ambition mal réglée vouloit déjà que vous ne consultassiez que lui sur toutes choses ; mais il eut à essuyer quantité de chagrins.

« Votre Majesté demeuroit des demi-journées entières avec le vicomte de Turenne, pendant que

1. Turenne reçut, le 5 avril 1660, le brevet de maréchal général des camps et armées du roi. Par une singulière discrétion, Turenne ne fait aucune allusion à cette dignité dans ses *Mémoires*, dont le début coïncide avec l'époque où il obtint le bâton de maréchal. (*Mémoires du maréchal de Turenne*, publiés par Paul Marichal, pour la Société de l'Histoire de France, t. I, *Introduction*, p. LXI.)

le marquis de Louvois attendoit dans votre antichambre qu'il sortît pour vous parler. Cela donna
naissance à la haine qu'il a depuis toujours eue
pour lui, et qui a été très souvent préjudiciable au
service de Votre Majesté. (Là, il fait une réflexion
assez juste, mais toutefois ennuyeuse, sur le danger
qu'il y a de donner trop de crédit à des esprits
tous bouffis d'orgueil et de bonne opinion d'eux-
mêmes.)

« Les Espagnols, à l'approche de Votre Majesté,
firent sauter les fortifications de Charleroi [1]. Ainsi,
en moins de huit jours, ils défirent ce qu'ils avoient
été une année entière à faire avec une dépense si
prodigieuse qu'on comptoit qu'ils y avoient employé
plus de trois millions. Votre Majesté, qui prétendoit
continuer leurs travaux pour se conserver un passage sur la Sambre, où cette place est située, y fit
travailler son armée avec tant de diligence qu'en
trois semaines elle fut en état de défense. Ensuite
de cela, elle tourna d'un autre côté et emporta d'une
rapidité étonnante les ville d'Ath, Tournay, Douai [2]
et les forts qui étoient autour de cette dernière
place. Audenarde et Alost firent aussi joug à vos

1. L'armée royale, sous les ordres de Turenne, entra dans
Charleroi à la fin de mai 1665. Elle en releva les fortifications
et n'en partit que le 16 juin suivant.
2. Ath, ville de Hainaut, à 25 kilomètres au nord-ouest de
Mons, sur la Dendre, affluent de l'Escaut, fut abandonnée par
les Espagnols, à l'approche de Turenne. — Tournai, à l'ouest
de Mons, sur l'Escaut ; Turenne y arriva avec le roi le 21 juin. —
Douai, sur la Scarpe, fut investi, le 1er juillet ; le 3, on ouvrait la
tranchée et la ville se rendit le 7.

armes, pendant que le maréchal d'Aumont s'empara d'Armentières, Bergues, Furnes, Dixmude et Courtray [1]. Les Anglois et les Hollandois voyant cela se pressèrent de faire la paix; mais Votre Majesté, allant toujours son chemin, mit le siège devant Lille [2], où il y avoit quatre mille hommes de troupes réglées et dix fois autant de bourgeois qui étoient capables de porter les armes. Cela fit croire aux Espagnols que Votre Majesté ne viendroit jamais à bout d'une si grande entreprise; et, ayant appelé à leur secours le comte de Marcin, qui commandoit leur armée, il s'approcha de la ville pour tomber sur vous. Mais Votre Majesté, après avoir pris la ville en peu de temps, battit encore Marcin à plate couture, de sorte qu'il fut obligé de se sauver par un marais. »

Voici ce que m'apprit M. Colbert ou celui qui a composé son testament politique. Faisons maintenant quelques réflexions sur cet endroit qui raconte si bien et en peu de paroles la première guerre de Flandre.

GLOSE

Le même auteur avoit dit, à la page 161 du même chapitre III, que ce fut en ce temps-là que le Roi commença à faire travailler sous lui le marquis de

1. Audenarde fut enlevée du 29 au 31 juillet, par le maréchal d'Aumont, et les autres villes un peu plus tôt ou un peu plus tard.

2. Le 10 août. La place demanda à capituler le 27 et le roi y entra le lendemain, pour recevoir le serment de fidélité des magistrats et des bourgeois.

III.   13

Louvois, à qui il avoit accordé la survivance de la charge de M. Le Tellier, son père [1] ; mais il étoit si dur (ce sont ses propres paroles) et si peu porté au travail, quoique depuis il s'y soit si bien accoutumé que personne jamais ne soit devenu si laborieux ni si intelligible que lui, « que M. Le Tellier vous pria, Sire, de ne vous pas donner de peine davantage pour un sujet si ingrat; car il ne croyoit pas qu'il pût jamais réussir, et comme d'ailleurs il aimoit ses plaisirs, il le regardoit comme un homme plus capable de manger et de dissiper ce qu'il avoit amassé que d'y joindre quelque chose par son travail. » (En quoi il se trompoit fort, puisque le marquis de Louvois a amassé des richesses infiniment plus grandes que celles de son père, quoiqu'on les fasse monter à plus de vingt millions.) « Mais Votre Majesté, qui avoit mille bontés pour sa famille, lui dit de se donner patience et que ce qui ne se faisoit pas en un jour se faisoit quelquefois en deux ; qu'elle ne désespéroit pas comme lui de rien faire de son fils; qu'il falloit de l'indulgence pour la jeunesse et la ramener plutôt par la douceur que par les menaces. Votre Majesté se donna donc la patience de le dresser. » Et en effet M. de Louvois doit au Roi sa fortune, son savoir-faire et ce comble d'honneurs, de charges et de biens où il est parvenu.

Ici l'auteur du Testament politique convient, no-

1. D'après l'historien de Louvois, Camille Rousset, c'est le 24 février 1662 que Louis XIV donna à Louvois l'autorisation de signer comme secrétaire d'État. Né le 18 janvier 1641, il avait alors 21 ans, — trois ans de moins que le roi, — et était à la veille d'épouser Anne de Souvré. (Camille Rousset, *Histoire de Louvois*, t. I, p. 20.)

nobstant tout le mal qu'il a dit du marquis de Louvois et qu'il en dira dans la suite, qu'il avoit mille bonnes qualités et fait ensuite des réflexions morales que je passe.

Il faut joindre ces deux endroits et voici la glose ou les commentaires qu'on y peut faire :

Le marquis de Louvois, mon confrère, étoit d'abord un vrai cheval de carrosse et témoignoit par sa brutalité naturelle avoir fort peu d'esprit. Il étoit vif et emporté et ne se modéroit en rien. Monsieur son père, l'homme du monde le plus sage et le plus avisé, avoit alors de l'estime pour moi. Il me croyoit sage et me trouvoit d'assez bonnes qualités. Il me pria de voir souvent le marquis de Louvois et d'entrer adroitement dans tous ses plaisirs, ce que je fis sans qu'il se soit jamais aperçu que Monsieur son père m'en avoit prié. Nous jouions, Charpentier[1], Darbon[2], Saint-Thierry[3] et moi, tous les jours avec

1. Gilles Charpentier. C'était « un homme fort honnête et fort obligeant et qui, sans abuser de sa fortune, a toujours tâché de rendre service à tout le monde. » (Rochefort, *Mémoires*, 1692, in-12, p. 315.) Il mourut fort âgé. « Le mardi 13e mars 1703, Gilles Charpentier, trésorier de l'ordre militaire de Saint-Louis et premier commis de Mgr de Chamillart, ministre et secrétaire d'État pour le département de la guerre, mourut à Versailles, entre quatre et cinq heures du soir, âgé de 85 ans, après avoir été 63 ans dans le bureau. » (Cité par Iung, *Le dépôt de la guerre*, p. 8, n. 4.)

2. Le manuscrit porte *Carfon*, mais il y a une erreur. Il s'agit de Darbon, sieur de Bellou, que Le Tellier employa fréquemment et en des circonstances délicates, soit à des sortes d'inspections générales, soit à l'examen de ses intérêts particuliers. Cf. Louis André, *Michel Le Tellier et l'organisation de l'armée monarchique*, 1906, in-8, p. 643.

3. C'est bien le nom qu'on lit sur le manuscrit. Quel était ce

lui, tantôt aux cartes, fort petit jeu, et tantôt à la paume. Nous allions à Saint-Jean-de-Luz tous les jours nous baigner ensemble. En un mot, nous ne nous quittions guère. Il m'ouvrit son cœur, m'avouant qu'il n'avoit de l'inclination que pour la débauche et nullement pour le travail, qu'il haïssoit à la mort et redoutoit beaucoup. Cependant, Darbon le talonna si bien et fit pour lui de si beaux recueils des pièces de M. Le Roy [1] que cela commença à lui ouvrir l'esprit et l'accoutuma insensiblement à lire les choses qu'il devoit savoir.

C'étoit un protocole tout digéré de toutes les expéditions, lettres patentes, édits, déclarations, ordres et routes, que M. Le Roy, premier commis de M. Le Tellier, avoit dressé avec beaucoup de soin. Cela étoit fort bien écrit en six gros volumes ou porte-cahiers in folio. Je les ai lus et j'avoue que j'y ai beaucoup profité [2]. C'étoit du pain cuit, et il eut

___

personnage ? Avait-il quelque attache avec le régiment de cavalerie nommé (1656) Saint-Thierry ? (Comte de Souvigny, *Mémoires*, éd. de la Société de l'Histoire de France, t. II, p. 298.) Ou bien est-ce quelque collaborateur de Le Tellier, dont le nom est plus ou moins connu, ou défiguré ?

1. Timoléon Le Roy, parrain de l'abbé de Choisy. « C'étoit un homme d'une capacité consommée qui n'étoit pas sur le pied que sont présentement les commis. Il étoit fort estimé du Cardinal, et eût été secrétaire d'État si Le Tellier eût manqué. J'ai ouï dire qu'il étoit mort fort à propos, et qu'il commençoit à donner quelque jalousie dans la maison. » (Choisy, *Mémoires*, éd. Lescure, t. I, p. 102.) Au dire de Choisy, Le Tellier avait fait instruire par Le Roy le jeune Brienne.

2. Ces volumes sont encore conservés au Cabinet des manuscrits de la Bibliothèque nationale, fonds français, n°ˢ 4221, 4222, 4223, 4224, 4811, et vraisemblablement 4258. Cf. Louis André, *Michel Le Tellier*, p. 651.

fallu, avec ces secours, être plus que bête pour ne pas bien faire le département de la Guerre, qui ne consiste que dans un fort grand détail, ce qui demande plus d'assiduité que d'esprit. Il n'en est pas ainsi du département des Étrangers, où tous les jours ce sont choses nouvelles, soudaines et imprévues, outre que tel, comme M. Le Roy, fait très bien une lettre patente, une déclaration, qui écrit très mal une dépêche et une instruction d'ambassadeur.

M. Servien excelloit en cela, mais il faisoit mal parler le Roi dans un édit. M. Ardier [1] est celui de tous les premiers commis de secrétaire d'Etat qui ait mieux fait parler nos rois : cela est conforme à la dignité du prince et à la majesté inséparable de ses paroles aussi bien que de sa personne.

Dufresne [2], mon premier commis, valoit bien M. Le Roy et le surpassoit infiniment dans la connoi-

---

1. Paul Ardier, né à Issoire en 1595, fils de Paul Ardier, sieur de Beauregard, et de Suzanne Phélypeaux, neveu et commis de Pontchartrain et de d'Herbault. Il passa au service de Bouthillier, quand celui-ci prit les affaires étrangères. Ardier acheta, en 1632, une charge de président en la Chambre des comptes, la résigna en 1650 et mourut en 1671. Richelieu lui fit rédiger, à son usage, des *Mémoires sur l'affaire des Grisons et Valteline*. Voy. *Quelques collaborateurs de Richelieu* dans *Rapports et notices sur l'édition des Mémoires du cardinal de Richelieu, préparée pour la Société de l'Histoire de France*, t. II, p. 200), par M. L. Delavaud, qui annonce l'intention de publier prochainement une notice sur Paul Ardier.

2. Il a déjà été question de Léonard du Fresne (ci-dessus, t. III, p. 154), comme aussi de Jean de Silhon, dont il est parlé plus bas. (Voy. t. I, p. 16.)

sance des intérêts des princes d'Allemagne. C'étoit son fort et il faisoit une dépêche aussi bien que Silhon, dont le cardinal Mazarin se servoit et qui a beaucoup servi à former M. de Lionne, qui ne manquoit pas d'esprit, mais qui n'a jamais su bien écrire.

Or, M. Le Roy étoit l'homme du monde le plus appliqué et le plus assidu à son bureau ; mais il avoit peu d'élévation d'esprit. M. Le Tellier fut obligé de prendre Carlier pour son secrétaire [1]. Il étoit de Clermont en Beauvoisis et n'écrivoit pas mal ; mais il étoit vain au possible, se donnoit de grands airs et s'en faisoit trop accroire.

Dufresnoy, qui succéda à M. Le Roy qui mourut à Amboise [2], comme nous allions au voyage des

1. Le manuscrit porte *Cavelier*. Il s'agit ici de Carlier — on écrit aussi *Carelier* — que Le Tellier eut pour commis dès 1650. En 1651, pendant la disgrâce de Le Tellier, il resta auprès de Brienne père et lui apporta les livres du département de la guerre. (Dubuisson Aubenay, t. II, p. 42.) Plus tard, il obtint une intendance d'armée. (Louis André, *Michel Le Tellier*, p. 645.)

2. Le 9 septembre 1659 (Gui Patin, lettre à Belin du 15 septembre, t. I, p. 245). Le Tellier annonça ainsi cette fin à Mazarin : « C'est avec un extrême regret que je suis obligé de faire savoir à Votre Éminence la mort de M. Le Roy, arrivée à Amboise le 9ᵉ de ce mois, puisqu'elle a eu la bonté de me témoigner qu'elle étoit en peine de sa santé. J'ose dire qu'il n'en étoit point indigne, puisqu'il avoit toute la vertu et toute la suffisance qu'un homme pouvoit avoir dans sa profession, outre qu'il étoit serviteur particulier de Votre Éminence. » (Lettre du 16 septembre 1659, citée par L. André, *Michel Le Tellier*, p. 642.) En dépit de cette oraison funèbre, l'abbé de Choisy prétend que la mort de Le Roy arriva « fort à propos ».

Pyrénées, fait fort bien la charge de la guerre [1]. Il avoit été commis sous M. Le Roi et Charpentier aussi, qui le vaut bien. Moi, je pris Azemart, natif de Montpellier, fort galant homme et qui me revenoit fort [2]. Parayre est habile ; il étoit neveu du P. Annat, confesseur du Roi [3]. Je ne m'accommodois pas tant de

1. Élie Dufresnoy, né en 1614, mort le 15 février 1698. Il entra dans l'administration de la guerre sous Sublet de Noyers et avait servi dix-huit ans sous Le Roy quand il lui succéda en 1659. Quelque temps plus tard, en 1663 ou 1664, il épousa une jeune fille fort belle, Marie Colot, fille d'un porteur de lettres, qui devint bientôt la maîtresse de Louvois. Bien des contemporains, Madame de Sévigné, Bussy ou leurs correspondants, ont parlé de cette belle personne. Sur son mari, on peut consulter, Saint-Simon (éd. Boislisle, t. I, p. 168), et aussi le baron Pichon, *Mémoire sur M. Du Fresnoy, bibliophile du XVIIe siècle, et sur sa famille* (*Bulletin du bibliophile*, 1893, p. 413).

2. Ce secrétaire de Brienne ne semble avoir joué auprès de lui un rôle ni bien actif ni prolongé, du moins n'en trouve-t-on pas de traces. Il appartenait vraisemblablement à une famille Azemart, de Montpellier, qui a fourni quelques membres à la cour des Aides de cette ville.

3. Ce dernier détail est noté également par l'abbé de Choisy (*Mémoires*, éd. Lescure, t. I, p. 111), qui a connu Parayre, « neveu du P. Annat », et appris de lui quelques particularités historiques. (*Ibid.*, p. 115.) Selon M. Delavaud (*Documents coloniaux extraits des papiers de Du Fresne*, dans la *Revue de l'histoire des Colonies*, 1916, p. 396, note 3), Parayre quitta son emploi aux Affaires étrangères, le 13 avril 1680. Plus tard, il fut chargé de voir les papiers de Du Fresne (*Ibid.*). La mort de Parayre donna lieu, en 1707, à l'acquisition par le ministère de ses papiers à lui, dont on trouve une énumération partielle dans un manuscrit de la Bibliothèque nationale (Fonds latin, n° 10,395, f° 97) : *Catalogue des manuscrits de la bibliothèque de M. Parayre, ancien premier commis des Affaires étrangères sous MM. de Brienne, de Lionne et de Pomponne, secré-*

lui que de Dautiège, qui étoit fils d'un notaire de Bordeaux [1], très honnête garçon, car il n'a jamais été marié, et d'un très grand travail. Pour Ariste, qui partageoit avec Dufresne ma première commission, c'est un très habile homme, mais il enfante avec une peine inconcevable ; son assiduité au travail suppléoit à la lenteur de son génie et tout ce qu'il faisoit étoit très bien.

taires d'État, publié par Armand Baschet, *Histoire du dépôt des archives des Affaires étrangères* (1875, in-8°), p. 86, note 3. (Voy. aussi p. 232, n. 1.) Ces papiers de Parayre sont conservés actuellement aux Affaires étrangères, dans la section *Mémoires et documents : France*. (Voir Inventaire imprimé.) Jean Parayre conseiller du Roi en ses conseils et secrétaire de Sa Majesté, blasonnait de sable à trois pyramides d'argent.

1. Le père du commis de Brienne se nommait Laurent Dautiège. Notaire royal à Bordeaux, il exerça sa charge cinquante ans, de 1611 à 1661, et reçut, entre autres, le testament du cardinal de Sourdis, le 1er décembre 1627 (*Archives historiques du département de la Gironde*, t. I, p. 109-115). Il y a une lettre du fils, Jacques Dautiège (Bibliothèque Nationale, Cabinet des Manuscrits, Armoires de Baluze, vol. 175, f° 140), écrite de Fontainebleau, le 3 juin 1661, à Prioleau, en qualité de secrétaire de Brienne. Dautiège dut quitter sa fonction au ministère des Affaires étrangères quand Brienne cessa d'être secrétaire d'État. En tout cas, il ne garda aucun document de sa charge. « M. Dautiège, qui a été à feu M. de Brienne et qui est à présent secrétaire de M. de Vivonne, écrivait Nicolas Clément, le 13 janvier 1681, n'a rien gardé de ce qui étoit de sa commission, et m'a renvoyé comme les autres aux papiers de M. Du Fresne, qui sont encore sous le scellé au greffe du Châtelet, en deux ou trois coffres. » (Léopold Delisle, *Origine des archives du ministère des Affaires étrangères*, dans *Bibliothèque de l'École des Chartes*, 1874, p. 369.) Dautiège est cité, comme secrétaire de Vivonne, en 1679, dans les *Lettres de Colbert*, t. III, marine et galères, p. 165, et t. VII, p. 366.

Mais revenons au marquis de Louvois. Monsieur son père l'entretenoit fort mesquinement, soit politique, soit épargne. La cour étoit fort superbement vêtue à Saint-Jean de Luz ; on vouloit surpasser le luxe des Espagnols qui avoient néanmoins plus de pierreries que nous. Mais nous avions plus qu'eux de dentelles d'or et d'argent sur nos habits et plus de broderie sans comparaison. J'avois quatre habits d'une égale richesse et d'une magnificence des plus distinguées : jusque là que M. de Turenne, qui étoit vêtu fort simplement, m'en railla devant M. le Cardinal et me dit que j'étois bien *moutonné*, ce fut son terme [1]. C'est que j'avois alors un habit de moire grise, tout couvert de dentelle d'or et d'argent plissée, ce qui faisoit sur mon manteau, doublé de toile d'or, une espèce de frison. J'avois outre cela un habit noir, le pourpoint de brocard d'or, tout couvert de dentelles noires très belles, jusqu'au collet du manteau, de sorte que cet habit et celui de moire grise me revenoient à huit mille livres.

J'en avois un autre de moire grise, mais plus brune que ce riche habit que je viens de décrire.

---

1. Daniel de Cosnac, qui était à Saint-Jean-de-Luz, a noté, lui aussi, la magnificence de la cour de France (*Mémoires*, t. II, p. 28). Mme de Motteville et la grande Mademoiselle, présentes toutes deux à l'événement, ont recueilli à leur tour des détails dignes de plumes féminines. Ce que Brienne rapporte ici de lui-même n'est pas pour contredire la remarque suivante de Mme de Motteville : « Je trouvois alors les habits des François ridicules avec les larges canons qu'ils portoient aux jambes, et je trouvois à redire à leurs petits pourpoints qui ne leur couvroient ni le corps ni l'estomac » (*Mémoires*, t. IV, p. 197.)

Je l'avois acheté deux mille livres du marquis de Vaubrun [1]. Il n'y avoit que six rangs de dentelles d'or et d'argent sur le manteau. Elles étoient rattachées par le brodeur avec des points couleur de feu et vert de soie seulement : ce qui faisoit un très bel effet. Enfin, j'avois un habit de vénitienne [2] noire, tout chamarré de dentelles d'argent. Rien de plus magnifique. Sans compter quatre habits simples, d'une propreté achevée, et le linge à proportion. J'étois en jarretières [3] toujours et rarement en justaucorps. C'est qu'on n'en portoit point en ce temps-là.

Le marquis de Louvois me venoit voir tous les jours régulièrement, et je lui donnai avis par un de mes valets de chambre que mes habits étoient arrivés. Il me manda que les siens l'étoient aussi et les fit apporter avec lui, comptant me montrer quelque chose de beau. Je fus fort surpris de la lésine de Madame sa mère [4]. Il avoit trois habits, un noir

1. Nicolas Bautru, marquis de Vaubrun, fils du comte de Nogent et capitaine dans le régiment de cavalerie de Nogent.

2. « Étoffe d'abord fabriquée à Venise et ensuite imitée en France. C'est une espèce de gros de Tours, dont la tissure est extrêmement fine. » (*Dictionnaire de Trévoux*, 1771.)

3. « *Jarretière* ou *jartière*, dit le *Dictionnaire de l'Académie* (1694), sorte de ruban, de courroie, de tissu dont on lie ses bas au-dessus ou au-dessous du jarret. » — « *Juste-au-corps*, espèce de vêtements à manches qui va jusqu'aux genoux et qui serre le corps. » — Cela veut dire que Brienne était constamment en habit d'apparat.

4. Élisabeth Turpin, nièce du chancelier d'Aligre, qui avait épousé, en 1629, Michel Le Tellier, alors conseiller au grand Conseil.

assez propre : il étoit de vénitienne à grandes fleurs et avoit quatre rangs de grande dentelle sur le manteau, mais le pourpoint n'étoit ni de toile ni d'argent comme le mien ; — un autre gris de camelot de Flandre [1] où il y avoit quatre ou cinq rangs de dentelles d'or et d'argent sur le manteau : mais cet habit étoit mal entendu et paroissoit fort pauvre, non seulement auprès des miens qui étoient plus que magnifiques, mais parmi ceux des courtisans qui tous étoient plus beaux que le sien. Enfin il en avoit un de serge grise galonné et je ne sais quelle piqûre de soie fort mesquine et qu'il n'osa mettre devant la cour d'Espagne.

Quand je vis cette lésine, je me mis à rire et fis apporter mes habits l'un après l'autre. Il fut surpris de leur richesse et de leur agrément. Je lui offris de lui en donner le choix, hors de mes deux habits noirs, dont je voulois me parer ; mais le prix l'en dégoûta, et plus encore Monsieur son père, l'avarice même. « Mais, me dit-il, mettras-tu ces beaux habits, me voyant si mal vêtu ? — Je ne les ai fait faire, lui dis-je, que pour les mettre. — Ah ! mon confrère, tu me feras un grand affront. — Je n'en suis pas cause, mon cher confrère ; prends un de mes habits et on ne s'apercevra point du ménage de ta mère. » Il l'auroit fait volontiers, mais Monsieur son père l'en empêcha ; outre que mes habits ne pouvoient lui servir qu'en les refaisant pour lui

1. « *Camelot*, espèce d'étoffe faite ordinairement de poil de chèvre et mêlée de laine, de soie, etc. *Camelot de Hollande, de Bruxelles, camelot de Turquie, camelot du Levant, camelot de soie, camelot ondé.* » (*Dict. Acad.*, 1694.)

entièrement [1]. Ainsi l'étoffe auroit été perdue et il n'auroit pas laissé de la payer. M. Le Tellier prenoit garde à tout. Je n'ai jamais vu tant d'avarice dans un homme si riche [2]. Mes habits me demeurèrent et je m'en servis trois ou quatre fois seulement. Ils me firent beaucoup d'honneur et la Reine et ses dames, qui se connoissoient parfaitement à ces sortes de choses, avouèrent qu'il n'y avoit point à la cour d'habits mieux entendus. Le plus riche étoit le moins beau et celui qui me seyoit le moins bien. Il me faisoit trop gros et ç'eut été bien pis si on l'eut vu sur le gros Louvois, ou il auroit fallu déplisser la dentelle. Celui que j'avois eu de Vaubrun fut généralement admiré et m'alloit fort bien. Pour mes habits simples, ils faisoient plaisir à voir et ne pouvoient être mieux entendus. Ils n'avoient que

1. Cette anecdote suffirait à expliquer comment Le Tellier, d'abord fort bien disposé à l'endroit de Brienne, se refroidit ensuite si manifestement.

2. Si presque tous les contemporains de Le Tellier sont d'accord sur son obséquiosité et sa perfidie, ils parlent moins de son avarice très réelle. « Régulier et civil, dit de lui Choisy, dans le commerce de la vie, où il ne jetoit jamais que des fleurs (c'étoit aussi tout ce qu'on pouvoit espérer de son amitié), mais ennemi dangereux, cherchant l'occasion de frapper sur celui qui l'avoit offensé, et frappant toujours en secret par la peur de se faire des ennemis, qu'il ne méprisoit pas, quelque petits qu'ils fussent. » (*Mémoires*, t. I, p. 89.) Saint-Hilaire a dit aussi de Le Tellier : « Il étoit doucereux comme le miel et, dans le fond aussi malfaisant, dangereux et rancunier qu'un Italien... Sa conduite lui a si bien réussi qu'il a fait une grosse maison et a acquis des richesses immenses, que bien des gens ont attribuées à sa seule économie, qui tenoit beaucoup de l'avarice. » (*Mémoires*, éd. Lecestre, t. I, p. 14.)

des passequilles [1] d'or ou d'argent trait [2], ou une dentelle d'argent ou d'or volante, l'une plissée et l'autre non. Rien de mieux. Si le marquis de Louvois m'avoit voulu croire, il auroit pris l'un de ceux-là, qui lui auroit coûté très peu à raccommoder.

Ce fut moi qui lus le serment que le Roi fit sur les Saints Évangiles [3], dont le Cardinal tenoit le livre ouvert devant Sa Majesté. J'étois vêtu de noir et le Roi aussi. Le lendemain je mis mon habit moutonné et en fus fâché, à cause de la raillerie de M. de Turenne. Mais le jour suivant, je mis mon habit que j'avois eu de Vaubrun, qui fut admiré, et le quatrième jour celui de vénitienne noire tout broché de dentelle d'argent, qui fut fort regardé et généralement approuvé. En effet il ne pouvoit être plus beau. Le marquis de Louvois paroissoit auprès de moi aussi peu que les étoiles paroissent devant le soleil.

Il commençoit à se faire aux affaires, et le Roi se donnoit beaucoup de peine à l'instruire et à le for-

1. C'est ce qu'on lit dans le manuscrit. Il s'agit vraisemblablement de *passecaille*. « Présentement, dit Furetière dans son *Dictionnaire*, ce mot signifie aussi un porte-manchon; c'est un ruban ou une espèce de ceinture dont se servent les jeunes gens pour soutenir leur manchon. » Ici, il a le sens de rubans.

2. « *Trait*, participe. Il n'a guère d'usage qu'en cette phrase : *De l'or trait, de l'argent trait*, pour dire de l'or, de l'argent qui est tiré sans fil et sans soie. » (*Dict. Acad.*, 1694.)

3. Brienne a laissé la *Relation de ce qui s'est passé en la cérémonie du mariage du Roi, célébré à Fontarabie le 3 juin 1660* (Bibliothèque Nationale, Cabinet des Manuscrits, fonds français, nº 5884). On y lit, à la suite, la *Relation de ce qui s'est passé en la cérémonie faite à Saint-Jean-de-Luz pour le mariage de Sa Majesté, le 8 juin 1660*.

mer lui-même de sa main. Si j'avois eu cet avantage,
je serois encore en place ; mais je puis dire que
j'avois trop d'esprit et trop peu de complaisance
pour le Roi d'alors, bien différent de celui d'aujour-
d'hui. Il se cachoit à moi comme à tout le monde,
et je lui trouvois quelquefois si peu d'intelligence
que j'en étois étonné ; et j'avoue que je m'y mépris
et je ne fus pas assez bon courtisan. Il commença
à goûter M. de Lionne et à se cacher encore de moi
et à moi davantage ; et de là vint ma disgrâce deux
ans après. La faute que je fis de me méprendre au
génie de ce grand roi fut la cause de tous mes malheurs, et, comme je m'en aperçus trop tard, il n'y
eut plus moyen de la réparer. Le marquis de Louvois s'éleva, et je tombai. Venons au reste de la glose.

M. de Turenne, dont il est si souvent parlé dans
ce Testament politique, ne pouvoit souffrir M. de
Louvois ; c'étoit l'eau et le feu [1]. M. de Louvois de
son côté, comme on vient de le voir dans le texte
page 171, ne pouvoit voir quelqu'un au-dessus de
lui dans les emplois de la guerre. Il s'imaginoit,
quoiqu'il n'eût jamais commandé d'armée, parce
qu'il commandoit à la baguette aux gens de guerre,
en savoir lui seul plus que M. de Turenne et le prince
de Condé ensemble. Ces deux grands capitaines,

1. L'antipathie de Turenne pour Louvois était manifeste et
s'étendait à toute la famille Le Tellier, avec laquelle les Bouillon
se trouvaient en concurrence pour la coadjutorerie de Reims.
(Choisy, *Mémoires*, t. I, p. 17 ; t. II, p. 133, etc.) Le roi, suivant le système qu'il devait garder, se montrait trop favorable
aux ministres de petite extraction qu'il savait travailleurs et
dévoués, pour que des grands seigneurs comme les Bouillon
n'en fussent pas choqués.

comme on le verra bientôt, l'auroient sans doute
perdu auprès du Roi, et M. de Turenne y étoit bien
résolu ; mais l'évêque d'Autun [1], créature de M. Le
Tellier, fit tant par ses intrigues qu'il détacha Monsieur le Prince d'avec M. de Turenne en cette fatale
conjoncture et sauva ainsi le marquis de Louvois. Sa
jalousie étoit extrême, comme on l'a pu voir au même
endroit, de ce que Sa Majesté demeuroit des demi-
journées entières enfermée avec ce maréchal de
camp général, pendant que lui, Louvois, attendoit
dans l'antichambre que M. de Turenne sortît pour
pouvoir parler au Roi. Il n'en falloit pas davantage
pour les brouiller ensemble et cette mésintelligence
entre le général des armées et le ministre de la guerre
a été fort nuisible au service du Roi. Cela à la vérité
fut toujours et sera toujours ainsi. Mais, quoique
l'auteur du Testament politique dise ailleurs, dans
le chapitre V, page 223, que M. de Louvois avoit
apposté et autorisé de son crédit et de son argent
les incendiaires qui mirent le feu dans les cinq villages du Palatinat où M. de Turenne avoit mis les
magasins de son armée, après que Montecuculi [2] se
fut emparé de ceux qu'il avoit mis dans Wartheim [3],

1. Gabriel de Roquette, évêque d'Autun de 1666 à 1702,
dont le caractère manquait de franchise.

2. Raymond, comte de Montecuccoli (1608-1681), le célèbre
général de la guerre de Trente ans, le vainqueur des Turcs à
la journée de Saint-Gothard et qui commandait encore l'armée
impériale, quand Turenne fut tué à Saasbach (27 juillet 1675).

3. Sur le Mein, dans le pays de Bade, entre Würtzbourg et
Aschaffenbourg. C'est par suite de la défection de l'évêque de
Würtzbourg, Jean Hartmann de Rosenbach, que cette manœuvre
des Impériaux réussit, en août 1673, et il semble bien que Lou-

« toute l'armée, dit le texte, voulut que ces incendiaires fussent appostés par le marquis de Louvois et que sa jalousie contre le vicomte de Turenne lui eût fait commettre cette trahison : en effet, M. de Turenne ne put s'empêcher de dire, quoiqu'il parlât peu et se vengeât encore moins, que les ennemis du dehors à la vérité étoient fort à craindre, mais que ceux du dedans de l'État l'étoient encore davantage » ; quoique, dis-je, l'auteur du Testament politique dise cela, je n'y ferois pas grande attention, si je ne savois que le marquis de Louvois est soupçonné, et avec beaucoup de fondement, de la prise de Philipsbourg [1], que le duc de Luxembourg [2], supérieur aux ennemis, pouvoit secourir, et plus encore de celle de Mayence [3],

vois n'eut aucune part aux actes qu'on lui prête ici, bien que son hostilité contre Turenne eût déjà éclaté depuis l'année précédente. (Saint-Hilaire, *Mémoires*, éd. Lecestre, t. I, p. 86, 123 et 152.)

1. Philipsbourg capitula le 9 septembre 1676. C'est le prince Frédéric de Bade-Dourlach qui avait été chargé de la conduite du siège, avec son parent le prince Hermann de Bade. Sur ce siège on peut voir en particulier les *Mémoires de Saint-Hilaire*, t. I, p. 243-247.

2. Suivant l'historien de Luxembourg, le marquis Pierre de Ségur, il semble bien que les recommandations de Louvois de ne rien hasarder furent une des causes de l'inaction de Luxembourg. (Pierre de Ségur, *Le maréchal de Luxembourg*, p. 372-373.) Dans une longue lettre du 12 août (Arch. de la Guerre, vol. 508, n° 284), le maréchal expose pourquoi il renonce à secourir Philipsbourg.

3. Le siège de Mayence eut lieu treize ans après celui de Philipsbourg. La place fut investie le 17 juillet 1689 et capitula le 8 septembre. Ce n'est pas le Dauphin qui avait repris Mayence auparavant, comme Brienne le dit ici, mais le marquis de Boufflers, qui s'en était emparé à l'automne de 1688.

depuis que Monseigneur l'eût repris, et que le marquis d'Huxelles [1] rendit si promptement, quoique les ennemis ne fussent encore qu'au glacis de la contrescarpe [2]. Si cela étoit, ce que j'ai peine à comprendre, je dirois que le marquis de Louvois étoit un grand scélérat et que je suis surpris qu'il soit mort dans son lit. Il aura, à ce compte, été cause de tous les mauvais succès qu'ont eu, en divers temps, les armes victorieuses de Sa Majesté, dont la malice du ministre aura interrompu le cours et suspendu la rapidité par ses noires trahisons [3]. O le méchant

1. Nicolas de Laye du Blé, marquis d'Huxelles (1652-1730), lieutenant général en 1688, maréchal de France en 1703. Saint-Simon dit de lui : « Il devint l'homme de M. de Louvois, à qui il rendoit compte et qui le mena vite. » (*Mémoires*, éd. Boislisle, t. XI, p. 36.)

2. Comme Saint-Simon (*Mémoires*, t. X, p. 348, 430 et 594-597), Saint-Hilaire apprécie sévèrement cette capitulation. « Les excuses du marquis d'Huxelles furent mal reçues, dit-il... Les plus clairvoyants ne donnèrent point là-dedans et disoient que le marquis d'Huxelles avoit prouvé en ce siège qu'il savoit également commander et obéir : l'un parce qu'il avoit défendu sa place dans toutes les règles de la science militaire ; et l'autre parce qu'il l'avoit rendue dans le temps limité par le ministre, qui craignoit sa chute, et avoit besoin d'un mauvais événement pour se rendre plus nécessaire et rattraper tout son crédit. » (*Mémoires*, éd. Lecestre, t. II, p. 113.)

3. Le caractère de Louvois et de son œuvre a été apprécié, il y a tantôt cinquante ans, avec une admirable hauteur de vues, par Fustel de Coulanges, dans son fameux article de la *Revue des Deux Mondes* (1er janvier 1871) : *La politique d'envahissement, Louvois et M. de Bismarck*, réimprimé depuis dans les *Questions historiques* et dans les *Questions contemporaines*, qui juge avec une sévérité courageuse les tendances de la politique du ministre et les défauts de son ambition.

III.   14

homme ! l'ambition de régner dans la guerre peut-
elle faire faire et exécuter impunément ces sortes de
coups fourrés ? Oh ! bien, on ne dira pas cela de
moi ; je n'ai jamais brouillé les cartes pour me rendre
nécessaire. D'autres l'ont fait ; donc d'autres l'ont
pu faire. J'en conviens, et la perte de la bataille
d'Avein [1] fut un trait de la politique du cardinal de
Richelieu ; mais il falloit nommer un général qui
voulût obéir à sa honte et se laisser battre. Ainsi la
chanson ne manqua pas de dire :

> Il s'enfuit comme une biche
> Ce grand maréchal de Guiche.
> Lampons, lampons,
> Camarades, lampons [2].

Muiden [3], selon cela, sera encore un des coups
fourrés du marquis de Louvois. Le maréchal de

1. C'est la bataille d'Honnecourt — village sur l'Escaut, à
l'entrée du Vermandois, cant. de Marcoing, arr. de Cambrai
— que le maréchal de Gramont perdit, le 26 mai 1642, contre
le général espagnol Don Francisco de Mello, et qu'on prétend
qu'il perdit sur l'ordre de Richelieu. Je ne sais pourquoi Brienne
parle ici de la bataille d'Avein, — petit endroit du pays de
Liége — gagnée le 22 mai 1635 par les maréchaux de Châtillon
et de Brézé, et où le maréchal de Gramont semble n'avoir que
faire.

2. Brienne a déjà parlé de cela (t. I, p. 192) et cité le refrain
dont il se souvient encore ici.

3. Sur le Zuiderzée, à quelques lieues d'Amsterdam. Maurice
de Nassau fit entrer ses troupes dans la ville, au moment où
elle traitait de sa reddition avec le marquis de Rochefort, et
cet acte d'initiative, en préservant Muiden, sauva Amsterdam et
la Hollande. On prétendit alors assez généralement que Louvois « regardoit la continuation de la guerre comme une chose
absolument nécessaire à ses intérêts ». (Saint-Hilaire, *Mémoires*,
t. I, p. 100.)

Rochefort [1] pouvoit obéir à celui qui b... sa femme [2]
à ses yeux sans qu'il se scandalisât. Cela me passe,
et comme je ne suis pas accoutumé aux trahisons,
j'ai beaucoup de peine à croire que les autres en
soient capables. Voilà les deux premiers articles du
texte bien éclairés. La conquête de Flandre n'a pas
besoin de commentaire. Le Roi l'a prise, et l'a gardée, et la gardera.

TEXTE

Mon auteur parle assez cavalièrement à la page
179 du IIIe chapitre du Testament politique, de la
conquête de la Franche-Comté. « Votre Majesté,
dit-il, s'achemina pendant la plus grande rigueur de
l'hiver dans la comté de Bourgogne, dont elle étoit
bien sûre de la conquête, parce que le prince de
Condé en avoit traité avec le marquis d'Yenne [3] qui
étoit gouverneur, etc. »

GLOSE

Ce qui vient par la flûte s'en va par le tambour.
Le proverbe est fort à propos. En effet, les Hollan-

1. Henri-Louis d'Aloigny, marquis de Rochefort, était lieutenant général depuis le 15 avril 1672 et devint maréchal de
France en 1675. Il mourut le 22 mai 1676, à Nancy, du regret,
dit-on, de son échec de Muiden.

2. Madeleine de Laval, maréchale de Rochefort, « la belle
Madelonne », comme l'appelle Mme de Sévigné (*Lettres*, éd.
Monmerqué, t. IV, p. 43), était en si bons termes avec Louvois
qu'on appelait son mari « le maréchal de la Gaîne à cause que
sa femme étoit des amies du ministre. » (Saint-Hilaire, *Mémoires*,
t. 1, p. 238.)

3. Philibert de La Baume Saint-Amour, marquis d'Yenne.

dois, Josué Van Beuning à leur tête, firent rendre la Franche-Comté tambour battant, et leur ambassadeur eut l'insolence de se vanter d'avoir arrêté le soleil à son tour : *stet sol* [1].

Mais si cette première guerre de la comté de Bourgogne ne fait guère d'honneur à Sa Majesté, on ne peut lui ravir la gloire de l'avoir conquise une seconde fois avec plus de gloire que la première.

Achevons ce paragraphe qui n'est déjà que trop long.

TEXTE

« Vous jugeâtes à propos, dit mon auteur, chap. IV, p. 180 et suivantes, de faire la paix pour ne vous pas attirer sur les bras toutes les puissances de l'Europe qui portoient envie à votre prospérité ; et les Espagnols ayant consenti par le traité qui en fut fait à Aix-la-Chapelle, que vous gardassiez vos conquêtes, à la réserve de la Franche-Comté que vous voulûtes bien rendre à la prière des Hollandois, vous devintes plus puissant en Flandre que vous n'aviez jamais été. »

GLOSE

La plus grande faute qu'ait faite le Roi, toujours si bien et si mal servi de son ministre de la guerre,

---

1. Voy. t. II, p. 186. — Conquise par Louis XIV en 1668, rendue la même année par le traité d'Aix-la-Chapelle, la Franche-Comté fut de nouveau conquise en 1674 et sa possession confirmée à la France par le traité de Nimègue.

c'est d'avoir suspendu, par ses conseils intéressés, le·
cours de ses victoires. Personne ne doute que si Sa
Majesté avoit voulu pousser sa pointe, elle ne se fût
rendue en deux campagnes maîtresse absolue des
dix-sept provinces du Pays-Bas espagnol et hollandois. Cela est certain et plus clair que le jour. Le
marquis de Louvois lui fit perdre la Hollande par
sa faute [1], n'ayant pas voulu suivre le conseil si pru-
dent et si salutaire de Monsieur le Prince et de M. de
Turenne, qui ne vouloient point qu'on mît des
garnisons dans les places conquises, mais seulement
qu'on se contentât, après les avoir prises, de les
démolir. Il n'y avoit que ce parti-là à prendre.

Depuis la paix d'Aix-la-Chapelle jusqu'au traité de
Nimègue [2], il s'est passé tant d'événements mémo-
rables que la postérité la plus crédule aura sujet de
douter de la foi de l'histoire. La cause de cette seconde
guerre que le Roi entreprit et conduisit lui-même
avec les succès inouïs que tout le monde sait est
assez connue. L'insolence des Hollandois en fut la
cause prochaine, et la cause éloignée, l'élévation du
prince d'Orange qui ne pouvoit sortir de l'abais-
sement où le pensionnaire de Hollande [3] avoit réduit
sa maison qu'en le faisant assassiner, comme il le fit,
et en s'emparant du commandement de l'armée. A
quoi le roi d'Angleterre, son oncle, Charles II, donna

1. La plupart des contemporains jugent de la même façon.
Camille Rousset a réfuté cette opinion, dans son *Histoire de
Louvois*, t. I, p. 378-379.

2. C'est-à-dire du 2 mai 1668 jusqu'au 10 août 1678.

3. Jean de Witt, grand pensionnaire depuis 1652 jusqu'à
son assassinat (1672).

les mains, et en cela rendit un très mauvais service à sa famille et à la France [1]. Il vaudroit mieux sans doute n'avoir jamais fait la guerre à la Hollande que d'avoir mis le prince d'Orange en état de déposséder son beau-père et de porter le feu dans toute la chrétienté.

Le Roi, comme on le sait, prit quarante villes en moins de deux mois. L'auteur, ce qui me fâche, n'en fait point le dénombrement. Wesel [2], je crois, fut la première prise et Orsoy [3], par Monsieur; en même temps Nimègue [4] fut la conquête de M. de Turenne; Rheinberg [5] et le fort de Schenk [6], Naar-

1. Guillaume X de Nassau, prince d'Orange (1650-1702), fut stathouder de Hollande après le meurtre de Jean de Witt, et devint roi d'Angleterre en 1688, après avoir détrôné son beau-père Jacques II.

2. Wesel, ville du Limbourg, sur la Meuse, entre Maëstricht et Ruremonde. Investie le 1ᵉʳ juin 1672, elle se rendit le 4.

3. Sur le Rhin, à trente kilomètres au nord du Düsseldorf. « On ouvrit la tranchée le 1ᵉʳ juin, et, le lendemain, sur le midi, le gouverneur rendit la place », dit Saint-Hilaire (*Mémoires*, t. I, p. 87), qui fait honneur au roi de cette prise.

4. Investie le 3 juillet, elle capitula le 10 et c'est Turenne qui la prit. Elle « se défendit mieux que toutes les autres ensemble et coûta plus de monde, car elle tint sept jours de tranchée, et il fallut y attacher le mineur. » (*Mémoires de Saint-Hilaire*, t. I, p. 163.)

5. Rheinberg, sur le Kendel, rivière de la rive gauche du Rhin, à huit kilomètres au midi de Cologne, entre Orsoy et Burik.

6. Brienne l'avait vu, lors de son voyage en Hollande (t. II, p. 174). Attaqué le 18 juin, ce fort se rendit le 19. « M. de Turenne s'emparoit du fort de Schenk, qui céda sans résistance, quoiqu'il passât pour imprenable. » (*Mémoires de Saint-Hilaire*, t. I, p. 93.)

den [1], Wertheim [2], Grave [3], Coworden [4], place très importante, Utrecht même [5], et la fameuse ville de Maëstricht [6], tomba sous le joug la campagne suivante. Il est assez inutile de faire la narration de tant de places prises. Le nombre de quarante suffit pour faire voir que c'étoit peu de chose pour la plupart. On manqua de prendre Bois-le-Duc [7] et on ne crut pas devoir s'attacher à Bréda [8] ; mais Maëstricht, le fort imprenable de Maëstricht, que Fariaux [9] crut défendre, fut emporté en quatorze jours de tranchée ouverte.

Mais voici un endroit considérable du texte sur lequel il est bon de s'arrêter et de faire ensuite quelques réflexions.

1. Naarden, sur le Zuiderzée dans la Hollande méridionale, à trois lieues d'Amsterdam.

2. Wertheim, sur le Mein, dans le pays de Bade, entre Würtzbourg et Aschaffenbourg.

3. Sur la Meuse, au sud de Nimègue, Grave fut prise par Turenne après Nimègue.

4. Sans doute, Woerden, place forte sur le Vieux Rhin, qui fut prise et pillée par les troupes du maréchal de Luxembourg.

5. Utrecht, abandonnée par le prince d'Orange, fut occupée par le maréchal de Luxembourg.

6. Maëstricht, assiégée par Louis XIV et investie depuis le 8 août, se rendit le 30.

7. Brienne la visita lors de son voyage en Hollande (t. II, p. 175).

8. Bréda, place forte de la province actuelle de Nord-Brabant, sur la Mark.

9. Jacques de Fariaux (1627-1695), officier au service de l'Espagne, venait d'être fait général de bataille ; il eut la Toison d'or en récompense de sa belle défense de Maëstricht, et le gouvernement d'Ath en 1690. (*Mémoires de Saint-Hilaire*, t. III, p. 118.)

TEXTE

« Les conquêtes que vous fîtes, dit mon auteur
au Roi, chapitre V, page 214, et qui furent encore
d'une autre rapidité que celles dont j'ai parlé ci-
devant, puisque en moins d'un mois vous réduisites
sous votre obéissance quarante villes fortifiées dont
une seule avoit arrêté autrefois presque une année
entière une armée considérable, vos conquêtes, dis-
je, vous ayant suscité de nouveaux ennemis, l'Empereur envoya une armée contre vous (cela n'est
pas tout à fait comme cela), à laquelle se joignit le
marquis de Brandebourg [1], avec ses troupes (ce
fut lui qui leva le masque ouvertement, l'Empereur ne fit que l'assister sous main). Leur intention
étoit de faire repentir les princes de l'Empire (l'électeur de Cologne [2] et l'évêque de Munster [3]) qui
s'étoient déclaré pour vous en prenant des quartiers
d'hiver dans leur pays. Mais tous leurs efforts ne
servirent qu'à augmenter la gloire de Votre Majesté,
puisqu'au lieu de réussir dans leurs desseins, le vicomte de Turenne les repoussa jusque dans le pays
de la Mark [4], où il prit lui-même des quartiers
d'hiver.

1. Frédéric-Guillaume, électeur de Brandebourg.

2. Maximilien-Henri de Bavière, coadjuteur de Cologne, en
1643, puis archevêque-électeur le 26 novembre 1650, mort en
1688).

3. Christophe-Bernard de Galen, d'abord colonel au service
de l'électeur de Cologne, puis chanoine et prévôt de Münster,
enfin évêque de cette ville en 1650. Il mourut en septembre
1678.

4. La Mark, petite rivière affluent d'une des bouches de la
Meuse.

« Cette grande action avoit été précédée du célèbre, et jamais assez loué, passage du Rhin, que vos troupes avoient traversé à la nage (comme si le Rhin eut été aussi facile à passer que la petite rivière des Gobelins [1] et du Fuzin, qui baigne les prairies du Château-Landon [2]). Ce passage si mémorable et si incroyable avoit jeté la consternation et l'épouvante parmi vos ennemis (qui fuyoient devant vous comme des moutons) et cette consternation fut si grande que peu s'en fallut que vous ne vous rendissiez maître d'Amsterdam (il n'y avoit qu'à marcher droit à lui, il vous ouvroit ses portes). Mais un bourgmestre de cette ville ayant fait consentir de lâcher les écluses (sans considérer le péril visible où il exposoit la ville d'être inondée elle-même), vous manquâtes une si belle occasion. Cependant, comme ils étoient réduits à l'extrémité, ils vous proposèrent la paix (ou plutôt vous la demandèrent à jointes mains et, pour ainsi dire, la corde au col, car l'eau les gagnoit et ils n'avoient ni bière ni pain). Le prince de Condé, qui venoit d'être blessé (non au passage du Rhin, comme dit mon auteur, mais auprès de Tolhuys[3],

---

1. La Bièvre, qu'on désignait ordinairement ainsi, parce qu'elle arrosait la teinturerie en laines fondée par Camille Gobelin, au faubourg Saint-Marceau, à Paris.

2. Brienne était retiré à l'abbaye Saint-Séverin de Château-Landon, en Gâtinais, entre Nemours et Montargis, quand il écrivait, en 1696, cette dernière rédaction de ses *Mémoires*. C'est là qu'il mourut, deux ans plus tard, auprès de l'abbé de Saint-Séverin, Henri de La Grange-Trianon.

3. La remarque de Brienne a moins d'importance qu'il le suppose. Tolhuys est sur le bras du Rhin qu'on nomme le

dans l'île où est bâti le fort de Schenck tout à la pointe du Wahal et du Leck [1]), ce prince, dis-je, vous conseilla d'accepter cette paix qu'on vous offrit, et par laquelle vous aviez tiré toute la gloire et tout l'avantage de la guerre. Tous vos généraux furent du même avis, et ils se fondoient sur ce que l'Empereur et l'Électeur de Brandebourg se déclaroient déjà contre vous et que l'Empire tout entier, qui ne devoit pas être moins jaloux de vos rapides conquêtes, ne manqueroit pas de suivre leur exemple (surtout les princes du bas Rhin et de Franconie, comme le landgrave de Hesse [2], l'abbé de Fulde [3], les rheingraves et quantité d'autres, sans compter les princes de la puissante maison de Brunswick, qui étoient déjà fort ébranlés). Mais le marquis de Louvois, qui se flattoit d'en savoir lui seul plus que tant de grands hommes ensemble vous fit entendre que cette république étoit tellement abattue qu'elle ne pouvoit jamais s'en relever, qu'ainsi il ne falloit

Wahal, à la hauteur du fort de Schenck. C'est là que quelques escadrons traversèrent le fleuve pour combattre les troupes du comte de Montbas, « Français de nation et commissaire général de cavalerie des Pays-Bas ». C'est là que le duc d'Enghien fut blessé et le duc de Longueville tué de la décharge d'un bataillon ennemi. « Monsieur le Prince, qui avoit vu de loin la démarche de son fils et de son neveu, accourant pour les retenir, fut blessé à la main du reste de cette décharge. » (Saint-Hilaire, *Mémoires*, t. I, p. 88-91. Voy. aussi ci-dessus, p. 127).

1. Le Leck est l'une des branches du delta du Rhin.

2. Charles, landgrave de Hesse-Cassel (3 août 1654-23 mars 1730).

3. Gustave-Adolphe de Bade-Dourlach (1631-1677), abbé de Fulde, cardinal en 1672.

point lui faire d'autre proposition que celle de la
recevoir sous une obéissance qu'elle seroit encore
trop heureuse de l'accepter, elle qui achetoit si cher
le secours des princes qui se déclaroient pour elle ;
qu'il étoit impossible qu'elle ne succombât sous le
faix de cette guerre, qu'il falloit battre le fer pendant
qu'il étoit chaud et ne pas attendre qu'elle prit
d'autres mesures par la paix, que c'étoit à Votre
Majesté à ne pas manquer une si belle occasion,
laquelle elle ne rencontreroit de sa vie.

« Il appuya son dire sur quelques intelligences
prétendues qu'il avoit dans le pays, et Votre Majesté,
se confiant en lui d'autant plus qu'elle lui laissoit
la conduite des affaires secrètes, renvoya les ambassadeurs de cette république qui étoient venus jusque
dans son camp lui offrir des conditions si avanta-
geuses. Il y revinrent néanmoins quelques jours après
et lui firent encore de plus grandes offres ; mais
votre ministre, traînant les choses en longueur par
l'avantage qu'il trouvoit en son particulier dans la
continuation de la guerre, les habitants de La Haye
(ce furent ceux de Rotterdam) massacrèrent pendant ce temps-là Jean de Witt [1], de sorte que,
comme c'étoit lui qui vous envoyoit ces ambassadeurs, ils furent bientôt révoqués par le prince
d'Orange, son meurtrier. (Le marquis de Louvois et
lui avoient un intérêt commun et tout pareil à perpé-
tuer la guerre.) Voilà l'obligation que vous eûtes au

---

1. Ce n'est ni à La Haye, ni à Rotterdam, mais à Amsterdam,
que Jean de Witt fut massacré, avec son frère Corneille, le
20 août 1672.

marquis de Louvois, etc. » Je passe les réflexions de l'auteur et toutes les moralités qu'on voit dans son livre.

« Mais (page 218) ce n'est pas là la seule faute qu'il fit pendant cette campagne. Ce fut lui-même qui fut cause que la superbe et opulente ville d'Amsterdam n'ouvrit point les portes à Votre Majesté ; car, après que vous eûtes mis garnison dans Utrecht, il envoya le marquis de Rochefort pour commander à cette tête, et ce général de nouvelle impression manqua de se saisir de Muyden [1] par une bévue (ou un contre-ordre secret du marquis de Louvois, son patron doublement), par une bévue, dis-je, si épouvantable qu'on ne sauroit assez s'étonner de la bonté qu'eut Votre Majesté de ne lui avoir pas fait couper la tête sur le champ. Je crois qu'elle est instruite (ceci est fort curieux et aura sa glose tout à l'heure) des raisons pour lesquelles il protégeoit ce général. Ce sont les mêmes que celles qui lui donnèrent le front de demander pour Mme Dufresnoy (femme de son premier commis, très belle et fort décriée) la charge de dame du lit de la Reine [2], votre épouse, de sorte qu'elle fut remplie par la femme de son commis, qui est fils d'un apothicaire, et par la fille d'un petit commis de

----

1. Brienne a dit un peu plus haut (voy. ci-dessus, p. 128) à peu près tout ce qui est dit ici.

2. La nomination de Mme Du Fresnoy comme dame du lit de la reine date du 2 avril 1673. Martin Du Fresnoy, le père d'Elie, était apothicaire rue Saint-Honoré, au coin de la rue Croix-des-Petits-Champs. Quant au père de Marie Colot, dame Du Fresnoy, il était, selon d'Hozier, porteur de lettres, ce qui confirme ce qu'on en dit ici.

la poste, au lieu qu'une personne de la première qualité et même une duchesse se fut tenue très honorée de l'avoir. Je ne dis rien de la honte qu'il y avoit à lui de mettre auprès d'une princesse si sage et si vertueuse une personne dont la réputation n'étoit pas bonne: ce sont des choses qui ne se pardonnent point.

« Le refus donc qu'il avoit fait de la paix jeta toute l'Europe dans la combustion, etc. »

Mon auteur dit un mot en cet endroit de la trahison que le comte de Marcin [1], accoutumé de longue main à ces sortes d'actions, fit aux Espagnols dont il commandoit l'armée. On le corrompit à force d'argent et le duc de Duras [2], qui n'étoit pas de sa force ni de sa capacité, s'en trouva bien. Les Espagnols se déclarèrent alors contre nous, et voilà ce qui fut cause de la conquête de la Flandre, que le Roi maintenant partage également avec eux. Sa Majesté prit Condé, Bouchain, Ypres, Aire, Cambrai et Saint-Omer [3], et depuis encore Mons et Namur, Dinant et Charleroi. Namur fut repris sur nous l'année dernière, mais peut-être nous reviendra-t-il cette campagne. Les Espagnols n'ont donc plus que Bruxelles, Anvers, Louvain, Malines, Bruges, Ostende, Nieuport et Namur. Cela ne vaut pas

1. Jean-Gaspard-Ferdinand, comte de Marcin, qui avait jadis suivi Condé au service des Espagnols, revint à la France en 1648, pour retourner à l'Espagne en 1653 et revenir finalement à la France en 1672.

2. Jacques-Henri de Durfort, maréchal duc de Duras.

3. Ces villes furent prises pendant les campagnes de 1675 et de 1677.

Cambrai, Arras, Saint-Omer et Mons, Lille, Tournay, Ypres avec le territoire, sans compter Luxembourg que le maréchal de Créquy prit fort à son aise pendant la trève [1].

GLOSE

Le texte que je viens de transcrire fort fidèlement avec quelques légères corrections ou additions aux endroits où je les ai jugées nécessaires, n'a pas besoin d'un fort long éclaircissement. Je ne puis toutefois me dispenser de gloser à ma manière sur cet endroit si curieux et si digne des réflexions de mon lecteur. La première que je le prie de faire est que, si le Roi, au lieu de s'amuser à prendre et à garder des villes de peu d'importance, eut marché droit à Bréda et à Bois-le-Duc, après s'être emparé de Wesel et de Nimègue, il les auroit pris tout aussi facilement que, l'année suivante, il prit Maëstricht. Personne n'en doute.

Secondement, il falloit ou accepter la paix ou marcher sans perdre de temps droit à Amsterdam ; cette riche ville se seroit rendue.

La troisième faute et la plus grande de toutes est celle d'avoir manqué à s'emparer des écluses de Muiden.

La quatrième réflexion est sur le cocuage du maréchal de Rochefort, qui lui valut le bâton de

----

1. François de Bonne, duc de Lesdiguières, marquis de Créquy, maréchal de France en 1668. Il prit Luxembourg seulement le 3 juin 1684. Sur ce point, comme sur quelques autres, la chronologie de ce récit est mal assurée.

maréchal de France. Pour celui de Dufresnoy, c'est peu de chose : tous biens sont communs entre le maitre et le valet. Je pourrois pousser cela beaucoup plus loin, mais cela n'en vaut pas la peine. Retournons au Roi et à mon auteur.

Il dit, page 221, que Maëstricht fut pris en treize jours de tranchée ouverte ; j'avois dit quatorze, mais un jour plus ou moins n'y fait rien [1]. Il fut pris et ce fut là qu'Artagnan [2] fut tué, avec quantité de très braves mousquetaires, à l'ouvrage à corne. Je passe divers événements de guerre et de politique ; ce ne seroit jamais fait. M. de Turenne gagna plusieurs combats en Allemagne, et enfin couvert de gloire, il y fut tué d'un coup de fauconneau [3].

Le maréchal de Créquy se fit prendre mal à propos dans Trèves, après la perte de la bataille dé [Tawern] [4], où nous fûmes fort bien étrillés : ce que le gazetier avoua de très bonne foi, sans dissimuler la perte que nous avions faite.

L'évêque de Würtzbourg [5] se déclara contre nous

1. Comme nous l'avons dit, Maëstricht, investie le 8 août 1673, se rendit le 30.

2. Il était, depuis le 15 janvier 1667, capitaine lieutenant de la première compagnie des mousquetaires du Roi. Ce siège fut meurtrier : « il y eut, au dire de Saint-Hilaire, environ trois cents officiers ou mousquetaires et trois mille soldats tués et blessés. » (*Mémoires*, t. I, p. 119.)

3. Deux ans après d'Artagnan, le 27 juillet 1675.

4. Le nom est resté en blanc dans le manuscrit. Il s'agit de la bataille de Tawern ou de Consarbrück, le 11 août 1675. Les ennemis surprirent Créquy, dont la cavalerie était au fourrage.

5. Jean-Hartmann de Rosenbach, nommé en mars 1673, et qui mourut le 19 avril 1675.

et l'évêque de Münster [1] quitta notre parti. Le prince de Lorraine [2] prit Philipsbourg pour l'Empereur, et les officiers impériaux en eurent, dit mon auteur, page 289, tant de jalousie que le moment de son triomphe pensa être celui de sa mort. Le pont de la place fondit sous lui par l'artifice des principaux de la cour de l'Empereur, qui, le voyant en trop grande faveur auprès de ce prince, avoient résolu de le faire périr. Depuis ils l'ont fait empoisonner par ses domestiques ; personne n'en doute. Et ces traîtres d'Impériaux qui tous ne valent rien, ont mis eux-mêmes le feu aux poudres de Belgrade [3] et sont cause par cette horrible trahison que cette importante ville est retombée sous la domination des Turcs.

Je ne dis rien non plus de la faute que fit le Roi de faire rendre aux Suédois toutes les places de la Poméranie [4] que l'électeur de Brandebourg avoit eu le bonheur de reprendre sur eux. Sa Majesté a eu tout le loisir de se repentir de cette haute générosité, si à contre temps. Charles Quint n'auroit pas fait cette faute et Philippe II encore moins, tant il est vrai que la générosité nuit quelquefois !

1. Bernard de Gallen, dont il a été question ci-dessus (p. 216).

2. Charles-Henri de Lorraine-Vaudémont (1649-1723). C'est lui qui prit Philipsbourg le 17 septembre 1676. Comme il ne mourut que vingt-cinq ans après Brienne, celui-ci ne saurait dire comment cet événement arriva. Il confond évidemment avec Charles IV de Lorraine, qui trépassa le 17 septembre 1675, juste une année avant la prise de Philipsbourg.

3. En 1690.

4. L'électeur de Brandebourg enleva la Poméranie occidentale à la Suède en 1675-1679, mais la France l'obligea à la restituer.

Me voici arrivé à la campagne de 1675 et de 1676, l'une des plus glorieuses que Sa Majesté ait jamais faite en personne.

Celle de 1675 (ou peut-être même 74, car je pourrois bien me tromper en cela) commença, dit mon auteur, page 287, par la prise de Condé [1] qui fut suivie de celle de Bouchain.

Le prince d'Orange échoua devant Maëstricht et cependant le maréchal d'Humières s'empara d'Aire [2], sous la conduite du marquis de Louvois, qui donna tous les ordres de ce siège, en l'année 1677.

Valenciennes fut prise d'assaut par le Roi en personne. Le marquis de Louvois, que Sa Majesté envoya aussitôt, empêcha le pillage. Cambrai et Saint-Omer furent attaqués au même temps, celui-ci par Sa Majesté, l'autre par Monsieur, son frère unique, qui défit le prince d'Orange à la journée de Cassel, village heureux aux Philippes François .

L'heureux ministre de la guerre fit M. Le Tellier, son père, chancelier de France [4]. M. Colbert s'étoit fait passer avocat pour l'être ; mais le marquis de Louvois l'emporta, et Sa Majesté commanda à M. Colbert de se désister de sa prétention.

1. Condé fut pris le 21 avril 1675 et Bouchain dans le courant de mai.

2. Aire se rendit le 31 juillet 1676 et le siège de Maëstricht fut levé le 27 août, après deux mois environ d'investissement de la place.—Louis de Crevant, marquis, puis duc d'Humières, maréchal de France en 1668.

3. Prise de Valenciennes, le 17 mars 1677 ; Cambrai et Saint-Omer furent attaqués en avril et pris après la bataille de Cassel, qui eut lieu le 11 de ce mois. Cassel fut prise en 1213 par Philippe-Auguste et en 1328 par Philippe de Valois.

4. Le 28 octobre 1677.

Depuis, à la mort de son père, il fit tomber les sceaux, de concert avec le marquis de Seignelay, entre les mains de Louis Boucherat [1], grand parleur, mais le plus pauvre chancelier de France qui fut jamais. En ajoutant le *de* à son nom, on y trouve cette heureuse anagramme :

Louis de Boucherat
La bouche du Roi.

Rien de plus heureux, mais de moins vrai. La chanson a mieux rencontré quand elle l'a nommé :

Le babillard Chancelier, etc.

Ces deux ministres donc, toujours concurrents et rivaux de gloire et d'autorité, s'accordèrent pour faire M. Boucherat chancelier, plutôt que M. Pussort [2] qui en étoit digne et l'autre non. Mais il les incommoderoit moins, se dirent-ils, et ils ont deviné et trouvé un Chancelier comme il leur falloit. Le marquis de Seignelay est mort de trop de débauches de ratafia et de femmes, et le marquis de Louvois l'a suivi de près, et pour celui-ci la mort l'a surpris quand il s'y attendoit le moins [3].

Villacerf [4], qui le vit mourir, en porta la nouvelle

1. Le 1er novembre 1685.

2. Henri Pussort (1615-18 février 1697), conseiller d'État et au conseil royal des Finances. Il était frère de la mère de Colbert.

3. Seignelay le 3 novembre 1690 et Louvois le 16 juillet 1691.

4. Édouard Colbert, marquis de Villacerf, mort le 18 octobre 1699. Il était le collaborateur de confiance de son cousin Lou-

au Roi et eut sa charge de surintendant des bâtiments. Monsieur étant accouru à ce bruit vint faire son compliment de condoléance au Roi et lui dit : « La grande perte, Sire, que vous venez de faire ! — Moi, point du tout. Dites sa famille. Si Louvois ne fut mort si promptement, vous l'auriez vu à la Bastille avant deux jours [1]. » Sa mort avoit dessillé les yeux au Roi et la guerre de Piémont encore plus.

Le marquis de Louvois avoit poussé à bout le duc de Savoie [2] et nous attira par son avarice ce fâcheux contre-temps qui a duré jusqu'à cette année 1696, où j'écris ceci et où les nouvelles de Paris viennent de m'apprendre que Turin est investi [3].

Il ne me reste plus rien à dire sinon que le Roi prit en personne la grande ville de Gand et sa forte citadelle [4]. Il se rendit maître ensuite d'Ypres, aussi

vois. « C'était un homme brusque, dit de lui Saint-Simon, mais franc, vrai, droit, serviable et très bon ami ; M. de Louvois, du su du roi, l'avoit fait entrer en beaucoup de choses secrètes. »

1. Saint-Simon dit que, si Louvois « n'étoit pas mort le jour qu'il mourut », il aurait été arrêté le lendemain même et envoyé à la Bastille. (*Mémoires*, éd. Boislisle, t. VI, p. 348 ; XV, p. 39, et XVI, p. 492.) Saint-Hilaire est du même avis (*Mémoires*, éd. Lecestre, t. II, p. 200), ainsi que bon nombre d'autres contemporains.

2. Emmanuel-Philibert-Amédée, duc de Savoie, né le 20 août 1630, mort le 23 avril 1709.

3. La *Gazette* du 16 juin 1696 annonçait que le maréchal de Catinat avait fait camper, le 2 du même mois, son armée à deux lieues de Turin, et s'en approcha encore davantage le 14 juin. Le 12 juillet suivant, on publiait une trêve entre le roi de France et le duc de Savoie. C'est donc à cette époque, dans la seconde quinzaine de juin 1696, que Brienne écrivait cette partie-ci de ses *Mémoires*.

4. Gand capitula le 9 mars 1678, Ypres le 25.

bien que du fort de Lewen, que jusqu'alors on avoit
cru imprenable tant la situation en est avantageuse [1].
Ainsi Sa Majesté se trouvant en état d'accorder la
paix aux Hollandois, elle consentit à leur rendre
Maëstricht par le traité de Nimègue qu'elle conclut
avec eux, et comme elle n'avoit pris Limbourg [2] et
Gand que dans la vue de les rendre aux Espagnols,
elle ferma le temple de Janus pour la seconde fois ;
car la paix des Pyrénées étoit plutôt l'ouvrage du
cardinal Mazarin, son premier ministre, que le sien ;
ainsi je ne la compte pas entre les paix que le Roi a
accordées à l'Europe dont il a pu se rendre le souverain et ne l'a pas voulu.

ARTICLE SECOND ET DÈRNIER.

De la prospérité du règne du Roi en particulier.

Il n'y avoit qu'une profonde paix dans la chrétienté
qui put faire prendre au Roi la résolution de chasser l'hérésie de Calvin de son royaume. Il ne prit
conseil dans cette affaire que de sa conscience [3] et

---

1. Lewe, Lewen ou Leaw, dans le Brabant, à quatre kilomètres de Louvain, sur les frontières du pays de Liége. Elle
était défendue par une ceinture de marais et fut surprise, dans
la nuit du 3 au 4 mai 1678, par Esprit de Jousseaume, marquis
de la Bretesche (1638-1706). (Saint-Hilaire, *Mémoires*, t. I,
p. 293-294.)

2. Prise par le marquis de Rochefort, le 22 juin 1675, cette
place avait été démolie aussitôt et fut rendue ainsi aux Espagnols.

3. Louis XIV avait toûjours voulu faire l'unité religieuse de
son pays, d'abord avec indulgence et fermeté, puis de plus en

du P. de La Chaise, jésuite, son confesseur [1].
M. Colbert sans doute ne la lui auroit pas conseillée,
ni même M. Le Tellier, alors chancelier de France,
et M. de Pomponne encore moins. Pour en venir à
bout, il commença par faire démolir tous les temples
qui ne se trouvoient pas aux termes de l'édit de
Nantes [2]. Elle envoya des missionnaires et des dragons à la fois aux huguenots ; on appeloit ceux-ci
des missionnaires bottés pour les distinguer de ceux
qui ne l'étoient pas ; mais ces missionnaires bottés
firent bien plus de conversions que les autres par
leurs prédications [3]. Elle avoit déjà cassé et aboli les
chambres de l'édit dans les parlements de Toulouse,
de Bordeaux et de Grenoble [4]. Enfin elle cassa
pour jamais l'édit de Nantes et ce fut le dernier acte

plus rigoureusement. Mais c'est surtout après la paix de Nimègue
qu'il songea à réaliser son idée, et les considérations qui l'y
poussèrent le plus sont bien celles que Brienne énumère.

1. François d'Aix de La Chaize (25 août 1624-20 janvier
1709) succéda, en 1675, au P. Ferrier comme confesseur de
Louis XIV. Son influence sur le roi sembla surtout manifeste,
en 1683, après la mort de la reine Marie-Thérèse.

2. Daniel de Cosnac se vante, dans ses *Mémoires*, d'avoir
réussi à faire disparaître les temples de son diocèse « avant la
révocation de l'édit de Nantes » (*Mémoires*, t. II, p. 115); et l'intendant Foucault, en Béarn, procéda de la même façon, « de
sorte qu'en moins de six semaines il ne resta pas un temple en
Béarn ». (Nicolas Foucault, *Mémoires*, publiés par F. Baudry,
p. 115.)

3. Le procédé des dragons fut employé, dès le commencement de 1680, par Marillac, intendant du Poitou, et fut bientôt adopté par Louvois. Le roi ne connut pas toute la violence
de ce procédé. (Voy. *Mémoires de Saint-Hilaire*, t. II, p. 39-40.)

4. Il y en avait à Paris, Rouen, Grenoble, Castres et Bordeaux.
Elles furent supprimées en juillet 1679.

que scella le chancelier Le Tellier [1]. Ensuite elle obligea ceux de Genève à souffrir de gré ou de force que la sainte messe, ce vrai sacrifice des chrétiens, fut célébrée dans leur ville ; ce qui n'avoit pas été fait depuis l'année 1535 que les prêtres en furent chassés (page 307 du Testament).

Ce changement si considérable et si peu attendu dans la France, qui est encore envenimée des protestants d'Angleterre et d'Allemagne et des calvinistes de la Hollande, incorporés avec les anabaptistes et les sociniens qu'ils tolèrent, réveilla l'ambition du prince d'Orange et lui fit jeter les semences de la fameuse ligue d'Augsbourg [2], où le ministre Claude [3], qui vivoit encore, et Jurieu le fanatique [4], qui est devenu fou, assistèrent de sa part au nom des églises privées du saint ministère. Chose étrange ! que les princes de la maison d'Autriche, d'Espagne et d'Allemagne aient pu se résoudre d'entrer dans une ligue aussi odieuse, malgré les remontrances du Pape et la prospérité sans exemple de Louis le Grand ; et qu'In-

1. L'édit de révocation est daté du 18 octobre 1685 et Le Tellier mourut le 30.

2. On nomme ainsi la convention secrète qui fut signée à Augsbourg, le 9 juillet 1686, par laquelle une alliance défensive contre la France était contractée entre l'Empereur, l'Espagne, la Suède, la Bavière, la Saxe et quelques autres princes d'Alsace. Vingt jours après, elle était connue à Versailles.

3. Jean Claude (1619-13 janvier 1687), fameux controversiste protestant, que ses disputes avec Bossuet ont surtout mis en évidence.

4. Pierre Jurieu (24 décembre 1637-11 janvier 1713), hébraïsant et théologien huguenot, disputeur convaincu, tant avec les catholiques qu'avec ses propres coreligionnaires.

nocent XI [1], ce pontife d'ailleurs si saint et si zélé, ait osé faire proposer au Roi par son nonce, le cardinal Angelo Ranuzzi [2], de remettre le luthéranisme dans Strasbourg, dont Sa Majesté venoit de remettre l'évêque en possession de son église [3].

On n'a jamais bien su comment Strasbourg est tombé entre les mains de Louis le Grand [4]. L'honneur de la conduite de cette importante négociation est dû au marquis de Louvois, plus encore qu'aux trois millions que Sa Majesté sacrifia pour remettre la religion catholique, apostolique et romaine dans Strasbourg, comme elle donna dix-huit cent mille livres pour l'acquisition de Casal [5], deux villes également importantes et dans lesquelles ses troupes

1. Innocent XI (Benoît Odescalchi), pape de 1676 à 1689.

2. Ange-Marie Ranuzzi, nonce en France depuis 1683 ; nommé cardinal en 1686, il resta en France jusqu'en juillet 1689 et mourut en septembre de la même année.

3. Guillaume-Égon, prince de Fürstenberg (1629-1704), évêque de Metz en 1663, puis de Strasbourg en 1682, enfin cardinal en 1686.

4. Toute cette affaire a été retracée en dernier lieu par A. Legrelle, dans son ouvrage : *Louis XIV et Strasbourg* (p. 169 et suiv.), que nous avons déjà cité (t. II, p. 124). Voy. aussi *Mémoires de Saint-Hilaire*, t. II, p. 9.

5. Ville forte du Montferrat. Une grande partie des pièces diplomatiques relatives à la négociation de la cession de cette place par le duc de Mantoue ont été publiées par le comte Horric de Beaucaire, dans le *Recueil des instructions pour la Savoie, la Sardaigne et Mantoue*, p. 247-290. Voy. encore *Mémoires de Saint-Hilaire*, t. II, p. 7-12 : « On fit cadrer le jour de la prise de possession de Casal avec celui auquel les troupes françoises devoient entrer dans Strasbourg, afin que deux coups si importants, frappés le même jour, fussent de plus grand éclat et inspirassent plus de terreur. »

entrèrent sans coup férir le même jour, tant le marquis de Louvois avoit bien pris ses mesures.

Cependant comme le Roi savoit que les Impériaux se préparoient à lui déclarer la guerre, il les prévint et voulut que M. le Dauphin eut la gloire de reprendre Philipsbourg [1]. Il rompit donc le premier la trêve à laquelle on prétend qu'il avoit fait une grande brèche par la conquête de Luxembourg et par les fortifications de Strasbourg, qui ont coûté des sommes immenses, de même que la construction de Huningue [2] à la vue et sous le canon de Bâle, dont cette place imprenable est maintenant comme la citadelle.

Je n'entre point dans le détail de ces nouvelles conquêtes depuis la rupture de la trêve. Les fortifications de Sarrelouis et de Montlouis, l'un sur la Sarre et l'autre sur la Moselle [3], ne laissèrent pas de s'achever ; et si cette nouvelle guerre n'avoit rejeté l'Europe dans le plus effroyable embrasement qui fut jamais et qui n'est pas encore prêt à s'éteindre, je louerois plus que je ne fais la prévoyance de Sa Majesté qui ne peut être blâmée d'avoir prévenu ses formidables ennemis.

1. Philipsbourg fut investi le 28 septembre 1688, et la tranchée ouverte le 10 octobre. La place se rendit le 30. (*Mémoires de Saint-Hilaire*, t. II, p. 95-96.)

2. Petite ville de l'Alsace (Haut-Rhin), sur le Rhin, à 1 kilomètre de Bâle. Vauban y construisit une forteresse (1679-1682), qui fut démantelée à la paix de Ryswick (1697), et complètement rasée à la suite des traités de 1815.

3. Sarrelouis, ville forte du Pays Messin, construite de 1680 à 1685. — Brienne fait une confusion sur Mont-Louis, qui est une place du Roussillon, non de la Lorraine, bâtie et fortifiée par Vauban en 1681.

Une des plus grandes fautes qu'elle ait faites, c'est d'avoir laissé sortir de France les ministres et d'avoir accordé au maréchal de Schönberg la même liberté. Il a fait une fin très malheureuse en Irlande [1]. Le ministre Claude ne l'a pas faite meilleure dans son lit et Jurieu souffre la peine et la confusion qui étoient dues à ses égarements, s'il est devenu fou, comme on me l'a dit de bonne part.

Je ne parlerai point ici de nos brouilleries avec Rome, dont je suis maintenant assez bien instruit. L'auteur du Testament politique s'est déclaré entièrement partial pour la cour de Rome et pour sa doctrine qui, sur l'indépendance du Pape et sa supériorité sur le concile général, n'est pas conforme à celle de l'église de France, que je crois meilleure que celle des ultramontains.

Mais j'ai une petite glose à faire sur la disgrâce de M. de Pomponne. Voici comment mon auteur conte la chose.

TEXTE

« Votre Majesté, dit-il, page 309, avoit donné la charge de secrétaire d'État des Affaires étrangères à M. de Pomponne (et l'avoit fait ministre en même temps [2]). Il en avoit l'obligation à M. Le Tellier qui

----

1. Il fut tué au combat de la Boyne, le 9 juillet 1690, alors qu'il traversait la rivière à gué, en défendant la cause du prince d'Orange — le futur Guillaume III — contre Jacques II.

2. Simon Arnauld, marquis de Pomponne (1618-27 septembre 1699), occupa deux fois le ministère : en septembre 1671, à la mort de Lionne, il fut fait secrétaire d'État pour les Affaires étrangères et garda cette charge jusqu'en novembre 1679, date

ayant peur que Votre Majesté n'en gratifiât ou le
cardinal de Bonzi [1] ou le président de Mesmes [2];
qui la briguoient tous deux et que leur mérite n'obs-
curcit celui de son fils, qui n'étoit pas encore dans
son brillant, employa en sa faveur tout le crédit
qu'il avoit sur l'esprit de Votre Majesté. Depuis cela,
le marquis de Louvois avoit eu en pensée de l'unir
à sa charge, remontrant à Votre Majesté que les
fonctions du département des étrangers devoient
lui être attribuées comme elles l'avoient été autrefois
sous MM. d'Herbault [3] et de Puysieulx [4] (qui avoient
eu ensemble les départements de la guerre et des
étrangers) et qu'ainsi le secret de la guerre et des

où les intrigues réunies de Colbert et de Louvois le renversèrent;
douze ans plus tard, en juillet 1691, il fut rappelé comme
ministre d'État et fit partie du ministère jusqu'à sa mort. C'est
du premier passage aux affaires (1671-1679) qu'il est question
ici.

1. Pierre Bonzi, né vers 1630, mort le 11 juillet 1703, fut
successivement évêque de Béziers, archevêque de Toulouse et
de Narbonne, grand-aumônier de la reine et cardinal. Il repré-
senta la France à Venise, en Pologne et en Espagne.

2. Jean-Jacques de Mesmes, comte d'Avaux, né à Paris en
1640, mort dans la même ville le 9 janvier 1688. Il fut successivement maître des requêtes, conseiller au Parlement, président
à mortier, prévôt et maître des cérémonies des ordres du roi,
membre de l'Académie française (7 décembre 1676).

3. Raimond Phelypeaux, seigneur d'Herbault et de la Vrillière, secrétaire d'État pour les Affaires étrangères de 1626 à
1629.

4. Pierre Brulart, marquis de Sillery, vicomte de Puysieulx
(1583-22 avril 1640), occupa deux fois la charge de secrétaire
d'État au département de la guerre : premièrement du 4 mars
1606 au 8 août 1616; ensuite du 2 mai 1617 au 4 février 1624.

Affaires étrangères, qui avoient tant de liaison ensemble, ne devoit être qu'entre les mains d'une seule personne.

« Votre Majesté (page 310) eut la bonté de me communiquer ce qui se passoit ; sur quoi je pris la liberté de lui dire que le marquis de Louvois avoit mauvaise grâce de faire paroître tant d'ambition, que la demande qu'il lui faisoit marquoit une démangeaison de commander aux autres qui feroit peur à un autre monarque, qu'enfin il donnoit lieu de croire par sa conduite qu'il ne seroit jamais content que vous ne lui eussiez mis une couronne sur la tête ; mais que si j'étois à votre place, je lui ferois une telle réponse qu'il rentreroit si bien en lui-même qu'il ne me feroit jamais une telle demande.

« Voilà en quel état étoient les choses quand mon frère [1] m'envoya le double de la nouvelle du mariage de la princesse de Bavière, dont il avoit signé les articles à Munich [2] et qu'il venoit d'envoyer à Votre Majesté, mais que M. de Pomponne ne lui avoit pas encore apprise, parce qu'il s'en étoit allé chez lui à la campagne où il faisoit bâtir.

---

1. Charles-Colbert, marquis de Croissy (1629-28 juillet 1696). C'est lui qui succéda à Pomponne comme ministre d'État.

2. Il s'agit du mariage (28 janvier 1680) du Grand Dauphin avec Marie-Anne-Christine-Victoire de Bavière, fille de l'électeur Ferdinand-Marie. La plupart des contemporains, Saint-Simon (*Mémoires*, éd. Boislisle, t. VI, p. 342-344), Mme de Sévigné (*Lettres*, éd. Monmerqué, t. VI, p. 87, 136 et 140), Gourville (éd. Lecestre, t. II, p. 168), Bussy-Rabutin (*Correspondance*, éd. Lalanne, t. V, p. 17), Spanheim (*Relation*, éd. Bourgeois, p. 337) s'accordent pour attribuer la disgrâce de Pomponne à sa négligence à faire connaître au Roi la conclu-

« J'en fis compliment à Votre Majesté croyant ne lui apprendre rien de nouveau. Mais elle me dit que M. de Pomponne ne lui en avoit pas encore parlé et qu'elle s'en étonnoit. Quand M. de Pomponne fut revenu et qu'il voulut réparer la faute qu'il avoit faite, Votre Majesté lui dit qu'il pouvoit s'en retourner chez lui, puisqu'il y avoit tant à faire, et qu'elle en mettroit un autre à sa place qui auroit plus de soin de faire sa charge. Elle m'envoya quérir en même temps et me dit qu'elle la donnoit à mon frère. Je sais bien (page 311) qu'on a conté cette affaire d'une autre façon dans le monde et qu'on a dit que d'intelligence avec mon frère j'avois reçu un courrier avant M. de Pomponne, et que nous lui avions joué cette pièce pour avoir sa charge ; mais je n'en veux pour témoin que Votre Majesté : elle sait mieux que personne tout ce qui en est. »

GLOSE

Tout cet article qui concerne M. de Pomponne est faux d'un bout à l'autre.

Premièrement M. Le Tellier n'a aucune part au

sion de ce mariage. Saint-Hilaire donne une autre explication de cet événement. « M. de Pomponne fut congédié, dit-il, parce qu'on prétendit qu'il avoit omis, dans les instructions des ambassadeurs, certaines choses concernant des villages du Tournaisis qu'il fallut rendre ; s'il en fit seul la faute, il y a bien de l'apparence qu'elle lui eût été pardonnée, si M. Colbert n'avoit pas eu un frère à placer dans le ministère. » (*Mémoires*, éd. Lecestre, t. II, p. 18.) On va voir que Brienne donne une explication plus vraisemblable encore.

choix que Sa Majesté fit de lui de son propre mouvement. Et ce qui suit, que le marquis de Louvois
n'étoit pas encore dans son brillant est aussi faux. La
première guerre de Flandre étoit finie et celle de
Hollande venoit de commencer. Qu'on juge si ce
ministre si puissant, et le premier mobile de ces
guerres, après le Roi, n'étoit pas encore dans son
brillant! Tout cela est donc dit gratis et sans
preuves.

Pour la disgrâce de M. de Pomponne, elle est
très mal colorée. Quand M. Colbert de Croissy fut
envoyé à Munich, elle étoit concertée et résolue
entre lui et son frère. Encore ne sais-je si ce ne fut
pas M. de Pomponne qui y alla avec le duc de
Créquy [1]. Ce fut lui, si j'ai bonne mémoire. Je m'en
éclaircirai. Quoi qu'il en soit, si ce ne fut pas lui,
toujours est-il certain que le courrier qui apporta la
dépêche fatale à ce pauvre ministre, ne le trouvant
pas à la cour, rendit le duplicata contre l'ordre à
M. Colbert, qui reçut la lettre de son frère avant
M. de Pomponne, à qui le courrier alla ensuite
(après que ce coup d'intelligence traîtresse entre ces
deux frères étoit fait) porter son paquet en sa maison de Pomponne, auprès de Lagny [2]. Or, il y a

1. Le duc de Créquy alla porter le présent de noces à la
future Dauphine et partit le samedi 13 janvier 1680; mais
Pomponne n'y alla pas.

2. Actuellement cant. et à 2 kil. de Lagny (Seine-et-Marne).
La terre et seigneurie de Pomponne passa de la famille des Le
Fèvre de la Boderie à celle des Arnauld et fut érigée en marquisat (avril 1682), en faveur de Simon Arnauld, fils de
Catherine Le Fèvre de la Boderie. Le château fut, dit-on,
reconstruit par Mansart, en 1643, et les jardins dessinés par

du chemin de Versailles ou de Saint-Germain à Lagny, et de plus, de Pomponne il falloit revenir à Saint-Germain, où la cour étoit, je crois, alors.

De plus y a-t-il apparence que le coup ne fut pas prémédité ? et M. de Pomponne fut-il si malhabile homme que de ne pas rejeter toute la faute sur le Colbert qui étoit à Munich ? Il étoit en droit de le faire. Depuis quand envoie-t-on à d'autres le double des dépêches du secrétaire d'État en charge ? et encore depuis quand s'est-on avisé de rendre des paquets à personne à la cour avant le sien, qui est celui de Roi ? Si cela ne s'appelle pas un guet-à-pens, j'avoue qu'il n'y en eut jamais.

Enfin, pour conclure cette glose, beaucoup plus véritable que le texte, je dirai que M. de Pomponne eut tort de s'absenter pendant une conjoncture où le Roi, son maître et son bienfaiteur, étoit dans une telle impatience de savoir des nouvelles du mariage qui se traitoit à la cour de Bavière, que l'auteur du Testament politique a dit à la page 309 « que Sa Majesté ordonna à M. Colbert de lui dépêcher des courriers de moment à autre ». C'étoit bien là le temps de s'amuser à faire bâtir sa maison de Pomponne, qu'il a fort accrue et embellie ; mais il lui en coûte bon, puisqu'il a perdu sa charge.

J'ajoute à cela que ce ministre est la lenteur même [1], et de plus que feu M. l'Archevêque de

Le Nôtre. Ils ont été gravés au XVIIe siècle. Voy. L. Delavaud, *Le marquis de Pomponne*, p. 127, et l'abbé Richard, *Histoire de Pomponne* (Lagny, 1889, in-8°).

1. Ceci est confirmé par l'abbé de Choisy, qui dit de Pomponne et des lettres qu'il envoyait à sa mère : « Elle avoit un an

Paris [1] et le P. de La Chaise avoient inspiré à Sa
Majesté le désir de mettre un fort saint Pape à la
raison. Ils craignoient de trouver M. de Pomponne
en leur chemin, et on l'accuse même de n'avoir
pas gardé le secret exactement sur cet article, ayant
cru devoir informer M. Arnauld le docteur, son
oncle, de ce qui se passoit contre Rome, afin qu'il
s'en fit un mérite auprès du Pape. Je sais que cela
lui a été reproché [2]. Or, sur le chapitre du secret,
le Roi est fort délicat, et l'avis que le cardinal
d'Estrées [3] donna à Sa Majesté que M. Arnauld seroit

durant montré au Roi de belles lettres qu'il lui écrivoit de
Suède, et cela n'avoit pas peu contribué à le faire ministre.
Il est vrai que ces belles lettres il étoit trois mois à les faire,
et, quand il fut en place, on s'aperçut bientôt que c'étoit un
homme d'un génie assez court. » (*Mémoires*, t. II, p. 113.)

1. C'était alors François de Harlay de Champvallon (janvier
1671-6 août 1695).

2. Brienne ne fut pas le seul à tenir ce langage. Une note
anonyme sur la disgrâce de Pomponne s'exprime ainsi : « On
dit que M. l'Archevêque de Paris, Harlay, se joignit à M. Colbert
pour causer le renversement. L'un inspira au Roi qu'il [Pom-
ponne] pourroit informer Rome de ce qui se passoit dans le
Conseil touchant les affaires que l'on avoit à démêler avec le pape
Innocent XI, en le faisant connoitre à son oncle, M. Arnauld ;
l'autre, voulant avoir sa charge pour son frère M. de Croissy,
se servit de moyens propres à inspirer au Roi ses affaires. »
(L. Delavaud, *Le marquis de Pomponne*, p. 79.) Il est certain
qu'on soupçonnait Pomponne de manquer d'énergie dans ses
négociations avec Rome. Voy. Charles Gérin, *La disgrâce de
M. de Pomponne*, dans *la Revue des Questions historiques*, 1er
janvier 1878.

3. César d'Estrées (1628-1714), évêque de Laon en 1653,
cardinal en 1671, chargé de missions à Rome et ambassadeur
en Espagne, après l'avénement de Philippe V.

infailliblement cardinal, s'il vouloit l'être et si elle
ne l'empêchoit pas, fut la principale cause de la
disgrâce de son neveu. On a fait mille contes sur
sa fortune qui a duré si peu ; mais j'étois persuadé,
pour moi, que le jansénisme, et la peur qu'eurent
les jésuites que M. Arnauld ne fut cardinal, a contribué plus que toute chose à la perte de M. de Pomponne, qui, dans le fond, n'étoit guère propre à
exercer une charge de secrétaire d'Etat des étrangers. La maison du Roi eût été assez pour lui. Il
falloit le laisser dans les ambassades, et, pour finir
par où j'ai commencé, je dis que si M. Le Tellier
avoit cru devoir proposer quelqu'un au Roi, il
n'auroit jeté les yeux que sur M. Le Pelletier, maintenant ministre d'Etat[1], et jamais sur M. de Pomponne
qu'il ne connoissoit pas seulement. Je le connois
mieux que l'auteur du Testament politique de
M. Colbert. Il étoit trop lié avec les jésuites pour
s'aviser de proposer au Roi le neveu de M. Arnauld,
leur fléau.

Il ne me reste plus que l'article de M. Foucquet
à expédier.

TEXTE

« Ce fut en cette année (je ne sais laquelle, 1683
ou 1684[2]) que mourut à Pignerol M. Foucquet (dit
mon auteur, pages 317 et 318) que Votre Majesté

---

1. Claude Le Peletier (1631-1711) était cousin issu de germain
de Le Tellier, par les Chauvelin.

2. Nicolas Foucquet mourut d'apoplexie, le 23 mars 1680,
dans le château de Pignerol.

avoit condamné à une prison perpétuelle (il devoit ajouter : par mon avis) en échange du bannissement qu'il devoit souffrir par son arrêt. Il supporta sa disgrâce avec une constance qu'on n'eût jamais attendue d'un homme amolli par le luxe et par les plaisirs, et qui, parmi les affaires importantes dont il étoit chargé, mêloit tous les divertissements, ou pour mieux dire, toutes les débauches de la jeunesse. »

GLOSE

Cela n'est pas tout à fait vrai. M. Foucquet n'étoit débauché ni pour le vin ni pour les femmes ; mais il se seroit épuisé pour avoir la satisfaction de coucher une nuit avec la duchesse d'Angoulême [1], qui refusa les cent mille écus, dit-on, que Pellisson lui porta, et il se rabattit sur Menneville, fille d'honneur de la Reine-Mère, à qui il donna cent cinquante mille livres par l'intrigue de sa bonne amie et confidente Mme Du Plessis Bellière, que la pauvre fille toucha, mais qu'elle a perdues pour les avoir confiées à son amant qui lui promit de les lui faire valoir [2].

---

1. Françoise de Nargonne, femme de Charles de Valois, duc d'Angoulême (1573-1650), fils naturel de Charles IX et de Marie Touchet. Le mariage de Françoise de Nargonne eut lieu le 25 février 1644 et elle ne mourut qu'en 1713, à l'âge de 92 ans, ayant survécu 63 ans à son mari.

2. Il a déjà été question des aventures de Foucquet, de Mlle de Menneville et de Mme Du Plessis-Bellière. Voy. ci-dessus, p. 46.

SUITE DU TEXTE

« Mais Dieu lui fit la grâce de se reconnoître (il devroit dire : et il m'eut cette obligation) et de mourir en bon chrétien : d'où nous devons conclure qu'il sait mieux que nous-mêmes ce qui est propre, et que nous ne savons ce qu'il nous faut quand nous murmurons contre sa providence. En effet on se perd plus souvent dans la prospérité que dans l'affliction ; mais la nature est si corrompue qu'elle voudroit que le chemin du ciel fut semé de fleurs au lieu d'épines qui s'y rencontrent. »

GLOSE

Je ne veux point d'autre preuve que ce Testament politique n'est point de M. Colbert. Auroit-il eu le front de faire cette moralité ? Non sans doute. Il l'a suivi de près[1]. Les douleurs très cruelles qu'il souffrit très impatiemment à sa mort lui ont fait voir en effet que non seulement le chemin du ciel, mais celui de l'enfer même où peut-être il est descendu tout vivant, étoient certainement semé d'épines.

Je reviens au Roi, et n'ayant plus qu'un mot à dire de la longue et jamais interrompue prospérité de ce règne glorieux et rempli d'événements si incroyables, je conclus ce mémoire par cette réflexion, qui vaut bien celle de mon auteur sur

---

1. Colbert mourut trois ans et demi après Foucquet, le 6 septembre 1683.

la bonne mort dont Dieu a couronné la patience de M. Foucquet.

C'est que le Roi a fait tout ce qu'il pouvoit pour interrompre la prospérité de son règne et pour se faire de la peine à lui-même ; mais que le ciel l'a comblé de tant de grâces en l'accordant aux vœux de la France après la longue stérilité de la Reine sa mère, qu'on peut dire de ce grand roi qu'il est selon le cœur de Dieu, de même que David, à qui l'homicide et l'adultère compliqués n'ont pas ôté ce bel éloge que l'Écriture lui donne. Je dis donc de Sa Majesté que, s'il a été pécheur, il a fait de grandes choses pour l'Église et qu'à la mort il pourra dire à Dieu : « Si j'ai péché par foiblesse, comme je l'avoue, j'ai tâché d'expier mes péchés par l'aumône, par la pénitence, par la prière et plus encore par la destruction totale de l'hérésie dans le royaume dont vous avez commis la conduite à mes soins. »

Je ne vois qu'une seule chose qui reste à expier à ce grand prince avant sa mort. Car la vie exemplaire qu'il mène maintenant fait assez voir qu'il n'est plus retombé dans le péché qu'il a pleuré. Il a sinon trop aimé la louange, au moins un peu trop souffert qu'on le louât avec excès. Il ne devoit pas permettre qu'on fît tant de vers à sa louange, ni qu'on dressât dans Paris ni ailleurs tant de statues de bronze et de marbre à son honneur[1]. C'est une

---

1. Au moins une fois, Louis XIV eut l'air mal disposé en faveur de ces monuments élevés à sa gloire. Comme on le sait, sa statue de bronze doré, couronnée par la Victoire, avait été dressée au milieu de la place des Victoires, et le duc de La Feuillade l'avait fait ériger et garder. La transformation de la

des choses qui déplaît davantage à Dieu, car enfin l'idolatrie est un grand péché : « Tu ne te feras point d'image taillée pour l'adorer », dit-il à son peuple. Or, je n'ignore pas que les statues des princes de la terre ne sont pas faites pour être adorées ; mais enfin ce sont des statues et des images qui dans la vérité ne devroient être consacrés qu'au culte des saints par rapport au saint des saints.

Supprimez donc, grand Roi, tant de dépenses inutiles et qui peuvent vous causer de très cuisants remords, à votre dernière heure. Arrêtez la licence des poètes et des orateurs, même des prédicateurs qui ne croiroient pas faire un beau sermon s'ils n'y fourroient bien ou mal votre éloge.

Je ne vois plus que cela qui mérite d'être corrigé dans votre belle vie, ni qui soit plus digne de l'attention que vous avez sur vous-même, de la piété que vous professez, en un mot de Louis le Grand à qui il ne reste plus que le surnom de saint à acquérir. Je vous le souhaite, Sire, de tout mon cœur et je suis

---

place des Victoires ayant fait supprimer la statue du Roi, on lui en parla : « M. de Pomponne, quand la chose fut proposée au Conseil, représente à Sa Majesté que tout le monde y avoit regret de ne pas voir sa statue placée ; mais elle répondit qu'elle étoit lasse de tous ces monuments de sa gloire, et que ce seroit plutôt fait de la fondre pour en faire des sols. On espère qu'on lui fera quartier et qu'elle sera placée ailleurs : c'est un chef-d'œuvre. » (Lettre de la marquise d'Huxelles, du 8 août 1698, citée par L. Delavaud, *Le marquis de Pomponne*, p. 233, note 4.) Cette velléité du roi ne dura pas et sa statue ne tarda pas à reparaître au même endroit.

avec un très profond respect de Votre Majesté et de
votre personne sacrée le très humble et très obligé
serviteur et très obéissante créature en Notre Seigneur Jésus Christ, mon maître et le vôtre.

CINQUIÈME MÉMOIRE ET DERNIER

*Des grands hommes de mon siècle dans l'épée
et dans la robe.*

ARTICLE PREMIER

Comme j'écris ces mémoires plutôt par réminiscence
qu'autrement et que c'est le souvenir qui me reste des
choses passées, que j'ai vues ou entendu dire, qui me
sert de guide dans tout ce que je dis, il me semble
que je ne ferois pas mal d'ajouter quelques éloges à
ceux que j'ai déjà composés dans un autre ouvrage qui
doit entrer dans celui-ci et qui laisse un grand vide
dans mes nouveaux essais de morale[1]. J'avois achevé

1. Il résulte des explications fournies ici par Brienne, que,
dans l'intervalle des deux rédactions de ses *Mémoires*, la première à Saint-Lazare en 1684 et la seconde à Château-Landon
en 1696, il avait composé des *Essais de morale*, et peut-être
de *Nouveaux essais de morale*, contenant des portraits et des
réflexions historiques. On ignore quel sort ultérieur cette
œuvre a pu avoir, mais son existence ne paraît pas pouvoir
faire de doute. C'est elle manifestement que le P. Batterel a en

ces éloges avant que de me déterminer à écrire des minuties pour servir à l'histoire de ma vie, si toutefois je l'achève jamais ; car je ne suis pas un ministre de si grande importance qu'autre que moi doive prendre la peine d'écrire mon histoire.

Mais pour donner quelque ordre à ce dernier mémoire il faut savoir quels éloges j'ai placés dans mes essais de morale. Après quoi je verrai ceux que je dois y ajouter.

Je trouve d'abord le portrait du cardinal Mazarin et je ne vois pas qu'il y ait rien à changer[1].

Là je parle en passant de M. Servien, de M. de Lionne et de feu mon père [2].

2° L'éloge ou portrait fort naturel de M. Le Tellier vient ensuite ; j'en dis peu, mais bon [3].

vue, quand il met au nombre des ouvrages de Brienne « une fort grosse morale toute en prose, à son fils, qui n'en est pas pour cela plus galant homme ». (Le P. Louis Batterel, *Mémoires domestiques pour servir à l'histoire de l'Oratoire*, publiés par A.-M.-P. Ingold et E. Bonnardet, t. III, p. 275.)

1. Tout un livre des *Mémoires*, le troisième (t. II, p, 271, et t. III, p. 1), lui a été consacré, sans parler des passages divers qui parlent de lui, et en particulier dans ce présent volume.

2. Pour Servien, voy. notamment t. I, p. 43-44, etc., et pour Lionne, t. I, p. 310-313. Ce que Brienne a dit de son père est plus dispersé. On peut voir les portraits de Servien et de Lionne, dans *Mémoires* de l'abbé de Choisy (éd. Lescure, t. I, p. 65 et 89), et celui de Brienne un peu plus loin (p. 102).

3. Il a été suffisamment question de Le Tellier dans ce volume (en particulier p. 204) pour qu'il soit inutile d'y revenir. On trouvera un portrait de Le Tellier dans les *Mémoires de Gourville* (t. II, p. 158-162), dans Saint-Simon (*Additions au Journal de Dangeau*, t. I, p. 242), dans les *Mémoires de Saint-Hilaire* (t. I, p. 14), dans la *Relation de Spanheim* (p. 326), dans les *Archives curieuses de l'histoire de France* (2ᵉ série, t. VIII, p. 413), etc.

3° Puis j'ai placé celui du marquis de Louvois [1], son fils.

4° Ensuite MM. de Lionne et de Pomponne [2] ensemble.

5° Mon portrait où j'ai fourré beaucoup de mes vers. Cela mérite d'être revu et corrigé.

6° M. de La Vrillière, d'où je passe à M. Colbert et au marquis de Seignelay, son fils [3].

7° Le duc de Beauvillier [4] qui finit le portrait fort en raccourci du Conseil secret de Sa Majesté, qui est bien peu de chose maintenant.

8° Enfin le P. de La Chaise, confesseur du Roi,

Je crois avoir parlé assez au long de Monsieur le Prince et de M. de Turenne, des maréchaux de Boufflers

---

1. Brienne n'a parlé de Louvois que dans le présent volume et ce qu'il en a dit est personnel. Pour Louvois comme pour son père, il faut voir Gourville (t. II, p. 172), Saint-Simon (*Additions au Journal de Dangeau*, t. III, p. 371), Spanheim (p. 318), l'abbé de Choisy (*passim*), et une lettre de Mme de Maintenon (recueil de La Beaumelle t. VI, p. 269-276), etc.

2. Il n'a été question de Pomponne qu'on passant, sauf dans ce volume-ci (p. 165.)

3. Dans ce qui nous reste de lui, Brienne a marqué de quelques traits directs et précis les débuts, comme le caractère de Colbert ; mais il n'a pas esquissé un portrait d'ensemble du ministre, non plus que de La Vrillière ou de Seignelay. Il faut aller en chercher ailleurs d'autres éléments, dans Charles Perrault (*Mémoires*, éd. P. Bonnefon, p. 34-42, 47-54, 57-74, etc.), dans Gourville (*Mémoires*, t. II, p. 164-165), dans Saint-Simon (*Parallèle des trois rois bourbons*, p. 218), dans Saint-Hilaire (*Mémoires*, t. I, p. 9), dans Spanheim (*Relation*, éd. Bourgeois, p. 317), etc.

4. Il n'a été que deux autres fois, sous la plume de Brienne, question de Paul, duc de Beauvillier.

et de Catinat [1]. Il me reste à dire un mot du jeune (pas trop jeune) maréchal duc de Villeroy, général en chef des armées du Roi. C'est qu'ils sont deux maréchaux de ce nom [2] : feu M. le maréchal de Villeroy, son père, qui a eu l'avantage d'être gouverneur du plus grand roi qu'ait jamais eu la France et qu'elle aura peut-être (et sans peut-être) jamais.

Ce jeune maréchal n'est pas trop jeune, car il n'a que cinq à six ans moins que moi, et je cours ma soixante-et-unième année [3]. Nous avons été élevés ensemble auprès du Roi. Je crois le connaître ; ne flattons point son portrait.

ARTICLE SECOND

Portrait du maréchal duc de Villeroy, fils du maréchal de même nom qui a été gouverneur de Sa Majesté.

On l'a fort longtemps appelé à la cour le petit marquis. Il a été assez de temps à croître et à se déniaiser. Enfin il a grandi, excepté en cette partie qui, selon Pétrone, fait le caractère des héros, quand il fait dire à un débauché : « Je ne suis plus Achille

1. Il en sera question plus loin.

2. Le père et le fils : Nicolas de Neufville (1598-28 novembre 1685), maréchal de France en octobre 1646, et François de Neufville (1643-1730), maréchal en 1693, qui fut gouverneur de Louis XV comme son père l'avait été de Louis XIV.

3. Brienne étant né le 13 janvier 1636, ceci confirme encore la date de juin 1696 fixée ci-dessus (p. 217, n. 2), comme étant celle de la rédaction des présents mémoires.

par cet endroit-là. » *Est pars illa quâ quondam Achilles eram.*

Or, le petit marquis de ce côté-là n'étoit pas trop favorisé de la nature ; ce n'a jamais été un fort grand casseur de raquettes [1]. Il dansoit fort bien et a toujours eu beaucoup d'esprit, bien pris dans sa taille et certainement il a du cœur. Il faut qu'il ait de la tête et de la conduite (ce qui est héréditaire dans sa maison), puisqu'un aussi grand roi que le nôtre lui a confié le commandement de sa principale armée [2].

Il est très bon courtisan et Sa Majesté l'a toujours fort aimé. Monsieur son père étoit très habile dans le conseil ; mais il ne passoit pas pour brave. Son fils l'est et a donné des preuves très éclatantes de son courage.

Le prince de Condé se voyant avec lui sur le bord du fossé de Dôle [3], où leurs pères ne firent rien qui

1. « On dit proverbialement d'un homme qui fait le brave et le vigoureux, mais qui ne l'est pas, que *ce n'est pas un grand casseur de raquettes.* » (*Dict. Acad.*, 1694.)

2. « Le maréchal de Villeroy, qui étoit fort bien en cour, eut cette année (1695) le commandement de la principale armée de Flandres, devenu vacant par la mort de M. de Luxembourg, causée par un excès qu'on doit éviter à son âge. » (*Mémoires de Saint-Hilaire*, t. II, p. 347.)

3. C'est Condé qui investissait Dôle, qui se rendit le 14 février 1668, en présence du Roi. Saint-Hilaire rapporte une autre aventure de Villeroy devant Dôle. « Le marquis de Villeroy, qui étoit alors colonel du régiment de Lyonnois, fit au Roi, pendant ce siège, une galanterie militaire dont Sa Majesté s'est bien souvenue depuis ; car je le lui ai entendu raconter plusieurs fois. Ce marquis, étant, le premier jour du siège, à la promenade avec le Roi, lui fit remarquer un drapeau que les ennemis

vaille, dit au jeune marquis : « Ah ! marquis, il faut
ici réparer l'honneur de ton père et du mien. Le
fossé est large et sec et par conséquent fort dangereux
à passer. » Le marquis commandoit le régiment de
Lyonnois. Il passa le premier et étant sur le haut du
bastion où il se logea, il cria à M. le Prince : « Mon
prince, j'ai passé au moins le premier. La réputation
de mon père est rétablie. C'est à vous à réparer les
fautes de feu M. le Prince, votre père. » Le prince
de Condé lui dit : « Tu as raison ; mais je serai bientôt à toi. » Et il passa pour assurer le logement que
le petit marquis venoit de faire avec beaucoup de
conduite et de bravoure.

Quand le Roi le choisit, après la mort du maréchal duc de Luxembourg, pour le mettre à sa place,
et lui donner le commandement même sur les princes
du sang de l'armée de Flandre, le duc d'Armagnac [1]
et le prince de Lorraine [2], ses beaux-frères, qui
l'aiment fort et ont sujet de l'aimer (car il a du mérite
certainement et ira loin si la guerre dure), l'aver-
tirent de rabattre un peu de sa fierté et de s'huma-

avoient placé sur une demi-lune, et demanda s'il agréeroit qu'il
lui en fît présent avant minuit. Le Roi répondit qu'il le vouloit
bien. Sur les dix heures du soir, M. de Villeroy fit avancer un
sergent de son régiment, avec un petit détachement, au pied de
la demi-lune, qui n'étoit défendue par aucun chemin couvert.
Le sergent tira à lui le drapeau avec le crochet de sa hallebarde
et le porta à son colonel, qui l'envoya au Roi. » (*Mémoires*, t. I,
p. 60.)

1. Louis de Lorraine, comte d'Armagnac (1641-1718), grand
écuyer depuis 1658.

2. Louis-Alphonse-Ignace de Lorraine-Armagnac, fils du
grand écuyer.

niser avec les officiers et les soldats qui parloient assez mal de lui. On dit qu'il l'a fait ; mais il n'a pas le don de se faire aimer, cela viendra peut-être avec le temps et je le souhaite ; car je l'aime fort. Il est très galant homme et se rendra digne, ou je serois fort trompé, de la belle et grande place qu'il occupe [1].

Le duc de Luxembourg ne le valoit pas en bien des choses. Les grands emplois font les grands hommes. S'il gagne une bataille, le voilà au-dessus du vent. Je le souhaite pour l'amour de lui et pour le bien de nos affaires. Il n'a donc d'autre défaut que de ne s'être pas encore signalé dans un combat. Avec les troupes qu'il commande il est assuré de battre partout et à coup sûr le prince d'Orange. L'électeur de Bavière [2] est homme pour s'attacher dans une bataille à la personne de notre nouveau général, et il trouvera, sur ma parole, à qui parler. Il est vigoureux le cul sur la selle et il est très bon homme de cheval, adroit au possible et intrépide ; bon jugement, l'œil très prévoyant et la tète incapable de perdre la tramontane. Du côté des dames il a fait moins de progrès que dans la cour et dans la guerre.

---

1. « Le maréchal de Villeroy, grand faiseur de projets qu'on a toujours vus manquer au point de l'exécution », comme le disait Saint-Hilaire (*Mémoires*, t. II, p. 409), n'eut pas la grande renommée militaire que Brienne semble lui promettre ici, et son indécision en fut la cause. « Il fait tout ce qu'il peut, disaient de lui, en 1703, des *Caractères* inédits conservés au Musée britannique, pour réussir dans ses desseins pour le service de l'État ; mais l'exécution ne répond pas à ses intentions : car les grandes actions l'épouvantent, et les petites l'embarrassent. »

2. Maximilien-Emmanuel (1662-1726), électeur de Bavière en 1677.

Il est capitaine des gardes du corps, général d'armée et maréchal de France, gouverneur de province, mais il n'est pas aussi riche qu'on pourroit le croire. Le Roi peut le soutenir. M. de Turenne étoit pauvre et n'a jamais manqué de rien. Il arrivera la même chose au maréchal second duc de Villeroy. Il a encore de grandes ressources et il est dans la plus belle passe où un homme de sa qualité puisse être. Son bisaïeul [1] a commencé sa maison ; le marquis d'Alincourt [2] l'a maintenue dans l'opulence où son père l'avoit laissée ; le maréchal de Villeroy, son fils, a amassé de grandes richesses, mais on croit qu'il a beaucoup perdu d'argent au jeu. Le maréchal d'aujourd'hui doit encore être riche, mais il est généreux et dépensier. Il vient de marier son fils, le duc d'Alincourt [3], en bonne maison du côté du bien, où le maréchal son père n'a qu'à puiser à bon compte.

Parlons maintenant des maréchaux de Boufflers, de Catinat, de Joyeuse et Choiseul.

1. Nicolas de Neufville, seigneur de Villeroy (1542-12 novembre 1617), secrétaire d'État de 1567 à 1617.

2. Charles de Neufville, marquis d'Alincourt (vers 1560-janvier 1642), ambassadeur à Rome sous Henri IV.

3. Louis-Nicolas de Neufville, duc de Villeroy (1663-1734), lieutenant général en 1703. Il avait épousé une Le Tellier de Louvois, fille du ministre.

ARTICLE TROISIÈME

I

Le maréchal de Boufflers [1] n'étoit qu'un gentil-homme de Picardie qui n'avoit pas, dit-on, cinq cents livres de rente. Il est parvenu par son mérite à être colonel des gardes-françoises, maréchal de France et gouverneur de la Flandre françoise. Il a épousé la fille du duc de Gramont, le plus riche seigneur de la cour [2]. Que lui faut-il davantage ? De plus, il est honnête, brave et heureux. Avec cela on va bien loin ; aussi a-t-il bien fait du chemin en peu de temps.

II

M. le maréchal de Catinat [3] est la sagesse même et a tout le courage de nos Bayard et de nos Du Guesclin. Il est autant homme de cabinet qu'il est homme de guerre et la voix publique [4] le compare déjà à M. de Turenne, qu'il a fort étudié et dont il a très bien pris les manières et la conduite. S'il fait la paix

1. Louis-François marquis de Boufflers (1644-1711), maréchal de France le 27 mars 1693, que sa défense de Lille devait illustrer en 1708.

2. « Le 16 décembre 1693, on apprit que le maréchal de Boufflers épousoit Mlle de Gramont, fille du duc de ce nom, personne fort bien faite et qui avoit toujours eu une bonne conduite. » (*Mémoires du marquis de Sourches*, t. IV, p. 294.)

3. Nicolas de Catinat, seigneur de Saint-Gratien (1er septembre 1637-22 février 1712), militaire après avoir été avocat, maréchal de France le 27 mars 1693.

4. Les soldats le nommaient familièrement *le Père la Pensée*.

de Savoie, je lui donne ma voix pour être connétable de France. Peut-être ne parviendra-t-il pas à
cette haute dignité, mais s'il ne l'obtient, il en est
digne et cela doit lui suffire. Je suis fort son serviteur.

III

Le maréchal de Joyeuse [1] est de grande maison et
très bon capitaine, mais il commence à vieillir. Il est
mon vassal par la terre de Mathaux [2] qu'il a eue de
feu Madame sa femme, fille du baron de Verpel,
mon voisin et mon ami particulier. Le meilleur
homme du monde. Je n'en sais pas davantage.

IV

Enfin le maréchal de Choiseul [3] est fils du marquis de Francières [4], gouverneur de Langres. Il a fort
longtemps attendu le bâton de maréchal, dont il est
très digne. C'est le plus ancien lieutenant général

1. Jean-Armand de Joyeuse, maréchal de France en mars
1693 et qui mourut le 1er juin 1710. Par contrat du 4 juin 1658,
il avait épousé sa cousine, Marguerite de Joyeuse, fille de
Michel de Joyeuse, seigneur de Verpeil, morte elle-même le
22 juin 1694, sans laisser de postérité. (Le P. Anselme, *Hist.
gén. et chron. de la maison de France*, t. III, p. 843 et 845.)

2. Mathaux, actuellement com. du cant de Brienne-le-
Château (Aube).

3. Claude de Choiseul, marquis de Francières (1er janvier
1632-11 mars 1711). Il était lieutenant général depuis 1676,
quand le Roi le fit maréchal de France, en mars 1693. A sa
mort, il était doyen des maréchaux.

4. Louis de Choiseul, marquis de Francières, bailli et gouverneur de Langres en 1649.

des armées du Roi. Il ne voit goutte de près, mais de loin avec sa lunette d'approche, ou même sans lunette, il voit très bien ce qui se passe. Il a de l'esprit et de la conduite. C'est un très digne maréchal de France et à qui il ne manque rien autre chose que du bien.

ARTICLE QUATRIÈME

Du duc de Gadagne.

Il n'est que duc du Pape [1], dans le comté d'Avignon, sa patrie. Il vient des Gadagnes de Florence. C'étoit celui de tous les lieutenants généraux en qui feu M. de Turenne avoit le plus de confiance. Il commandoit à la bataille des Dunes, sous Dunkerque, le corps de bataille [2] et a eu grande part à la victoire. Il a eu le malheur de ne pas réussir à Gigeri [3]. On l'a voulu assassiner et empoisonner dans la N... [4]. Il manqua le bâton de maréchal de France pour n'avoir pas voulu accompagner M. de Turenne la dernière campagne où ce grand homme fut emporté malheureusement d'un coup de fauconneau. Ce général fit

1. Charles-Félix de Galéan, comte de Gadagne, servit d'abord au régiment des Galères, puis à celui de la Marine, fut maréchal de camp en 1651 et lieutenant général en 1655.

2. Le 14 juin 1658. Turenne, dans son récit de la bataille, se contente de nommer Gadagne au nombre des officiers qui « se signaloient toujours où ils se rencontroient. » (*Mémoires*, éd. Marichal, t. II, p. 118.)

3. Le manuscrit porte Gigens. Gigeri, comme on disait alors (Djijelli). La ville fut prise le 22 juillet 1664, mais les Français ne surent pas s'y maintenir : les dernières troupes la quittèrent le 30 octobre.

4. Le nom est en blanc dans le manuscrit.

tous ses efforts pour l'obliger à faire cette campagne
et à ne l'abandonner pas au besoin. Il s'en défendit
sur sa pauvreté, ou plutôt pour complaire à l'avarice
de sa femme [1]. M. de Turenne lui offrit de le défrayer
et de lui faire porter son bagage. Voilà la cause de
sa disgrâce. Il a quitté le service et planté des choux
à sa belle maison dans le Comtat. La dernière fois
qu'il vint à Paris, il dit au Roi, qui le traita fort
honnêtement, qu'il n'avoit ni javart ni malandre [2] et
étoit encore très capable de le bien servir. Sa Majesté
l'embrassa et puis c'est tout.

ARTICLE CINQUIÈME

*Le portrait véritable de M. le Chancelier et de
M. le Premier Président, M. de Harlay, qui a
bien envie de l'être*

Messire Louis Boucherat, chancelier de France, a
passé pour un fort grand homme et pour une des
meilleures têtes du conseil du Roi tant qu'il n'a été
que directeur des finances [3].

1. Suivant La Chenaye-Desbois (2e éd., t. VII, p. 45), c'était
une demoiselle N. de Mottet, « d'une maison noble de Taras-
con ».

2. Ce sont des termes de manège pour désigner des maladies du cheval : le *javart* est une tumeur formée au pâturon
sous le boulet, et la *malandre* une sorte de gale ou de crevasse
qui suppure à la hauteur du genou.

3. Louis Boucherat (1616-1699) avait soixante-neuf ans quand
il fut nommé chancelier de France, le 1er novembre 1686, à la
place de Le Tellier. « C'étoit un bonhomme déjà fort avancé en
âge, dit de lui Saint-Hilaire, et qui n'a pas eu grande part aux
affaires. » (*Mémoires*, t. II, p. 43.)

Il vendit sa charge de maître des requêtes près de quatre cent mille livres à M. de La Houssaye [1], 340 je ne sais combien de mille livres. Enfin ce fut la plus chère vendue. Jamais homme ne fut plus heureux ; il est né sous une bonne planète. Il est cause de tous les maux de ma vie. Il a épousé une Loménie [2] ma cousine, je ne sais à quel degré. Elle prétend que les trois globes qu'elle porte en chef sur notre chêne de sinople est une brisure, car les Loménies ont trois losanges. M. le Chancelier a reçu d'elle de très grands biens. Compans [3] lui vient de son côté. Elle étoit sœur du camard Loménie à qui mon père donna sa charge de prévôt de l'Ordre [4].

J'ai dit [5] que M. le Chancelier doit sa dignité aux marquis de Louvois et de Seignelay, qui s'accordèrent à faire tomber sur lui cette première charge de la

1. Le Pelletier de La Houssaye, maître des requêtes, puis intendant à Montauban et en Alsace.

2. Anne-Françoise Loménie, veuve de Nicolas Bretel de Grémonville, épousa, en octobre 1655, Louis Boucherat, veuf lui-même de Françoise Marchand. Elle mourut le 22 février 1697, à plus de 88 ans, « et l'on appréhenda dans sa famille, dit de Sourches, que cette mort n'entraînât celle de son mari, qui avoit quatre-vingt-un ans, et qui en avoit été extrêmement touché, mais le bon tempérament l'emporta sur l'affliction. » (*Mémoires*, t. V, p. 246.) Le chancelier ne mourut que le 2 septembre 1699.

3. Compans, actuellement commune et château de Seine-et-Marne, aux environs de Mitry-Claye.

4. Charles de Loménie, seigneur de La Faye, vicomte de Planche, baron du Parc, conseiller d'État, secrétaire du cabinet du Roi, prévôt et maître des cérémonies des ordres, sur la démission de son cousin, Henri-Auguste de Loménie, le 17 juillet 1621.

5. Voy. ci-dessus, p. 226.

couronne, depuis qu'il n'y a plus en France de connétable, et cela pour en exclure M. Pussort. Je le répète : celui-ci en étoit plus digne que l'autre sans comparaison, qui n'étoit plus qu'un zéro en chiffre dans le conseil du Roi.

II

Messire Achille de Harlay [1] a été procureur général au Parlement de Paris et en est devenu premier président par son mérite. On croit qu'il sera Chancelier. C'est un magistrat d'une vertu austère. Le Parlement, surtout les procureurs et les avocats, le craignoient comme le feu. Il fait de rudes mercuriales et ne pardonne rien. Il passe pour très homme d'honneur et de probité. Il fait sa charge et a de très curieux mémoires dans sa bibliothèque qui est très belle, de très bons manuscrits et de belles médailles antiques et modernes [2]. Il n'aime que le travail et nullement le plaisir. Il n'est pas en cela de l'humeur de Monsieur son père [3], qui aimoit la chasse, la musique et la bonne chère et craignoit fort le

1. Achille III de Harlay, né en 1639, conseiller au Parlement en 1657, procureur général en 1667, premier président en 1689, avait donné sa démission en 1707 et mourut le 23 juillet 1712, à l'âge de soixante-treize ans. Saint-Simon l'a assez mal traité.

2. Il légua tous ses livres, pour la plupart richement reliés, au collège des Jésuites de Paris. On en trouve le catalogue dans le manuscrit de la Bibliothèque de l'Arsenal, n° 6272.

3. Achille II de Harlay, conseiller au Parlement le 17 novembre 1635, maître des requêtes le 17 décembre suivant, procureur général le 20 août 1661, mort le 7 juin 1671.

travail. Mais il est fils d'une Bellièvre [1], et elle lui a inspiré, avec son courage, ces grands mouvements qu'il se donne sans sortir jamais de sa gravité. S'il parvient à la charge de Chancelier de France, il s'en acquittera très bien.

III

Le gendre de M. le Chancelier d'à présent a épousé ma cousine Boucherat. On l'appeloit M. de Beaumont-Harlay [2], avant qu'il fût conseiller d'État ordinaire. Il est sage et le paroît peut-être encore plus qu'il ne l'est. C'est un homme d'une belle taille et fort sec ; il mange fort peu et travaille beaucoup. Il pourroit bien devenir premier président ; mais comme M. le Chancelier, son beau-père, s'est emparé de tous les papiers de ma charge, que je prétends bien qu'on me rende à sa mort, et des manuscrits de mon père et de mon grand-père, connus et cités sous le nom de MM. de Loménie, M. de Harlay les lit et les étudie fort dans la vue d'attraper, s'il peut, une charge de secrétaire d'État [3]. Il a de quoi la payer. Il n'a

1. Jeanne-Marie de Bellièvre, parente de son mari, qui épousa, le 18 octobre 1638, Achille II de Harlay et mourut le 11 février 1657.

2. Nicolas-Auguste de Harlay, comte de Bonneuil et de Cély, successivement maître des requêtes, conseiller d'État et plénipotentiaire pour la paix de Ryswick, mort le 2 avril 1704, à l'âge de 57 ans. Il avait épousé, le 20 octobre 1670, Anne-Françoise-Louise-Marie Boucherat, fille de Louis Boucherat et d'Anne-Françoise de Loménie de Brienne, morte le 23 novembre 1730.

3. Maintes fois déjà, au cours de ses souvenirs, Brienne a fait allusion à la collection de documents historiques manuscrits,

pas réussi dans sa première négociation en Hollande
où le prince d'Orange lui fit plus d'honneur qu'il ne
vouloit et le renvoya comme il étoit venu, sans entrer
en matière avec lui. C'est que le prince d'Orange en
sait bien long.

ARTICLE SIXIÈME

De MM. Pussort, Daguesseau et d'Avaux.

I

M. Pussort est trop vieux pour qu'on doive le
compter désormais au nombre des vivants. Il mourra

formée par son grand-père Antoine de Loménie et que celui-ci
voulait léguer à son fils. Richelieu souhaita l'acquérir et l'acheta
36.000 livres, en laissant à Henri-Auguste de Loménie la
faculté d'en faire prendre une copie. Tandis que l'original
passait, après diverses péripéties, dans la Bibliothèque du Roi,
voici quelques renseignements que Brienne lui-même nous a
laissés sur la copie, dans une note que le *Bulletin du bibliophile*
a publiée (1851, p. 111). « La copie qui m'en reste, dit-il, est
entre les mains de M. Boucherat, conseiller d'État ordinaire,
que je lui ai prêtée après en avoir tiré de lui son récépissé.
Lorsque j'ai besoin de quelques volumes, il ne fait pas difficulté de me le communiquer, même dans ma prison. » On perd
la trace de ce qu'elle est devenue après la mort de Boucherat,
qui a confirmé lui-même les renseignements fournis ici par
Brienne. « M. de Boucherat m'a dit, lit-on dans une note sur
les papiers de Brienne écrite par la bibliothécaire Nicolas Clément, le 13 janvier 1681, qu'il n'avait aucun papier de la charge
de secrétaire d'État, mais seulement des copies de quelques-
uns des recueils que l'on appelle les manuscrits de Brienne,
dont les originaux sont à la Bibliothèque du Roi. » (*Bibliothèque
de l'École des Chartes*, 1874, p. 369.)

ce qu'il est. C'est un fort homme de bien. Il a fait la fortune de Hersant, un de mes commis [1].

II

Pour M. Daguesseau [2], il est encore jeune et se porte bien. Il n'est pas si âgé que moi ; il peut aller fort loin. Sa probité est généralement reconnue. On le croit un peu janséniste et on le peut croire, puisque le P. Bourdaloue [3] lui-même n'est pas exempt de ce reproche honorable.

III

Enfin M. d'Avaux [4] est un beau génie et fort facile ; il a de grandes vues, beaucoup de pénétration et un grand usage des affaires. Il sait parfaitement les intérêts des princes de l'Europe, écrit et

1. Antoine Hersant, qu'on a déjà vu figurer au nombre des compagnons de Brienne, au début de son voyage. (T. II, p. 103 et 111.)

2. Henri-François Daguesseau (27 novembre 1668-9 février 1751) était, depuis 1690, avocat général au Parlement de Paris et débuta dans ce poste de la manière la plus brillante. Il devint procureur général en septembre 1700 et chancelier le 2 février 1717.

3. Sainte-Beuve l'appelle le plus janséniste des jésuites. Bourdaloue a été inculpé de jansénisme par un auteur anonyme dont le manuscrit est conservé à Clermont-Ferrand. (Voy. Eug. Griselle, *Bourdaloue, histoire critique de sa prédication*, 1901, in-8°, p. 386 et 410.)

4. Jean-Antoine de Mesmes, comte d'Avaux (1640-11 février 1709), successivement ambassadeur à Venise (1671-1674), puis en Hollande (1678), en Suède (1692), et de nouveau en Hollande.

parle bien. Il seroit très digne d'être secrétaire d'État.

ARTICLE SEPTIÈME

De M. de Ponchartrain et de M. l'abbé Bignon, son neveu.

1

M. de Pontchartrain [1] est vif et agissant ; il a une très bonne tête, ne paraît nullement embarrassé des affaires, rit toujours, infatigable dans le travail, l'esprit fort prompt et de plus très homme de bien.

Il porte lui seul tout le poids des affaires de l'État dans un temps très difficile. Dieu nous le conserve et donne à M. son fils [2] plus de bonheur qu'à moi ! Il exerce déjà la charge de secrétaire d'État sous M. son père. On dit qu'il est foible de corps. A tout hasard je voudrois bien qu'il voulût épouser ma petite-fille de Cayeux [3].

1. Brienne a déjà parlé (ci-dessus, p. 163), et avec autant d'éloges, de Louis Phélypeaux, comte de Pontchartrain, qui était alors contrôleur général des finances et secrétaire d'Etat avec le département de la Marine et de la maison du Roi et qui lui avait ouvert les portes de Saint-Lazare.

2. Jérôme Phélypeaux, comte de Phélypeaux, puis de Maurepas, enfin de Pontchartrain (mars 1674-8 février 1747), conseiller au Parlement de Paris, puis secrétaire d'Etat en survivance de son père (1696), entra en fonction quand celui-ci fut nommé chancelier, et fut contraint de se démettre de sa charge en novembre 1715.

3. Brienne eut deux petites-filles de ce nom : Anne-Marie-Geneviève Rouault, qui épousa Antoine-Philibert de Torcy, et Louise-Antoinette Rouault, à qui le P. Anselme ne prête aucune union. (*Hist. gén. et chron.*, t. VII, p. 101.)

II

Pour M. l'abbé Bignon [1], c'est un génie du premier ordre, très grand orateur, appliqué, solidement vertueux, qui n'ignore rien. Il est capable d'être premier ministre. A quoi ne pense-t-il point ? Tout l'univers est rangé dans sa tête ; il étudie et compose continuellement. C'est de lui bien plus justement que de l'écureuil de M. Foucquet qu'il faut dire : *Quo non ascendam ?* Devise qui convient encore mieux et plus justement à la vigne de ses armes qu'à l'écureuil. Elle serpente et monte le long de la croix et sans doute peut aller plus haut. Je lui souhaite toute sorte de bonheur ; il n'en aura jamais tant qu'il en mérite. Ah ! que je fais de plaisir à l'abbé Brigault, son ami intime et le mien ! Il est capable de son côté, s'il étoit en place, de le seconder, et notre ami l'abbé de Tilladet aussi [2]. Je les appelle le triumvirat des beaux esprits.

1. Brienne a déjà fait, et presque dans les mêmes termes (p. 163), l'éloge de l'abbé Jérôme Bignon, dont il exagère le mérite. « L'abbé, qui a beaucoup d'esprit, dit Mathieu Marais de Jérôme Bignon, n'a pas avancé du côté des prélatures, parce qu'on lui a trouvé des mœurs un peu trop gaies, et il aime mieux être conseiller d'État qu'évêque. » (*Journal,* t. II, p. 342.)

2. Jean-Marie de La Marque de Tilladet, né vers 1650, au château de Tilladet, en Armagnac, mort le 15 juillet 1715. Après avoir commandé une compagnie de cavalerie, il entra dans l'Oratoire, à Paris, et devint membre de l'Académie des inscriptions (1705). Il devint aussi censeur des livres. Voy. sur lui : De Boze, *Histoire de l'Académie royale des Inscriptions,* t. III, p. 44 ; le P. Batterel, *Mémoires domestiques pour servir à l'histoire de l'Oratoire,* t. IV, p. 317.

ARTICLE HUITIÈME ET DERNIER

Je ne sais plus de qui parler. Disons un mot du prince d'Orange. Il est assez de ma connoissance. Je l'ai vu, il est vrai, en un âge où il ne parloit pas encore ; mais depuis j'ai appris de M. d'Estrade [1] bien des choses de lui qu'il est bon de ne laisser pas perdre.

Portrait du prince d'Orange.

Je n'ai plus de reste que trois feuilles de papier ; mon livre est tout plein. Je les destine, ces six pages vides, au tyran de l'Angleterre et de la Hollande, à ce fléau de Dieu sur la chrétienté.

Il a tout ensemble les qualités de Brutus et d'Attila ; mais c'est un grand génie et son ambition ne sera jamais assouvie jusqu'à ce que le Roi, qu'il estime et qu'il craint, l'ait reconnu pour légitime souverain de l'Angleterre, de l'Écosse, de l'Irlande et de la Hollande. Mais comme cela n'arrivera peut-être jamais [2], il court grand risque de mourir usurpateur, et puis c'est tout.

1. Il avait été ambassadeur en Hollande où il séjourna jusqu'en 1668, y combattit en 1675 et avait été le premier plénipotentiaire français pour la paix de Nimègue.

2. Rappelons que le prince d'Orange dont il est question ici est Guillaume III de Nassau (14 novembre 1650-19 mars 1702), qui fut roi d'Angleterre sous ce même nom, après avoir chassé Jacques II du trône (1688), et que Louis XIV finit par reconnaître comme tel en 1697, par le traité de Ryswick. Ce détail, que Brienne ignorait, confirme qu'il écrivit cette partie de ses *Mémoires* avant 1697.

Pour du savoir-faire, il en a sans doute et ne manque ni de courage ni de conduite ni d'autorité. Il gouverne à la baguette les conseils de Vienne et de Madrid. Il est le maître de la Hollande et de l'Angleterre, aimé autant que craint, le plus grand politique qui fut jamais, brave et intrépide de sa personne. Il a su reprendre Namur, qu'il voulut bien laisser prendre, mais je doute qu'il reprenne jamais Mons.

On l'a élevé pour en faire ce qu'il est devenu. La fortune de sa maison étoit abaissée et presque éteinte par la mort de Monsieur son père [1], que la ville d'Amsterdam empoisonna, dit-on, dans un festin. Cela est fort douteux : la petite vérole ou le pourpre peuvent très bien l'avoir tué, sans le secours d'autre poison que du leur.

La femme qu'il avoit épousée [2] lui étoit d'un très grand secours ; fille du roi d'Angleterre, la prétention du prince son mari à cette couronne avoit au moins quelque couleur et quelque apparence de vérité. Mais, à l'heure qu'il est, quel droit exerce-t-il sur les royaumes d'Angleterre, d'Écosse et d'Irlande ? Celui de conquête, dit-il. On le lui accorde :

La raison du plus fort est toujours la meilleure.

1. Guillaume II de Nassau, prince d'Orange et stathouder des Provinces-Unies, mourut six jours avant la naissance de son fils.

2. Marie Stuart (1662-1695), fille du futur Jacques II et d'Anne Hyde, sa première femme, avait épousé Guillaume d'Orange le 15 novembre 1677. Elle fut couronnée reine avec son mari, à la place de son père détrôné, le 21 avril 1689.

Il a eu raison; il a joué au plus sûr et il a réussi dans son entreprise.

Le comte d'Avaux se tuoit de mander au Roi qu'on ne se méprît pas à l'armement du prince d'Orange, qu'il tomberoit certainement sur l'Angleterre. Le bon roi [1], incapable de peur et de défiance de son gendre, forçoit M. de Barrillon [2], qui n'étoit pas un fort grand génie, de mander que cet armement ne regardoit que la France. Notre flotte étoit occupée au second bombardement d'Alger [3]. Le prince d'Orange prit justement son temps pour faire sa descente en Angleterre, en ce moment heureux, sans trouble et sans empêchement. Il se débarrasse de son beau-père et nous en charge, parce qu'il sait bien que le Roi est trop généreux pour l'abandonner [4]. Il lui facilite tous les

1. Jacques II.

2. Paul de Barrillon d'Amoncourt, ambassadeur en Angleterre depuis 1677 jusqu'au 2 janvier 1689.

3. Alger fut bombarbé une première fois du 22 août au 12 septembre 1682, et une seconde fois du 26 juin au 18 août 1683. Cette fois, la ville « fut si bien canonnée et bombardée, qu'elle en fut presque entièrement détruite ». (Saint-Hilaire, *Mémoires*, t. II, p. 12.) C'est seulement en 1688 que le prince d'Orange commença ses hostilités, et la Hollande reprocha alors à l'Angleterre de donner asile dans ses ports à des corsaires d'Alger destinés à pirater contre la marine des Provinces-Unies.

4. Après l'entrée du prince d'Orange à Londres, Jacques II avait fui l'Angleterre et se réfugia en France, où il arrivait le 4 janvier 1689 et où Louis XIV le reçut royalement. Puis il revint en Irlande et, ayant perdu tout espoir à la bataille de La Boyne, il revint au château de Saint-Germain, où sa retraite était fixée et où il mourut le 16 septembre 1701.

moyens pour se sauver et le laisser ainsi paisible possesseur de son trône et de ses trois couronnes. Il change, il bouleverse toute l'économie et les usages de l'État à son gré. Il fait des lois nouvelles, convoque un Parlement sans autorité, qu'il casse, change, fait et défait comme il lui plaît. Il invente mille nouveaux impôts ; tout lui réussit. Il se fait sacrer et couronner roi, et devient, lui qui ne croit point en Dieu, défenseur de l'Église anglicane, qu'il abhorre dans son cœur, et protecteur de la Foi.

Les morts, les prisons, les exils ne l'embarrassent pas. Maître de la flotte, de la tour de Londres et des ports d'Angleterre, il se croit maître de la mer. La conquête de l'Irlande, qui tenoit encore le parti du roi légitime, ne lui coûta que Schönberg [1], qui avoit été son gouverneur. Il chasse une seconde fois son beau-père de ce pauvre royaume, sa dernière ressource, et nous en voilà chargés de nouveau. Ce que nous lui donnons, il croit nous l'ôter : à ce prix, il n'avoit garde de le perdre.

La Hollande se soumet au joug du vainqueur, devenu roi en effet de trois puissants royaumes. L'Espagne, si catholique à son dire, est la première à le reconnoitre. L'Empereur et les princes de l'Allemagne en font autant. Le Pape même, qui le croira ! se laisse duper par le prince d'Orange, qui le leurre de rétablir la catholicité dans l'Angleterre,

---

1. Le manuscrit porte fautivement *Chambort*. Il s'agit de Frédéric-Armand, maréchal de Schönberg, qui était sorti de France, pour cause de religion, après la révocation de l'édit de Nantes, et était passé au service du prince d'Orange. On a déjà vu comment il finit à la bataille de la Boyne (p. 233)

et qui, pour le mieux tromper, a eu l'impiété de profaner le plus auguste de nos sacrements, si la lettre
d'un jésuite missionnaire à La Haye, que j'ai vue,
est véritable et digne de foi. Ce jésuite mandoit au
P. Le Tellier [1] : « De la même main que je vous
écris j'ai communié le prince d'Orange, que je
connois très bien, dans ma chapelle de La Haye. »
Cela s'appelle se jouer visiblement de Dieu et des
hommes. Le sacrilège ne lui coûte rien pour venir
à ses fins. Le pauvre roi détrôné venoit effectivement de rétablir la religion catholique, apostolique et romaine dans sa capitale. Les jésuites
avoient ouvert leur collège visionnaire et à cause de
tout le mal que nous voyons dans un des faubourgs
de Londres nommé La... [2] on les en chasse plus
promptement qu'ils n'y sont entrés. On emprisonne
les missionnaires de Saint-Lazare, chapelains de la
chapelle du roi, très bon catholique. Enfin on les
laisse repasser en France, à la prière du nonce du
Pape, qu'on traite fort civilement et qui, trompé
comme son maître, s'efforce de détruire la catholicité, en s'imaginant que le prince d'Orange, plus
fourbe qu'Ulysse, est celui dont Dieu veut se servir
pour la rétablir [3].

1. Le P. Le Tellier (1643-1719), jésuite, qui devait succéder,
en 1709, au P. de La Chaise comme confesseur du Roi.

2. Le mot est en blanc dans le manuscrit. Manifestement ce
passage a été mal compris par le copiste, qui l'a transcrit
incomplètement.

3. Brienne parle ici de Guillaume III comme en parlaient
tous les Français de son temps. Il suffit de citer le titre du livre
d'Antoine Arnauld : *Le véritable Portrait de Guillaume de*

Cependant le nouveau tyran ne perd point son objet de vue ; il laisse prendre Mons et Namur, qu'il pouvoit secourir très facilement. Il perd des batailles, voit bombarder et brûler Bruxelles. La faute qu'on fit est de n'avoir pas pris Louvain ; il auroit bien fallu, malgré lui, lever le siège de Namur. Enfin il s'opiniâtre à ce siège, où il s'étoit retranché jusqu'aux dents. Il reprend, assisté des Liégeois, cette importante ville qui leur donne tant d'ombrage. Il s'en retourne triomphant en Angleterre. Ce ne sont qu'arcs de triomphe, feux de joie, fêtes et festins. Enfin nous voici arrivés à l'année de la guerre dont il est seul le premier mobile et le soutien. Nous verrons ce qu'il fera de cette campagne. Si on peut détacher de la ligue le duc de Savoie [1], je tiens le prince d'Orange fort mal dans ses affaires. Notre flotte a passé le détroit ; elle est dans l'Océan et nous ne craignons rien sur la Méditerranée. Si le Roi prenoit en été Gand et Bruges, comme il le peut sans doute, et ensuite Audenarde et Louvain, adieu la ligue ! Dieu le veuille [2].

Nassau, nouvel Absalon, nouveau Cromwel, nouveau Néron (Bruxelles, 1689, in-18), qui eut tant de retentissement ; et le portrait vigoureux qu'en a tracé La Bruyère, dans ses *Caractères*, à la fin du chapitre des *Jugements* (Paragraphes 113-119. *Œuvres*, éd. des Grands écrivains, t. II, p. 123-134.)

1. Victor-Amédée II, duc de Savoie. Il traitait secrètement de la paix avec la France et la conclut par le mariage du duc de Bourgogne avec la princesse de Savoie (15 septembre 1696).

2. Des prévisions que Brienne expose ici sur la campagne de Flandre, en 1696, on peut induire qu'il les écrivait avant la fin de cette campagne. Elle se passa tout entière en mouvements de troupes et s'acheva sans résultat décisif. C'est seulement

Je n'ai plus rien à dire, je finis avec mon papier.
J'espère beaucoup de cette campagne. Que le Roi
marche seulement, je lui réponds de la prise
d'Ostende. Pour Namur, s'il veut le reprendre, il le
peut plus facilement que la première fois. Les vents
et les pluies peut-être ne seront plus contre nous,
et je lui réponds, s'il paroît à la tête de ses troupes
si accoutumées à vaincre, que le prince d'Orange et
l'électeur de Bavière ne tiendront pas devant lui.

l'année suivante, le 20 septembre 1697, que la paix fut signée
à Ryswick, fort précaire d'ailleurs, puisque la question de la
succession d'Espagne allait, dès 1701, rallumer les hostilités.

APPENDICES

I

LETTRES DE BRIENNE PÈRE A SON FILS

[Brienne n'a cité qu'en partie les lettres que son père lui adressa durant son voyage. Nous croyons devoir en donner la fin ici. La voici d'après le manuscrit 2582 de la Bibliothèque de l'Arsenal, qui nous a déjà servi pour le texte des lettres précédentes.]

LETTRES DU COMTE DE BRIENNE PÈRE A SON FILS DURANT SES VOYAGES

Mon fils, la lettre que vous avez écrite à Madame votre mère en date du 3ᵉ du courant et qui lui fut rendue le 20ᵉ m'a appris votre arrivée à Dantzig et que, par l'infinie miséricorde de Dieu, vous êtes sorti de la Suède et de plusieurs provinces, èsquelles vous pouviez courir divers hasards, desquels vous avez été préservé. La même de vos lettres marque que, pour tout le mois de mai, vous serez à Venise, où je désire que vous en trouviez des miennes et de votre mère, que j'adresse à M. d'Argenson qui aura sans doute la civilité de vous les rendre. Je désire que vous le considériez comme un gentilhomme de très bon lieu, pour être de la dignité d'ambassadeur de votre Roi et mon ancien ami, et que vous défériez beaucoup à ses conseils, s'il daigne vous les départir, et qu'ayant vu ce qui ne doit pas être négligé en une si célèbre ville, vous preniez le chemin de Rome, si la saison ne se trouve en sorte avancée que sans vous exposer à un péril évident vous n'y puissiez entrer. Et certes je serois à plaindre, à peine délivré des inquiétudes que j'ai eues pour vous savoir voyager dans la rigueur du froid ès contrées de son empire, si je venois à en avoir, touché d'appréhension que l'excès du chaud qui se fait sentir à Rome pût altérer votre santé. En cette célèbre cour, qui passe pour le raccourci du monde, où l'Église, de laquelle nous sommes les enfants, fait voir ses merveilles, où les plus habiles de toutes sortes de nations se retrouvent, ayez-y une conduite qui vous tourne à gloire et satisfasse vos proches. Qu'il vous souvienne, mon fils, que vous êtes déjà acteur et que vous ne pouvez plus être vu comme spectateur sur la scène, que tel applaudira vos sentiments qui les condamne et le fait à dessein de vous nuire ; car, bien que votre fortune soit médiocre, elle ne laisse d'être enviée. Examinez pourtant ce qui vous sera dit, et qu'il vous souvienne que tout chemin qui ne nous conduit droit au temple de la Vertu nous en éloigne, qu'elle mérite d'être aimée et seule convoitée ; qui la possède est heureux, qui s'en trouve séparé méprisable et méprisé de ceux qui la suivent. Ce que vous y verrez vous doit porter à craindre Dieu, ce que votre mémoire vous fournira à imiter ces grands hommes qui ont tout méprisé, jusques à la vie, pour mériter que l'histoire de leur siècle fît mention d'eux. Faites donc résolution de suivre la règle de l'Évangile et de mépriser ce que les autres cherchent et qu'ils possèdent, si ils n'en peuvent jouir qu'avec honte. *Meminisse mei.* C'est par où j'achève et par vous prier de faire mes recommandations à M. Blondel et à La Routière et de croire que j'ai impatience de vous revoir et de les servir.

Votre très affectionné père,
DE LOMÉNIE-BRIENNE.

A Paris, ce 27ᵉ d'avril 1655.

Mon fils, vous ayant écrit il y a bien un mois et adressé mes lettres à Venise, je puis, ce me semble, avec plus de raison maintenant le faire que les vôtres du 27e du passé me peuvent laisser croire que vous y serez arrivé aussitôt ou plus tôt que celle-ci. De la vôtre ayant appris que vous désiriez que j'écrivisse à la reine de Pologne, et m'étant souvenu que vous aviez demandé que je fisse aussi un grand remerciement à Messieurs de Courlande et connétable de Suède des honneurs qu'ils vous avoient faits, je satisfais à votre désir ; mais, remerciant la reine de Pologne, je ne laisse de me plaindre qu'elle m'ait soupçonné d'avoir parlé des intérêts du duc de Mantoue au préjudice des siens, et je finis ma lettre en m'avouant coupable pour lui plaire, bien que je ne puisse être condamné. J'ai fait rapport de ce qu'elle vous a dit en confiance, sans être persuadé que les avis qu'elle a reçus puissent être fondés, et je puis vous assurer qu'il n'y a point d'offices que nous ne voulussions faire pour empêcher que la Suède et la Pologne n'entrent en guerre ; mais il sera difficile de vaincre l'obstination du roi de Suède. Pourtant le roi de Pologne et la République ont de quoi satisfaire son ambition, l'un cédant le titre et l'autre une province d'étendue et riche, et qui a des ports et richesses qui la font considérer. Je ne doute point que le Sénat de Venise, les ducs de Modène, de Parme et de Mantoue ne vous reçoivent avec civilité. Je m'en promets autant de Monsieur le Grand Duc, et, à Rome, vous conduisant avec la discrétion que vous avez gardée ès lieux où vous avez été, j'espérerai aussi que vous y serez considéré. Je vous avoue que je suis ravi des bonnes impressions que vous avez laissées de votre modération et de votre sagesse ès lieux où vous avez été. Je vous prie de continuer à bien faire, et qu'il vous souvienne que nous naissons pour servir Dieu et pour travailler à notre gloire, afin qu'incessamment vous priiez la Divine Majesté d'être votre conduite. Son ange vous ramènera, s'il lui plaît, et je n'aurai pas moins de joie qu'en eut Tobie lorsqu'il revit son fils. Faites mes recommandations à M. Blondel et à La Routière et à tous vos gens. A Dieu.

Votre très affectionné père,
De Loménie-Brienne.

A Compiègne, ce dernier de mai 1655.

*
* *

Mon fils, l'entretien que j'ai eu avec M. l'abbé de La Rocheposay me fait changer la résolution que j'avois prise de ne vous point écrire que je ne vous susse arrivé en Italie, pour vous prier de ne point entrer à Rome, non seulement que les chaleurs ne soient tombées (ce qui arrive après les pluies de l'été ou du commencement de l'automne), mais qu'elles soient entièrement abattues, et que les gelées blanches qui se font sentir dans la fin de septembre ou au commencement d'octobre, n'aient entièrement surmonté la chaleur et l'humidité de la campagne de Rome qui sont pestilentielles ; et les premières pluies n'ont pas la force de dominer la chaleur qui, ne pouvant aussi sécher l'eau qui tombe, il arrive que le mélange des vapeurs et des exhalaisons corrompent l'air qui coule ensuite les maladies qui font craindre l'abord de Rome. Pour y aller, vous aurez à choisir ou du chemin qui de Bologne mène à Lorette, ou de celui qui par Florence conduit à Rome. L'un, ce me semble, doit être préféré à l'autre, afin de ne pas passer par deux fois en une même contrée, et, nécessité de ne point voir Gênes, si vous remontiez le golfe Adriatique, il me semble plus expédient de le suivre jusqu'à Ancône, d'où vous irez à la Sainte Maison, et puis à la capitale du Monde. Et, au retour, traversant la Toscane pour vous rendre en la Ligurie, vous aurez parcouru toute l'Italie. Vous ne trouverez pas à Rome deux cardinaux de nos amis, savoir Este et Grimaldi ; mais un Pape dont la vie sainte est pleine de bons exemples. Sa connoissance des

belles-lettres et celle qu'il a des intérêts de tous les princes,
le fait admirer. Préparez-vous pour ne paroître pas devant
un si grand Prince comme on pourroit craindre d'un
homme de votre âge, et ne démentez pas le bien qu'on a
dit ailleurs de vous. Sur l'affaire du cardinal de Retz, s'il
y entroit avec vous, soutenez ce que nous avons fait, par
une opinion reçue à l'avantage de l'autorité des rois, et
que la conduite qu'il a tenue depuis qu'il est de par delà
aura bien fait juger qu'il seroit dommageable et périlleux
à l'État qu'il fût revêtu d'une église de la considération
de celle de Paris. Et dites au Pape que le moyen d'avoir
tout pouvoir en France, c'est de s'être ménagé les respects
du Roi, qui bien souvent a besoin de toute son autorité
pour retenir les Parlements de ne pas donner des arrêts
dont la cour de Rome seroit offensée ; et que Sa Sainteté
s'étant autorisée, ce qu'elle fera si elle se porte aux choses
justes qu'on se promet de sa probité, elle aura bien avancé
la conclusion de la paix, puisque le Roi suivra volontiers
les sages conseils et paternelles admonitions qu'elle lui donnera. Je vous écrirai plus amplement sur cette matière ;
mais ce sera lorsque vous serez arrivé à Venise. Je n'ai pas
de loisir de vous faire un plus long entretien, que pour
vous prier de faire mes recommandations à M. Blondel,
à La Routière et à tout votre monde, et Dieu vous avoir,
mon fils, en sa très sainte garde.

Votre très affectionné père,
De Loménie-Brienne.

A La Fère, ce 8ᵉ août 1655.

*
* *

Mon fils, votre lettre datée du 15ᵉ du passé, et celles de
M. d'Argenson du 17ᵉ m'ayant confirmé la nouvelle de
votre heureuse arrivée à Venise, que j'avois eue par une
de La Souche du 12ᵉ, vous croyez aisément qu'elle m'a

comblé de joie, et je ne puis vous désavouer que j'ai passé de mauvaises journées à votre sujet. Présentement, je n'ai qu'à remercier Dieu de vous avoir assisté, et Monsieur l'Ambassadeur de tous les honneurs qu'il vous a rendus. J'avois ignoré jusques à présent que le Sénat ne recevoit aucun compliment de qui que ce fût, s'il n'étoit chargé de lettres de rois ou princes souverains pour eux. Si je l'avois su, vous en auriez trouvé une du Roi. Mais nonobstant leur règle (de laquelle je sais bien qu'ils ne se départent pas aisément), je demeurerai surpris si ils ne s'en relâchent point à votre sujet et si les ambassadeurs qui ont été en cette cour ne demandent au Sénat la permission de vous voir. Car ils savent que vous êtes destiné à une charge qui les conviera et nécessitera souvent d'avoir besoin de vous et j'ai vécu de sorte avec eux que je pourrois prétendre qu'ils vous considéreroient beaucoup. Je crois que vous êtes déjà parti de Venise, car peu de personnes s'avisent d'y faire un mois de séjour, et que vous avez pris la résolution de voir la Lombardie devant que de vous avancer du côté de Rome. Je ne désire pas que vous acceptiez l'offre qui vous pourroit être faite par M. de Lionne de loger chez lui ; mais je ne vous ordonne pas de le refuser, si vous ne le pouvez faire sans le fâcher, et vous jugerez de son intention de la presse qu'il vous fera d'y aller, ou de la retenue avec laquelle il vous y conviera. En toutes les cours, j'ai eu à désirer que vous donnassiez bonne impression de votre discrétion et vous y ai exhorté. En cette-ci je vous en prie, et vous devez croire que vous n'y direz pas un mot, ni ne ferez pas un pas, qu'il ne soit écrit, et il seroit surprenant que vous eussiez donné bonne impression de vous en tous les lieux où vous avez passé, et que vous ne le fissiez pas à Rome. Et comme cette cour est remplie de personnes très discrètes, il vous importe d'en partir avec une réputation établie. Je vous prie, mon fils, de vous mirer souvent au miroir de votre conscience, afin que vous n'y souffriez pas la moindre tache et que vous vous souveniez que la vertu qui peut être mise en doute a perdu sa beauté. Je doute que votre mère vous écrive par le courrier qui sera dépêché mardi de Paris. Je suis assuré qu'il ne vous sauroit porter la réponse à votre lettre, car je ne la lui ai envoyée que vendredi et elle ne la sauroit avoir eue que lundi au plus tôt. Mais je puis vous assurer qu'elle se porte bien et qu'elle a bien de l'impatience de vous revoir. Vos frères et votre sœur en ont aussi une bien forte. Dieu a donné à votre sœur un enfant qui est bien la créature du monde aussi accomplie ; mais il ne lui fait point oublier celui qu'elle a perdu, et certes il étoit tel qu'il devoit être aimé d'un chacun : jugez ce que devoit faire sa mère. Je suis comblé de joie voyant combien vos frères et votre sœur vous aiment. Elle ne lairra de s'accroître quand je serai assuré que l'amitié que vous avez pour eux ne cédera en rien à la leur pour vous, et c'est en ce seul point que je fais consister mon bonheur, que vous ayez pour votre mère le respect et la tendresse que vous devez avoir pour elle, et pour les autres une entière et sincère amitié. Sans qu'on m'a interrompu, je vous aurois fait une plus longue lettre, Qui suis

Votre très affectionné père,
DE LOMÉNIE-BRIENNE.

La Fère, ce 10 août 1655.

*
* *

Mon fils, bien que je vous croie parti de Venise, je ne laisse de vous écrire comme si vous y étiez, ne doutant point que Monsieur l'Ambassadeur ne veuille bien vous faire tenir ma lettre, et qu'il ne sache en quelle ville elle pourra vous être rendue, y ayant beaucoup d'apparence que vous aurez pris son avis par quel chemin vous aurez à aller à Rome, et le jour que vous vous y rendrez, car il y a des temps défendus de l'oser tenter. J'ai donné les ordres nécessaires que la lettre de change que vous avez tirée sur

Madame votre mère sera acquittée, et je songe aux moyens
de vous faire toucher à Rome de l'argent, sans être en
nécessité d'avoir recours à nos amis. Mais si, devant que
mes lettres y fussent arrivées, vous en aviez nécessité, je
m'assure que MM. du Nozet ou Gueffier vous en feroient
trouver, et j'aimerois mieux que vous leur en fussiez obligé
qu'à M. de Lionne ; car, bien qu'il soit de mes amis et que
je sois assuré qu'il n'y aura aucune amitié qu'il ne vous
fasse, il ne me paroît pas juste de l'importuner d'une chose
de cette nature, ayant besoin de son crédit pour fournir à
la grande dépense qu'il fait. Vous aurez peut-être à le solliciter de se souvenir du gratis de votre frère ; mais, déjà
accordé ou la grâce étant encore incertaine, vous aurez à
le remercier, car il a pris des soins du tout extraordinaires.
Si le Pape, vous admettant à lui baiser les pieds, vous
parle des affaires de France, c'est-à-dire si l'on y désire la
paix et si on sera pour persister à faire punir le cardinal
de Retz, à l'un vous lui direz que c'est un bien que la
Chrétienté attend de sa main et que vous êtes bien informé
que le Roi déférera toutes choses aux paternels conseils
qu'il lui plaira de lui départir et qu'il verra par expérience
que Sa Majesté désire la paix, qu'elle ne dit pas la donner
comme au passé ont fait les Espagnols, qui présumoient
trop de l'état de leurs affaires pour la faire recevoir à leur
mode par un grand Roi, lequel, s'il n'étoit autrement
modéré qu'eux, pourroit parler en leurs termes, vu la prospérité que Dieu lui a donnée, rendant ses armes victorieuses
en divers endroits ; mais qu'il sait qu'il n'a ces avantages
que parce que la Divine Majesté le protège et qu'il ne s'en
doit point enorgueillir. A l'autre, que le Roi a de la douleur
d'être réduit à désirer le châtiment de l'un de ses sujets
qu'il a élevé et dont la famille seroit peu connue si les Rois
ses prédécesseurs ne l'avoient favorisée, mais qu'il ne peut,
sans défaillir à ses obligations, et notamment à la Justice,
se désister de le poursuivre, non pas comme une partie,
mais en Roi ; ce qui veut dire animé de son zèle et faisant

savoir à qui a droit de le punir les fautes et les crimes èsquels il est tombé ; et que vous êtes assuré que M. de Lionne lui en a donné une liste dont le nombre et la qualité l'aura surpris. Que vous ne vous mêlez point de traiter avec Sa Sainteté, n'en ayant aucune charge, mais, en vous en excusant, parlez en sorte qu'elle connoisse que c'est par discrétion et non par faute de connoissance des choses ou de capacité. Et, pour le contentement de votre mère, pour le mien et pour votre propre bien, disposez-vous à revenir dans cette cour le plus tôt que vous pourrez. Je ferai qu'on vous mandera des nouvelles afin que votre conversation soit désirée des plus honnêtes gens de Rome. Je prie Notre-Seigneur qu'il vous comble de ses grâces. C'est

Votre très affectionné père,
De Loménie-Brienne.

A La Fère, ce 23 août 1655.

*
* *

Mon fils, je suis en peine et je l'avoue ; et c'est votre lettre écrite à Florence, en date du 9ᵉ du passé, qui me l'a causée, touché d'appréhension que l'envie, de laquelle vous pourriez avoir été touché, de voir Rome, ne vous ait fait y acheminer devant que les pluies de l'automne, et les gelées qui s'y font sentir, en aient permis l'entrée, d'autant qu'il puisse rester de la crainte qu'elle ne puisse être tentée sans péril. Je veux croire que vous vous serez conseillé aux sages et aurez suivi l'avis qu'ils vous auront donné. De votre lettre, dont j'accuse la réception, j'ai appris que vous avez été bien reçu par M. le Grand Duc. C'est une obligation qu'il s'est acquise sur nous et dont je le ferai assurer et remercier tout ensemble par M. Barducci, son résident. De celle de votre mère que je vous envoie après l'avoir lue, selon qu'elle l'a désiré, et qu'elle m'avoit adressée tout ouverte, vous serez éclairci de ce que vous aurez à faire étant par delà sur les choses dont vous l'avez

consultée ; et j'ai trouvé ses sentiments si raisonnables que
je m'y suis rangé, et ceux de tendresse qu'elle vous témoigne
auroient augmenté l'amitié et le respect que j'ai pour elle,
si elle n'étoit depuis un long temps montée au point qui ne
permet pas qu'on l'outrepasse. Et ceux que j'ai pour vous,
s'ils ne sont pas aussi parfaits, ne sont pas moins tendres ;
de sorte que je vous dis comme elle que vous considériez ce
qui peut être de votre bien et que j'y coopérerai de tout
mon pouvoir. Je vous laisse en une entière liberté de faire
choix de ce qui vous pourra satisfaire, et je ne me réserve
que celle de vous conseiller, qui ai à désirer que vous par-
liez avec autant de réserve que vous avez fait au bailli de
Gondi des affaires desquelles vous n'avez pas une parfaite
connoissance. Si une lettre que je vous ai écrite, et qui
vous sera envoyée par M. d'Argenson, vous eût été rendue,
vous l'auriez satisfait, je ne dis pas contenté, en lui déclarant que le Roi veut que le cardinal de Retz soit châtié de
tous les crimes qu'il a commis, et que si la bonté du Roi
se pouvoit porter à se contenter qu'il renonçât l'archevêché
de cette ville, et qu'il en eut la récompense, il auroit donné
un exemple de clémence dont un chacun auroit dû être
surpris, surtout les sages d'Italie qui croient, et avec raison, que les crimes contre le Prince ne doivent jamais être
pardonnés. Si le Pape, si l'un des Messieurs les cardinaux,
si aucun ambassadeur ou ministre de prince, s'avise de vous
interroger sur cette matière, ce sera ce que vous aurez à
leur répondre. Au sujet de la paix, je ne saurois croire que
le Pape s'en entretienne avec vous, ni qu'il s'en soucie beaucoup, puisqu'il ne fait nulle diligence pour y disposer les
rois ; et si le propos s'y adonnoit, sans doute qu'il recevroit
en bonne part l'exhortation que vous lui feriez d'entreprendre de la faire traiter sous sa médiation. Je vous ai
écrit de qui vous pourriez prendre conseil et que je souhaite votre retour ; ainsi puis-je me dispenser d'entrer en
discours, mais non de vous faire souvenir, si le gratis de
votre frère n'étoit pas accordé, de le solliciter. Tel de

Messieurs les cardinaux, qui seroit pour s'y rendre difficile,
sera pour en revenir, apprenant que c'est une affaire que
vous avez à cœur ; et les officiers de la daterie, qui pourront un jour avoir besoin de vous, il n'y aura pas de mal
qu'ils sachent qu'un secrétaire d'État sollicite les affaires
de son frère, et qu'il pourra arriver, y entrant jeune, qu'il
rencontrera une conjoncture de temps où son Maître, n'étant
gouverné par personne, sera pour prendre ses conseils.
Mais que cela soit dit avec délicatesse, et sans faire aucune
menace ni trop d'ostentation du pouvoir que votre charge
sera pour vous donner. J'ai de la joie que vous ayez reçu
en votre compagnie M. de La Boulidière ; vous savez combien j'aime et j'estime son père et sa mère ; faites-lui mes
compliments, comme aussi à M. Blondel et La Routière,
et assurez ceux qui vous servent de mon amitié. En visitant
les Saints Lieux je ne doute pas que vous ne vous souveniez de moi. Je ne désire pas que vous demandiez à Dieu
qu'il prolonge mes jours, ni qu'il m'élève ; mais seulement
qu'il accomplisse en moi et sur moi sa volonté. Je le supplie, mon fils, de vous avoir en sa sainte garde, et que son
ange soit votre guide à votre retour, et qu'il vous souvienne qu'il est toujours auprès de vous en toutes les choses
que vous voudrez faire.

Votre très affectionné père,
De Loménie-Brienne.

De Paris, ce 10e septembre 1655.

*
* *

Mon fils, je n'ai point été trompé en mon attente que ce
matin j'aurois de vos lettres, puisque celles que vous
m'avez écrites le 9e du courant m'ont été rendues, et, en
l'assurance que j'en avois, je ne voulus pas hier accuser
la réception de celle du 2e, dont l'ordinaire précédent se
trouva chargé. L'une et l'autre de vos lettres me confirment

l'obligation que nous avons à Monsieur le Grand Duc de tant de courtoisies dont il a usé en votre endroit. Je ne m'oublierai pas d'en faire les remerciements auxquels je suis tenu à M. Barducci, dès que je serai à Paris, et j'irai exprès chez lui, et en toutes occasions de faire voir à cette Altesse la passion que j'ai pour son service. Je ferai aussi savoir au Roi ce que M. le prince Mathias vous a commandé de lui dire, sans néanmoins poùvoir être persuadé qu'il en prenne le service, Monsieur le Grand Duc inclinant pour l'Espagne, qui seroit offensée et seroit pour s'en ressentir si l'un de ses puinés s'attachoit à cette couronne. Pourtant si les armées du Roi avoient emporté Pavie, d'où elles ont été obligées de se retirer, ou si, l'année prochaine, elles faisoient des progrès considérables en Lombardie, il pourroit arriver que ce prince mettroit à exécution ce dont il a désiré que Sa Majesté fût assurée. J'ai fait savoir à M. de Lionne que M. de Mantoue étoit parti fort satisfait du bon accueil qu'il a reçu et nous a laissés très contents de sa manière d'agir, d'où vous infererez, si cette Altesse avoit un ministre à Rome et qu'il vous fît quelques civilités, d'y correspondre de votre part. Si M. de Lionne s'abstient de rendre à quelques cardinaux ou à des principaux barons des visites, sans qu'il vous conseille de leur en faire, vous vous en retiendrez; et si M. de Croissy vous alloit voir, dites-lui qu'il ne sauroit mieux faire que de déférer à ce que je lui ai écrit de faire sa demeure ailleurs qu'à Rome. Quand vous aurez résolu d'en partir, mandez-moi le chemin que vous tiendrez. Je juge, puisque vous avez vu Pistoie, Pise, Livourne, Lucques et Sienne devant que d'y être arrivé, que vous voulez revenir par la Marche, ayant visité la Sainte Maison, en Lombardie et que du Modénois vous entrerez au Parmesan, pour gagner Gênes et puis Turin. C'est un chemin qui n'est pas trop difficile, dans lequel vous ne lairrez de trouver des incommodités que les premiers froids causent, qui seront extrêmes au passer les Alpes. Mais ayant supporté ceux du Nord et sans doute ayant encore vos vêtements des Lappes, vous en sortirez à l'aide de Dieu, sans mal et sans péril ; et pour l'éviter, n'en entreprendrez le passage que par un temps bien assuré. Je me recommande à M. Blondel, La Boulidière et La Routière, et prie Dieu qu'il vous ramène, eux et le reste de votre train en parfaite santé. C'est

Votre très affectionné père,

De Loménie-Brienne.

A Fontainebleau, ce 25e septembre 1655.

*
* *

Mon fils, je vous écris avec assurance à Rome, non seulement parce que vous m'avez mandé que vous deviez partir de Florence pour vous y rendre, après avoir visité quelques places de la Toscane qui le méritent, mais parce que M. Strozzi me fait savoir que vous l'avez exécuté. Je vous crois donc en cette grande ville, autrefois la capitale de l'Empire et maintenant le siège du vicaire de Jésus-Christ, où, ayant à désirer que vous donniez de bonnes impressions de votre prudhomie, je dois vous conjurer d'être en sorte sur vos gardes qu'il ne vous arrive point de tomber en quelque faute, ou en quelque manquement, car l'un et l'autre vous seroit reproché. Qu'il vous souvienne que vos actions seront examinées, vos paroles comptées et pesées par tel qui vous aime, par tel qui vous hait ou qui vous porte envie, et vous êtes obligé de satisfaire à celui-là et de ne donner point de prise à celui-ci. Et vous réussirez à tout, si vous aimez Dieu de tout votre cœur, et que vous regardiez sa loi, et vous vous en fassiez un miroir. Jugez de la joie de votre mère et de la mienne, si un chacun, avec sujet, nous mande du bien de vous, et elle augmentera l'envie que j'ai de vous revoir. Ne recevez aucune visite de la part du cardinal de Retz, ni de M. de Salces qui y est de la part de Monsieur le Prince. Vous ne pouvez pas avoir aucun commerce avec eux. Et, comme je vous l'ai mandé, si le Pape vous mettoit en discours de ce qui pourroit satisfaire le Roi, et ce qu'on se promet de lui sur l'instance qui lui est faite de procéder contre ce cardinal, répondez-lui en un mot : « Justice, Saint-Père, car le Roi, pour n'en être pas satisfait, ne vous demandera jamais autre chose, et Votre Sainteté peut juger de sa modération, ne vous ayant jamais supplié de faire sortir de vos États un gentilhomme que Votre Sainteté pouvoit s'excuser d'y recevoir, puisqu'il y venoit de la part d'un prince qui est son sujet et qui est avec ses ennemis. Et Votre Sainteté peut croire que Sa Majesté est si touchée des maux que souffre la Chrétienté qu'elle sera toujours très disposée à entendre à une juste paix. Je dis, Saint-Père, la traiter, bien éloigné des Espagnols qui disent la vouloir donner; et plus Dieu bénit ses armes, plus il se trouve disposé à consentir à ce dont il connoit que la Chrétienté a besoin. » Qu'il vous souvienne que M. le cardinal Antoine est serviteur du Roi, et Messieurs Bicchi et Grimaldi, et qu'il n'y a point de respects que vous ne leur deviez rendre, aux autres du Sacré Collège ceux qu'ils reçoivent indifféremment de tout le monde. Et conduisez-vous à l'endroit de M. de Lionne avec tant de déférence, qu'il connoisse que je fais grande estime de son amitié. Si votre mère s'étoit rencontrée en ce lieu, où elle se rendra ce soir, elle vous auroit écrit. Sa santé est très bonne, Dieu merci, comme celle de votre sœur et de vos frères. Nous tous souhaitons votre retour. Je vous prie de faire mes compliments à M. Blondel, à La Boulidière et La Routière et de croire que je vous aime de tout mon cœur. C'est

Votre très affectionné père,

De Loménie-Brienne.

A Fontainebleau, ce 2e octobre 1655.

Mon fils, que l'ordinaire dépêché de Rome le 20ᵉ du passé ne m'ait point apporté de vos lettres, je n'en suis point surpris. Vous y étiez bien attendu, mais vous n'y pouviez pas être arrivé; mais ç'aura été en une parfaite santé, selon que je l'espère, quelques jours après. Et de Rome ou de Sienne, l'ordinaire qui est parti de Rome le 27ᵉ me rendra de vos lettres. Celle-ci ne contiendra que fort peu de choses et se réduira à vous dire de considérer ce que je vous ai écrit, par mes dernières, et ayant été visité de M. de Croissy, lui rendre sa visite et vivre avec lui en parfaite amitié. Je ne serois pas fâché que vous lui disiez que j'aurai de la joie si Messieurs les cardinaux qui lui ont promis d'écrire en sa faveur l'exécutent, non pas tant parce qu'il pourra obtenir la révocation d'un ordre que je lui ai donné de sortir de Rome, mais parce que les offices qu'ils auront passés en sa faveur pourront donner jour à ses proches et à ses amis d'en faire de puissants pour son retour, et je seconderai volontiers M. le Procureur général, qui, outre qu'il est son parent, l'aime et l'estime beaucoup. Si vous êtes enquis de l'état de la santé du Roi, dites que la fièvre de laquelle il a été attaqué, et de laquelle il n'est pas encore entièrement exempt, n'aura servi qu'à l'affermir. C'est l'opinion des médecins, lesquels l'ayant purgé avant le septième, font connoître qu'ils jugent que sa maladie est sans péril et confirment ce qu'ils ont dit qu'il y avoit des temps de grand intervalle que le Roi étoit sans fièvre. Ce qu'ils nous assuroient et ce que nous voyons ne nous a pas délivré d'une inquiétude. La mienne commence à passer, et c'est le meilleur témoignage que je puisse vous donner que je tiens qu'il sera bientôt en état de partir de ce lieu, d'où la saison déjà avancée aidera à nous en chasser et l'envie de lui faire changer d'air. Lorsque je serai à Paris, j'aurai plus d'inquiétude de votre retour que je n'en ai eu en ce lieu. J'y verrai des personnes qui le souhaitent autant que moi, et j'y aurai votre sœur qui en brûle d'impatience, et vos frères m'en entretiendront souvent. Vous leur êtes obligé de l'amitié qu'ils ont pour vous et de la passion qu'ils font paroître pour votre grandeur et votre avancement. Cela me console, car je suis assuré que vous ne voudriez pas qu'ils aient cet avantage sur vous, et l'assurance que j'ai que vous vivrez en une parfaite union me fait oublier bien des maux dont je serois accablé. Ayez donc soin de votre santé et venez le plus tôt que vous pourrez. Mais approchant de Modène, comme je crois que vous serez forcé de revenir en Lombardie pour aller à Gênes, étant allé à la Sainte Maison, ne vous oubliez pas d'y aller rendre vos devoirs à M. le cardinal d'Este. Il a eu peine que de Bologne d'une course vous n'y soyez allé. Je suis

Votre très affectionné père,
De Loménie-Brienne.

A Fontainebleau, ce 9ᵉ octobre 1655.

* *

Mon fils, je n'ai point trouvé à redire que vous ayez ouvert deux lettres qui m'étoient écrites. J'ai joie que le Roi ait voulu que vous et moi pussions souvent nous méprendre à qui de nous il seroit écrit, et je n'ai point voulu que vous prissiez un autre nom que celui sous lequel je suis connu. J'ai sujet d'espérer, si Messieurs les cardinaux Bicchi et Grimaldi et M. de Lionne ne me flattent point, que je n'en rougirai jamais, et que vous vous acquitterez dignement de l'emploi auquel vous êtes appelé. Je me suis résolu de vous l'écrire, étant dans cette pensée qui vous est avantageuse, que le bien qu'on dit de vous, au lieu de vous donner de la présomption, fera naître en vous une bonne gloire, et que vous vous appliquerez avec soin à faire les choses qui vous en pourront donner. C'est une richesse qui n'est jamais consommée, et on est pauvre d'honneur bien que, selon l'opinion d'aucuns, nous en soyons comblés. J'écris à ces messieurs pour les remercier de tout le bon accueil qu'ils vous ont fait, et je suis demeuré satisfait que vous ayez montré n'avoir point de vanité. C'eût été jouer la comédie de souffrir d'être traité d'ambassadeur n'en ayant point la qualité. Si cette lettre vous est rendue à Rome, ne vous oubliez pas de dire à M. de Lionne, si ailleurs, de lui écrire, que je ne perdrai pas le souvenir de la sorte dont il vous a traité, et vous le devez toujours avoir présent, afin de rechercher avec soin les occasions de le reconnoître, et en la personne de Monsieur son fils, quand bien vous auriez eu la fortune de le faire en son endroit. Je ne désapprouve pas que vous reveniez bientôt ; vous en avez envie et votre mère aussi, et moi, je l'avoue, j'en ai de l'impatience, à mesure que ceux que vous voyez m'écrivent que votre présence me pourra donner de la joie. J'ai écrit à M. de Lionne en des termes qu'il connoîtra bien que vous m'avez donné part de son secret. Je n'ai pas eu la présomption de lui dire que je ferois valoir ses services ; mais si j'en rencontrois l'occasion, je l'embrasserois avec chaleur, et il ne tiendra pas à moi qu'on ne fasse pour lui ce qu'il a bien mérité. Le séjour du Roi en ce lieu, où il a entièrement recouvert sa santé, m'a fait recevoir de deux jours plus tôt que je n'aurois fait si la Cour avoit été à Paris vos lettres en date du 27e. Dès hier je fis passer à votre mère celle que vous lui avez écrite. Elle s'en est allée à Paris pour mettre chez un gentilhomme votre frère le commandeur, qui n'est pas encore guère avancé, et pour voir votre nièce qui est à Saint-Denis. Selon toutes les apparences, je serai auprès d'elle dans le 26e du mois au plus tard, qui achèverai celle-ci en priant Dieu que son ange vous ramène en votre pays. A Dieu.

Votre très affectionné père,
De Loménie-Brienne.

A Fontainebleau, ce 16e octobre 1655.

Mon fils, en recevant votre lettre en date du 4e de ce mois, j'y fais réponse et j'adresse la mienne à M. Giustiniani, à Gênes, afin qu'il la vous rende à votre passage. Peut-être vous surprendra-t-elle, ayant impatience de vous revoir, que je vous déconseille de continuer votre voyage avec M. le cardinal Grimaldi, parce qu'il me semble que vous ne seriez point excusable de revenir d'Italie sans avoir vu la cour de Turin, et d'autant plus que Madame Royale qui en toutes rencontres nous témoigne de la bonne volonté, auroit sujet d'en demeurer offensée. Peut-être aurez-vous du déplaisir de n'avoir vu ni Mantoue, ni Modène, ni Parme; mais encore y trouverois-je de quoi vous excuser. Mais d'avoir négligé de passer à Turin, sans doute vous en auriez du regret. Il pourroit être que Son Éminence Grimaldi feroit du séjour à Gênes et que vous auriez le temps de l'y rejoindre, en prenant un suffisant pour aller en ces diverses cours; ou (et cela me paroit plus vraisemblable) vous avez résolu de vous séparer de sa suite, y étant arrivé, pour faire une course en Lombardie, et puis regagner Lyon par le chemin ordinaire de Savoie. J'envoie à votre mère les lettres que vous lui avez écrites, et elle sera aussi soigneuse de faire rendre à M. du Nozet l'argent que vous lui avez emprunté qu'elle l'a été à l'endroit des marchands. Et écrivant à M. de Lionne, je le remercie des faveurs qu'il vous a faites. Je le prie de les combler en prenant soin du gratis demandé pour votre frère, et il m'a semblé que M. le cardinal Grimaldi, se congédiant du Pape, lui en veut encore faire la demande. J'eusse désiré, je l'avoue, qu'il vous eût fait cette grâce. Je demande à Notre Seigneur celle de vous faire conduire par son ange et que je puisse bientôt vous embrasser. A Dieu.

Votre très affectionné père,
DE LOMÉNIE-BRIENNE.

A Fontainebleau, ce 23e octobre 1655.

II

LES VOYAGES DE BRIENNE

[On a voulu insérer ici et grouper quelques témoignages contemporains, pris surtout dans la correspondance des agents de la France à l'étranger, qui permettent de suivre en partie Brienne dans son long voyage à travers l'Europe, et servent de contrôle à ses assertions.]

Chanut à Brienne père.

... Ce ne sera point encore pour cet ordinaire que je me donnerai l'honneur de vous écrire la joie que nous avons de voir M. le comte de Brienne. Il y a plus à aimer et à louer en sa personne que l'on n'en sauroit découvrir en peu de jours. Je suis surpris de ce que j'en vois déjà, et je me répute heureux d'avoir à vous donner de si bonnes nouvelles ..

CHANUT.

A La Haye, le 11e juin 1654.

Affaires étrangères, Correspondance politique, Hollande, vol. 54, f° 159 v°.

Chanut à Brienne père.

... Avec votre dépêche de ce dernier courrier, j'ai reçu celle que que vous m'avez adressée pour M. d'Avaugour. Je la garderai pour la lui rendre à son passage. On nous écrit qu'il étoit encore à Paris, sollicitant le payement d'une partie de six mille livres qu'il avoit peine à tirer. Je ne vois point tant de nécessité qu'il se presse pour les affaires du Roi, que je ne sois aisément consolé de son retardement par l'honneur que je reçois d'avoir ici et d'entretenir avec plus de loisir Monsieur le comte votre fils. Je lui ai tenu compagnie aux visites chez Mesdames les princesses et la reine de Bohême, et du reste il a tant de complaisance qu'il ne témoigne point de s'ennuyer en notre petite famille. Je n'ai pas eu l'honneur de le connoître auparavant son départ de France, mais de l'air dont je le vois agir et parler, je pense qu'il est fort changé depuis ce temps-là et je tiens pour certain qu'il ira bien plus avant dans peu d'années, car il a l'âme droite, fort résolue au bien, l'esprit curieux et prompt, et assez d'appétit de gloire pour se forcer au travail, auquel il n'est pas naturel de se porter en son âge. Son institution chez les Pères Jésuites lui a donné une conscience fort tendre, et je crois qu'il est bien qu'en ce temps où la jeunesse prend son pli et se donne quelquefois la liberté de disposer de sa condition, il voie dans l'usage du monde que la piété et la vertu se peuvent conserver aussi pures et peut-être plus vigoureuses comme plus libres dans la vie civile que dans les professions régulières. Si la comparaison n'étoit pas trop basse, je dirois que la conscience nous est comme la bouche aux chevaux : c'est par là que l'on nous conduit et que l'on nous arrête tout court dans la fougue de nos passions, mais il ne faut pas qu'elle soit trop délicate.

A ce que je suis capable d'en juger, M. le comte de Brienne a bien employé le temps qu'il a donné à sa Philosophie. Il me semble qu'il en a autant que sa condition en demande, car les Belles-Lettres me semblent lui être plus nécessaires. Aussi les aime-t-il, et M. Blondel choisit fort bien, à mon avis, celles qu'il doit prendre par ordre et lui en fait naître le désir fort adroitement. Comme il se plie facilement à ce qui lui est présenté, qu'il a beaucoup de vigueur et qu'elle augmentera encore, j'estime que vous en pouvez faire tout ce qu'il vous plaira. Mais soit que son naturel le porte plus à la douceur qu'à la fierté, soit qu'il s'estime déjà destiné par votre choix, il me semble qu'il se forme principalement à suivre le chemin que vous lui marquez. Et certes, entre tous les signes d'un beau naturel que nous voyons en lui, je prise beaucoup le grand respect et la grand amour qu'il a pour vous et pour Madame sa mère. Je prie Dieu de tout mon cœur qu'il vous le conserve, et du reste je suis assuré, avec l'aide de Dieu et le soin que vous en faites prendre, qu'il sera très digne de sa condition et de votre amitié. De ma part, je rends grâces à Dieu qu'en la résolution où j'étois de vous obéir en vous écrivant franchement ce que j'en connoissois, j'aie eu à vous en faire un si bon rapport, et vous procurer en cela une des plus grandes joies que l'on puisse recevoir dans la vie.

Je suis, Monsieur, votre très humble, très obéissant et très obligé serviteur.

CHANUT.

A La Haye, le 18 juin 1654.

Ibid., f° 163 v°.

Mme de Brienne à Christine de Suède.

Madame, je ne puis refuser à M. Sparr de rendre par lui à Votre Majesté un devoir que mon respect a retenu depuis quelque temps, bien que ma passion m'en ait très souvent sollicitée. Je crois, Madame, que la bonté de Votre Majesté agréera que je lui rende le témoignage, que je dois à la vérité, de l'approbation générale que ledit sieur Sparr s'est acquise en France, et qu'il y a servi Votre Majesté avec soin et fidélité. Je l'ai supplié de dire à Votre Majesté ce que M. de Brienne et moi sentons sur la résolution qu'Elle a prise et dont il me semble que tout le monde craint l'accomplissement. Pour moi, Madame, qui admire tout ce que Votre Majesté fait, j'avoue que je demande à Dieu de tout mon cœur que sa gloire se trouve dans une si belle action aussi bien que la vôtre. Je ne puis souffrir qu'elle soit bornée par les temps : je la désire éternelle, et que vous ne quittiez jamais ce que votre naissance vous donne que pour des choses qui sont mille fois plus élevées. J'espère, Madame, que Votre Majesté me pardonnera la liberté de ce souhait, et qu'Elle voudra bien voir mon fils, comme elle m'a fait l'honneur de me le promettre. Il part avec M. d'Avaugour, que le Roi envoie ambassadeur vers Votre Majesté. S'il est assez heureux de trouver encore Votre Majesté sur le trône, il y verra la pratique des plus belles règles du parfait gouvernément, et si Votre Majesté l'a quitté, comme toute l'Europe en est menacée, il ne laissera pas, si Votre Majesté veut bien qu'il ait l'honneur de lui faire la révérence, de voir en votre personne des qualités dignes de toutes sortes de grandeurs et de se soumettre à cet empire des esprits et des cœurs, que Votre Majesté conservera toute sa vie et qui lui donnera en tous temps une autorité plus étendue que celle de la fortune, que tous les hommes raisonnables ne sauroient s'empêcher de respecter et de laquelle je continuerai toujours d'être sujette par estime, comme je serai toute ma vie par inclination.

[Juin 1654.]

Bibliothèque de l'Arsenal, ms. n° 6034, f° 392.

Brienne père à d'Avaugour.

... J'achève celle-ci en vous conviant d'aviser avec M. Chanut, si le changement arrivé en Suède ne me doit point empêcher d'y laisser aller mon fils, s'il sera de son avantage de vous accompagner en Danemark, et, de là, quel chemin il doit tenir pour continuer son voyage. Je suis en sorte persuadé de votre amitié que je ne crains point de vous demander conseil. Aussi devez-vous faire état de mon très humble service, et je commencerai à me louer de la fortune, lorsqu'elle m'aura fait naître les occasions de vous en rendre.

Je suis, Monsieur, votre très humble et très obéissant serviteur.

De Loménie-Brienne.

A Sedan, ce 5 juillet 1654.

Affaires étrangères, Correspondance politique, Suède, vol. 20, f° 217.

Chanut à Brienne père.

... De Paris, le 19e on nous écrit que M. d'Avaugour n'étoit pas encore parti, et à vous confesser la vérité, nous l'attendons sans impatience. M. le comte de Brienne étudie tout le matin ; l'après-dînée il visite les beaux lieux du voisinage et les principales maisons des dames du pays. Le soir, les entretiens de lettres nous exercent avec grand plaisir. Tout son temps est plein et de telle sorte que, se mettant au lit, je ne crois pas qu'il ait sujet d'en plaindre l'emploi. Soyez-en, s'il vous plaît, jaloux, mais je crois qu'il ne sortira point d'ici qu'il ne m'aime quasi autant que vous faites.

Je suis, Monsieur, votre très humble, très obéissant et très obligé serviteur.

CHANUT.

A La Haye, le 25 juin 1654.

Hollande, vol. 54, f° 172 r°.

Chanut à Brienne père..

... Nous attendons à tous moments M. d'Avaugour et déjà je ressens la douleur de perdre la compagnie de M. le comte de Brienne. J'ai usé auprès de lui de toute l'étendue du pouvoir que vous m'avez donné ; et comme si mes paroles avoient été autant animées de votre autorité que de mon zèle, je lui ai vu concevoir des ardeurs incroyables pour la vertu et des résolutions bien fermes de pratiquer les petits avis que j'ai pris la liberté de lui donner pour ses études, que j'estime qu'il doit tourner non point à de vaines curiosités, mais aux solides moyens de profiter auprès de vous et de bien recevoir le flambeau que vous lui donnerez. En vérité, il est tel que je l'aurois servi et aimé quand même il m'auroit été d'ailleurs inconnu et que je n'aurois pas su qu'il est fils d'un père qui m'a fait autant de bien que s'il étoit aussi le mien.

Je suis, Monsieur, votre très humble, très obéissant et très obligé serviteur.

CHANUT.

(Sans date).

Ibid., f° 206 v°.

Chanut à Brienne père.

... Le doute qu'il semble que vous ayez fait d'ajouter une pleine créance à ce que je me suis donné l'honneur de vous écrire de Monsieur votre fils nous blesseroit tous deux, si l'on pouvoit être offensé d'un père et maître. Croyez-moi, Monsieur, il est digne de vous et de votre estime, et je suis digne de foi au témoignage que je vous en ai rendu. Je l'ai donné avec réserve et en la pensée que vous aurez un nouveau plaisir, lorsque vous le verrez meilleur que je ne le vous ai dépeint. Plus je l'observe, mes esperances croissent. Nous ne perdons point le temps en attendant M. d'Avaugour et nous craignons lui et moi qu'il vienne trop tôt. Trouverez-vous bon, Monsieur, que je vous découvre une appréhension sur ce qu'on nous écrit qu'il y a quelques jeunes gens de condition qui viennent avec M. d'Avaugour. Il arrivera peut-être que quelques-uns se voudront attacher à M. le comte de Brienne pour le suivre dans le reste du voyage que vous lui avez commandé de faire. Cela seroit plein de péril pour ses mœurs, pour son instruction et pour le bon usage de son temps, car notre jeunesse est pour la plupart insolente, tumultueuse et débauchée. C'est ce qui me donne la pensée de vous supplier de lui donner la liberté, ou plutôt à M. Blondel (duquel il est plus à propos que vienne le refus), qu'ils n'admettent personne dans leur compagnie, quelque recommandation qu'elle aie, s'ils ne connoissent que sa conversation puisse profiter à M. le comte. Le zèle que j'ai à votre service et l'affection que je prends pour de si riches commencements me portent à me mêler ainsi de ses affaires, et de ma vie je ne cesserai d'y prendre intérêt, puisque je suis véritablement, Monsieur, votre très humble et très obéissant et très obligé serviteur.

CHANUT.

Annotation au dos :

Sans date. Reçu à Sedan le 20ᵉ juillet 1654.

Ibid., fᵒ 185.

Chanut à Brienne père.

... Permettez-moi, Monsieur, de rendre compte à Mᵐᵉ de Brienne du départ de Monsieur le comte votre fils, et de la consultation que nous avons faite par votre commandement sur son voyage. A l'égard de M. Blondel, duquel vous agréez que je vous aie rendu bon témoignage, en la dépêche qu'il vous a plu de m'écrire du 15ᵉ de ce mois, j'espère que le succès ne le détruira point. La charge qu'il fait veut un homme de bien essentiellement tel, et qui ne cherche point à s'insinuer par de mauvaises complaisances. En le louant de ces qualités, je ne dois pas omettre que Monsieur le comte ne mérite pas moins d'estime de ce qu'il se soumet sans peine à la direction et à la libre censure du gouverneur que vous lui avez donné...

Je suis, Monsieur, votre très humble, très obéissant et très obligé serviteur.

CHANUT.

A La Haye, le 22 juillet 1554.

Ibid., fᵒ 195 vᵒ.

Chanut à Brienne père

Monsieur, deux heures après avoir fermé les dépêches de l'ordinaire dernier, M. d'Avaugour arriva. Il m'a donné peu de temps pour le désir que j'avois de le retenir et la

crainte de perdre la compagnie de M. le comte de Brienne,
mais autant qu'il a été nécessaire pour nous donner l'un à
l'autre les informations des affaires auxquelles nous devons
servir. M. Blondel étoit en peine pour n'avoir pas reçu les
lettres de change qu'on lui avoit écrit que M. d'Avaugour
apportoit. Il n'a pas laissé de se mettre en chemin, Monsieur le comte me laissant ordre d'ouvrir les paquets que
je recevrai pour lui et de faire refermer la lettre qu'il
attend à Amsterdam ou une autre payable à Hambourg,
où je la lui ferai tenir si elle vient assez à temps pour l'y
trouver encore. Et si, par quelque rencontre, l'on avoit
omis à Paris de lui envoyer les lettres de change par le
premier ordinaire, j'écrirai à quelqu'un de mes amis à
Hambourg qu'on lui fournisse ladite somme de deux mille
livres en prenant sa lettre de change payable à Paris. Nous
nous sommes séparés avec beaucoup de peine et, si je l'ose
dire, avec une mutuelle satisfaction. Si, pour chose si
grande l'on pouvoit recevoir une si faible caution, je ne
craindrois pas de vous répondre, qu'avec la grâce de Dieu,
vous aurez en lui un fils digne de vous. Il attire la bienveillance de tous ceux qui le voient et surtout je ne puis assez
louer l'incroyable désir qu'il a de se perfectionner et de
vous plaire. J'ai pris la liberté de conseiller à M. Blondel
de le hasarder le moins qu'il pourra aux passages de la
mer et au lieu de s'embarquer à Lubeck ou à Wismar
avec M. d'Avaugour, de traverser tout le Danemark et la
Suède, qu'il va pour voir principalement. De même j'ai été
d'avis qu'au lieu du trajet de Stockholm à Dantzig, qui ne
sera point sans péril vers les équinoxes, où ils le feroient,
ils passent de Suède en Aland, et de là en Finlande, à la
capitale du pays Abo, de là à Revel et tout au long de la
Livonie, Courlande et la Prusse ducale à Dantzig.

. . . .

Sur le point de fermer cette dépêche l'ordinaire nous
arrive où je trouve les paquets pour M. le comte de
Brienne, dans lesquels sont sans doute les lettres de change

qu'il attendoit. Je vais les envoyer par un exprès à Amsterdam où je suis assuré qu'on le trouvera encore demain du matin.

Je suis, Monsieur, votre très humble et très obéissant et très obligé serviteur.

CHANUT.

Sans date. Annotation au dos : Postscript. de M. Chanut du 25 juillet 1654.

Ibid., f° 190.

Chanut à Brienne père.

... Je vous rends, Monsieur, très humbles grâces de la justice que vous me faites en me reconnoissant pour vôtre, et pour une personne fidèlement attachée aux intérêts de votre maison. Je n'en prétends point de mérite auprès de vous, pour ce que votre bienveillance et vos bienfaits ont prévenu tous les services que je vous pourrois rendre ; mais je me réjouis en mon âme que vous me connoissiez pour ce que je suis, et qu'il vous plaise d'y prendre confiance. J'ai loué la résolution que Monsieur le comte votre fils m'a fait l'honneur de m'écrire de Hambourg qu'il a prise, après avoir manqué la reine de Suède de quelques heures. De l'air dont cette princesse prend sa course, il est quasi impossible qu'il ne la retrouve dans la sienne en quelque endroit du monde, et s'il avoit maintenant perdu l'occasion de voir un roi et un état avec lesquels nous aurons toujours à négocier, il ne le rencontreroit plus. C'est la consolation que je lui donnerai par le premier ordinaire, prenant la liberté de continuer avec lui un commerce de lettres tantôt latines et tantôt françoises qui me feront connoître qu'il se tient parole à lui-même dans le bon dessein qu'il a pris de se former un style qui vous puisse plaire...

Je suis, Monsieur, votre très humble, très obéissant et très obligé serviteur.

CHANUT.

A La Haye, le 6e août 1654.

Ibid., f° 209.

Chanut à Brienne père.

... Je ne puis, Monsieur, demeurer en silence sur la bonté que vous me témoignez de vouloir bien faire quelque fondement sur moi pour le service de Monsieur le comte votre fils. Je vous promets, Monsieur, en homme de bien que je vous garderai fidélité en sa personne tant que Dieu me donnera la vie, et qu'il aura en moi un serviteur assuré qui aimera sa gloire et la procurera de toute son industrie, sans prétendre autre chose que de vous rendre une partie de ce qu'il vous doit.

Je suis, Monsieur, votre très humble, très obéissant et très obligé serviteur.

CHANUT.

A La Haye, le 20ᵉ août 1654.
Ibid., fᵒ 219 vᵒ.

Picques à Brienne père.

A Stockholm, ce 12 septembre 1654.

Monseigneur, j'ai reçu cette semaine tout à la fois les deux dépêches qu'il vous a plu me faire des 11 et 23 août de Péronne, et ai été fort consolé d'apprendre que les miennes des 19 et 27 juin, dont j'étois en peine, vous aient été rendues. J'espère que vous aurez envoyé à M. l'ambassadeur d'Avaugour celles du Roi dont j'ai besoin et que je vous ai demandées pour me pouvoir licencier de Sa Majesté de Suède, et me retirer d'ici. Mon dit sieur l'Ambassadeur n'est point encore arrivé. Pour Monsieur le comte votre fils, il y a déjà huit jours qu'il est dans cette cour. Il lui est tombé une fluxion sur les yeux qui l'incommode un peu. Je ne vois pas qu'il y ait rien à craindre ; au contraire, il y a toutes les apparences du monde qu'il en sera dans peu de jours entièrement soulagé, de quoi je prie Dieu de tout mon cœur.

Suède, vol. 20, fᵒ 333.

Chanut à Brienne père.

... Je ne finirai point cette lettre sans prendre la liberté de me réjouir devant vous de l'arrivée de M. le comte de Brienne en Suède, bien que je ne sois pas sans peine à cause de la saison qui est déjà fort avancée. M. Picques m'écrit l'arrivée de M. d'Avaugour, et la peine où il se trouve de ne pouvoir sortir, faute de moyens de payer ses dettes. J'espère que vous en aurez compassion ou plutôt que vous la donnerez à Messieurs des finances.

Je suis, Monsieur, votre très humble, très obéissant et très obligé serviteur.

CHANUT.

A La Haye, ce 8 octobre 1654.

Hollande, vol. 54, f° 259.

D'Avaugour et Brienne fils à Brienne père.

A Stockholm, le 10 octobre 1654.

Monseigneur, après les très humbles remerciements que nous vous rendons d'avoir joint en même commission deux personnes autant unies et passionnées à vous servir et honorer comme elles y ont d'obligation, nous commencerons par vous dire le déplaisir que nous avons de ne pouvoir pas nous servir de la lettre commune pour nous établir en même temps. Elle ne titule et ne nomme ambassadeur que l'un de nous, et nous doutons avec raison que (selon la teneur d'icelle) l'autre soit reconnu pour tel en une cour bien ponctuelle aujourd'hui et de près marquée à toutes les cérémonies qu'elle doit faire et recevoir. De sorte qu'afin de ne nous trouver tous deux non seulement en égale peine et dispute, mais en bien plus grande, pour nous faire recevoir ensemble et par le moyen de la lettre commune, nous avons jugé à propos que l'un s'établisse avec la particulière, pour être autorisé et avoir pris meilleur moyen de servir l'autre, allant ainsi au plus sûr et suivant le chemin qui nous semble plus court aussi de faciliter toutes choses. Car nous nous ferons entendre au roi, et, plaidant avec lui-même notre cause et notre procès, nous devons espérer davantage qu'avec ses ministres, qui le flattent possible trop dans ses pensées et prétentions toutes nouvelles.

Sitôt que la poste d'hier fut arrivée, le roi ne manqua pas d'envoyer promptement à notre logis demander si on avoit reçu des lettres de la Cour, et si elles portoient une nouvelle créance. A quoi l'un de nous répondant selon qu'il savoit, il fut enquis du temps qu'on le voudroit communiquer audit roi. Sa Majesté ayant impatience grande pour les voir, on répliqua civilement là-dessus au maître de cérémonies, nommé Linde, qui parloit, que le Roi n'en avoit pas eu une moindre de faire compliment à son maître, puisque Sa Majesté lui avoit envoyé tant de lettres et de personnes expressément députées pour cela, avant même la réception des notifications ordinaires, ajoutant qu'on déchiffroit nos dépêches, et qu'après les avoir lues et fait copier les lettres de créance, on lui montreroit fort volontiers ces dernières, prenant cependant le temps qui étoit nécessaire pour délibérer entre nous ce que nous devrions faire avec nos lettres et desquelles il faudroit se servir les premières, vous assurant, Monseigneur, que sans icelles nous n'avions point à espérer d'audience, ni à être traité d'ambassadeur non plus, pour les raisons ci-devant alléguées.

M. Linde retourna chez nous le même jour, auquel nous montrâmes copie de la lettre de créance particulière qu'il demanda avec instance pour la faire voir à son maître, et nous fûmes jusqu'au midi du lendemain incertain si elle lui plairoit ou non, quoique nous eussions même jugé à propos d'ajouter aux titres ceux du comte Palatin du Rhin, duc de Bavière, Julliers, Clèves et Berg, affectés par ce nouveau roi de même que ceux de la Suède, ayant ses raisons pour cela, que nous n'avons pas jugé devoir être disputées par la France, autrement ne nous fussions nous pas émancipés de cette petite addition-là.

Cependant, en la place de M. Linde que nous attendions avec impatience, le roi de Suède nous envoya un de ses secrétaires nommé Canterstein, pour nous dire qu'il avoit vu copie de la lettre du Roi, obligeante par sa teneur, mais que les titres de la suscription, nommément ceux de Très haut et très excellent, qui, revenant à Altesse et Excellence concédés à de petits princes, n'égaloient non plus celui de Sérénité baillé au Roi dans la lettre que celui de Suède lui avoit écrite, que le mot de *vous* en françois revenoit peu à celui de Sérénissime dont Leurs Majestés se servoient en dedans de leurs lettres qu'ils s'écrivoient, qu'il seroit mieux que Leurs Majestés convinssent d'une langue tierce commune à tous deux, l'un ne pouvant parler sa langue sans donner sujet à l'autre de faire de même, ajoutant pour fin de son discours, accompagné de paroles civiles et assez choisies, que le roi de Suède recevroit maintenant la lettre du Roi écrite en françois sans nulle conséquence pour l'avenir, où il se déclaroit nettement à nous ne pouvoir ni ne vouloir aussi plus le faire ; que nous en informassions la Cour et y rendissions nos offices à ce qu'elle voulût se résoudre aux désirs de Sa Majesté, qui, deux heures après la sortie du secrétaire Canterstein, nous fit renouveler cette belle protestation par M. Linde, lequel assura l'un de nous d'avoir audience quand il voudroit, après avoir fait son entrée dans la ville.

Cependant, pour revenir à M. Canterstein, on ne le laissa pas retourner auprès de son maître comme il pensoit, ni avec espérance que nous nous emploierions à la Cour de solliciter ce qu'il désiroit. Car il lui fut nettement dit que la France écrivoit aujourd'hui au roi son maître comme elle avoit toujours fait aux autres rois de Suède, lesquels ayant toujours répondu en latin tant en France qu'aux autres rois, il se trouvoit que la nouveauté n'étoit pas du côté de la France, assurant de plus que sa chancellerie, assez connue et considérée dans le monde, n'avoit encore jamais écrit sinon en françois aux empereurs, rois et princes chrétiens et autres, ni jamais parlé que par *vous* au dedans des lettres ; mais que ce mot de *vous*, *mon frère*, qui y étoit mentionné, et puis celui de roi mis à la suscription dénotoient l'un et l'autre titre de Majesté qui étoit bien plus que celui de Sérénité, dont il parloit, avec d'autres raisons civilement représentées, qui devoient persuader M. Canterstein que son maître obtiendroit tout aussi peu que la chancellerie de France changeât sa façon d'écrire, que nous nous employassions pour l'en solliciter et y faire servir le roi son maître en ce point-là, qu'on ne laisseroit pas d'y écrire ce qu'il vouloit nous charger de rapporter, mais qu'il pouvoit l'assurer que la France n'écriroit pas en autre façon à lui qu'à tous les autres rois, tant pour les titres que pour la langue, dont pas un ne s'étoit jamais plaint ni recherché du changement.

Quant au point de l'audience, nous répondîmes à M. Canterstein que nous la ferions demander après l'entrée dans la ville, que nous n'eussions pas effectuée sans le long temps que nous avons resté dans la maison et pour faire voir au monde que nous y sommes tous vivants. Notre commission sera partagée : celui de nous deux qui paroitra le premier à l'audience ne touchant que la congratulation de l'avènement du roi de Suède à la couronne, laissant entièrement celle pour le mariage à son collègue, duquel il ne parlera sinon qu'en y faisant espérer une commission extraordinaire, et afin de préparer l'esprit du roi à cette attente et à la recevoir dans son temps. Nous ne pouvons encore savoir comment cette seconde cérémonie passera, ni ce que nos négociations particulières moyenneront d'avantageux pour la commission, mais nous croyons bien, Monseigneur, que vous êtes assez persuadé qu'il ne sera rien omis de notre part que nous dussions et pensions faire.

Nous remettons, s'il vous plaît, les réponses dues à toutes vos lettres d'affaire, aussi bien qu'à vous informer de cette cour, jusqu'après y être établi, et avoir commencé de parler au monde, afin de vous informer justement et assuré-

ment des choses les plus importantes à savoir, vous disant
néanmoins ici en passant que le comte Erick, qui doit succéder à la charge de feu son père, devant aller en Angleterre après son ambassade du Holstein et devant lui quelque
gentilhomme envoyé pour préparer les voies à ce futur
ambassadeur, cela doit assez faire croire que Messieurs les
Suédois ont négocié ou vont maintenant négocier avec
Monsieur le Protecteur d'autres choses que pour le seul
regard du commerce.

Nous sommes avec tout le respect que nous devons être,
Monseigneur, vos très humbles et très obéissants serviteurs.

D'Avaugour,
De Loménie-Brienne.

Suède, vol. 20, f° 362.

Brienne père à d'Avaugour.

Monsieur, comme l'ordinaire dépêché de cette ville le 11ᵉ
du mois passé vous doit avoir rendu il y a déjà quelque
temps (ainsi que je vous en avertis par celui qui partit il y
a huit jours) les lettres de créance sur vous et sur mon fils
pour féliciter le roi de Suède de son élévation sur le trône
et de son mariage avec une des princesses de Holstein, en
la forme qu'il les pouvoit désirer, c'est-à-dire avec les titres
qui ont de tout temps été donnés aux rois de Suède, je
n'ai rien à répondre à votre dernière dépêche, puisqu'elle
ne contient autre chose que ce qui regarde le refus que
vous m'aviez déjà mandé d'avoir été fait de vous admettre
à l'audience, faute de ces lettres de créance...

Je suis, Monsieur, votre très humble et très obéissant
serviteur.

De Loménie-Brienne.

A Paris, ce 30 octobre 1654.

Suède, vol. 20, f° 402.

Brienne père à d'Avaugour.

Monsieur, bien que la lettre que vous m'avez écrite en date du 10 du passé qui me fut rendue le 3 du courant, se trouve signée de mon fils, parce que vous l'avez voulu, comme de vous, ce ne sera qu'à vous seul à qui je ferai réponse. Il n'a pas été de l'intention du Roi qu'il y eût deux ambassadeurs en Suède, l'un au titre d'extraordinaire, qu'il eût fallu donner à mon fils, puisque vous y avez été envoyé avec celui d'ordinaire, parce que Sa Majesté n'a pas désiré, et je ne l'aurois jamais su consentir, que mon fils eût pris la main sur vous ; mais bien, puisqu'Elle l'a honoré de la charge de sa dernière confiance, faire que le roi de Suède reçût par son entremise les témoignages de la joie que son avènement à la couronne et son mariage peuvent lui causer, m'étant peut-être flatté que votre adresse et la manière différente de laquelle les rois de Suède ont vécu au passé avec la France feroient que le roi de Suède se résoudroit à une chose qu'il eût pu autoriser des termes de la lettre que vous lui aviez rendue.

. . . .

Je lairrai à mon fils le soin de vous témoigner le ressentiment qui lui reste et que j'ai de la façon obligeante de laquelle vous l'avez traité et me contenterai de vous protester que j'en aurai toute ma vie un entier ressentiment.

Je suis, Monsieur, votre très humble et très obéissant serviteur.

DE LOMÉNIE-BRIENNE.

A Paris, ce 11° jour de novembre 1654.

Suède, vol. 20, f° 356.

Brienne père à d'Avaugour

... Évitez donc, demandant des ordres, de dire que vous attendez ceux de la Cour, mais seulement du Roi, qui fait voir qu'il a des pensées dignes de la grandeur de sa nais-

sance, et s'il les conserve et se met en état de les exécuter,
vous, Monsieur, et mon fils, serez en part de la gloire qu'il
acquerra, car votre suffisance et votre courage vous feront
considérer par lui. Je me flatte de croire que mon fils aura
cette même fortune. Je vous demande la continuation de
votre amitié et de croire que je suis, Monsieur, votre très
humble et très obéissant serviteur.

DE LOMÉNIE-BRIENNE.

A Paris, ce 20 novembre 1654.

Suède, vol. 20, f° 429 v°.

Brienne père à d'Avaugour.

Monsieur, vous continuez à favoriser mon fils de si bonne
grâce et avec une affection si sincère que je ne puis m'empêcher de vous en remercier ; mais vos soins ne lui procu-
reront pas l'avantage que vous désireriez, parce qu'il n'a pas
semblé juste que le Roi se mit en soin d'honorer extraor-
dinairement celui du Nord, qui reçoit avec froideur ce que
ses prédécesseurs avoient recherché, outre que l'indisposition de mon fils est telle qu'il y a apparence qu'elle l'em-
pêcheroit de faire le compliment au roi et à la reine de
Suède qu'il convient sur leur mariage, de sorte qu'il a été
jugé à propos de laisser à vous seul le soin de leur rendre
cette civilité.

. . . .

Je suis, Monsieur, votre très humble et très obéissant
serviteur.

DE LOMÉNIE-BRIENNE.

A Paris, ce 27 novembre 1654.

Suède, vol. 20, f° 393.

Le comte Magnus de La Gardie à Brienne père.

Monsieur, l'arrivée de M. le comte de Brienne, votre fils,
en cette cour, m'avoit donné beaucoup de joie dans l'espé-

<table><tr><td>III.</td><td align="right">20</td></tr></table>

rance qu'en sa personne je pourrois témoigner à Votre Excellence le ressentiment que j'ai des faveurs qu'elle m'a fait en France. Je me trouve pourtant déçu, Monsieur, par les soins que M. l'Ambassadeur en prend, et je vois d'un œil jaloux l'avantage qu'il en reçoit à mon préjudice. Si je n'ai pas droit de le lui disputer, d'autant qu'il en étoit en possession avant mon retour à la cour, du moins vous puis-je assurer que le désir de lui être utile ne cède pas au sien, et que je tiendrois à un grand bonheur de lui en donner des marques assurées.

J'ai prié M. Olivier de voir Votre Excellence de ma part, pour lui confirmer cette vérité, et lui renouveler les offres de mes très humbles services, en la conjurant de me continuer l'honneur de ses bonnes grâces. C'est une personne de qui je fais une estime très particulière et que je prends la liberté de vous recommander et vous supplie très humblement me faire la faveur d'introduire auprès de Monsieur le Cardinal, afin qu'il lui puisse rendre la lettre que je lui écris en réponse de la sienne.

Je ne parle point de lui à Son Éminence pour ce que je n'ai pas encore eu occasion de témoigner à Leurs Majestés le zèle que j'ai pour leur service, dans les choses que Monsieur l'Ambassadeur doit proposer au Roi pour l'union étroite des deux couronnes. Mais j'aurois une obligation très sensible à Votre Excellence si elle avoit la bonté de lui faire connoître que je m'intéresse beaucoup en la fortune dudit sieur Olivier et que je lui serois très redevable si elle le regardoit favorablement à ma considération.

Ce sera, Monsieur, un accroissement de bienfaits, lesquels je tâcherai de mériter par mes obéissances et serai continuellement, Monsieur, de Votre Excellence le très humble et très obéissant serviteur.

M. DE LA GARDIE.

A Stockholm, le 8 décembre 1654.

Suède, vol. 20, f° 465.

Chanut à Brienne père.

... Vous me traitez, Monsieur, avec trop de grâce, dans
le jugement que vous faites de ma réponse à la reine de
Suède. Ce que vous en écrivez vaut beaucoup mieux que
la lettre même, et vous me l'avez donné pour consolation
du déplaisir que j'ai eu de me voir réduit à déplaire à
cette princesse. Permettez-moi, Monsieur, de vous rendre
en échange de la charité que vous avez pour moi, une con-
jouissance fidèle du bon succès qu'a eu M. le comte de
Brienne dans sa première action publique auprès du roi et
de la reine de Suède. Il m'en est écrit de Stockholm en des
termes qui me comblent de joie. Vos espérances, Monsieur,
seront surpassées en ce brave fils. Laissez-le, s'il vous
plaît, former avec un peu de loisir en voyant le monde,
afin que dès son abord en France il s'établisse en la réputation qui sera le fondement de l'estime perpétuelle de
toute sa vie. Pardonnez-moi si je parle si librement ; je
suis de votre maison, vous m'y avez reçu pour un serviteur
inaliénable, j'y ai intérêt...

A La Haye, le 28 janvier 1655.

Hollande, vol. 54, f° 330 v°.

Chanut à Brienne père.

... J'ai de l'impatience que le dit sieur Picques soit auprès
de vous, Monsieur, pour vous dire, comme spectateur,
l'estime que M. le comte de Brienne laisse de sa personne
et de sa conduite dans la cour de Suède. Ne vous déchargez
point, Monsieur, sur qui que ce soit de l'obligation que
vous avez à Dieu solidement de ce que vous l'avez fait tel
qu'il est. Vous vous reconnoîtrez tellement en lui, en ses
actions, en toutes les nobles inclinations au bien, que vous
avouerez que, pour son instruction, il est seulement besoin
d'empêcher que l'abord du mal et des mauvais exemples

corrompent les grâces qu'il a reçues en naissant et que *dedecorent benè nata culpae...*

A La Haye, ce 25 février 1655.

Ibid., f° 345.

Brienne fils à sa mère.

A Dantzick, le 9 avril 1655.

Madame, le roi de Suède partant le 1er de février pour son voyage vers les frontières du Danemark, et M. d'Avaugour l'accompagnant, je pris ce jour-là congé de lui, et de toute la cour, et partis de Stockholm le 2°, et arrivai le lendemain à Upsal, capitale de la province d'Uplande et le seul archevêché de toute la Suède ; où nous vîmes, dans l'église cathédrale, des tombeaux des rois, entre autres une grande châsse d'argent, dans laquelle reposent les reliques de saint Éric, qui ne laissent pas d'être conservées avec grand soin, quoique par des Luthériens.

Nous considérâmes aussi le château royal qui est bâti sur une montagne hors la ville et entrâmes dans la salle où la reine Christine a fait son abdication.

Le même jour, nous sortîmes de l'Uplande pour entrer dans la province de Westmarnie, et de là à Sala, ville capitale, à cent pas de laquelle sont les mines d'argent, que nous vîmes avec un extrême plaisir, et comme une chose très digne d'être considérée, tant à cause de la profondeur que pour la beauté et rareté des machines qui servent à tirer le métal du fond de la mine et à en tirer les eaux.

Nous arrivâmes ensuite à Cupersberg, de la province de Dalécarlie, où sont les riches mines de cuivre, qui est ce qu'il y a de plus beau à voir en Suède. Elles sont creusées jusqu'à la profondeur de 116 toises, c'est-à-dire trois fois plus que la hauteur des tours de Notre-Dame de Paris, par la force du feu qui consume le rocher. Il y a douze mille ouvriers qui y travaillent incessamment, et des machines admirables pour aider leur travail.

Ensuite, passant par la province de Helsingland, nous vînmes à Hudwiswald, ville fort marchande au bord de la mer, puis en la province de Medelpadie et à la ville de Sundswald, où se font toutes sortes d'instruments pour la guerre ; de là dans la province d'Angermanie, où nous ne vîmes, durant trois jours, que des bois de sapin et rochers.

Ensuite, nous entrâmes dans la province de Bothnie, qu'on appelle occidentale et vînmes à Umea, petite ville qui donne le nom à la province des Lapons ; et ayant trouvé le passage de la mer libre, nous ne voulûmes pas prolonger notre chemin jusqu'à l'extrémité du golfe. Ce qui fit que j'allai voir, le jour d'après, les Lapons qui avaient pour lors leurs tentes à deux lieues de la ville d'Umea.

Ce sont des peuples qui n'ont point de demeure assurée, sont sauvages et ne se nourrissent que de gibier et de poisson ; et pour cela demeurent tantôt proche d'une forêt, tantôt d'une rivière ou d'un lac. Leurs tentes sont faites de longues perches attachées par le bout d'en haut, qui viennent en arrondissant par le bas, couvertes d'écorce de bouleau pour parer l'injure de l'air, néanmoins ouvertes par le haut pour donner issue à la fumée du feu qu'ils font au milieu. Ils y peuvent bien demeurer six personnes à la fois ; mais il faut toujours qu'elles soient assises à terre, parce que les tentes sont fort basses.

Ils se servent de deux sortes de machines pour passer les neiges sans y enfoncer : l'une avec de longs bâtons aplatis des deux côtés, relevés par le bout, dont l'un est plus long que l'autre, qu'ils attachent à leurs pieds, et se gouvernent avec une perche qu'ils tiennent à la main ; l'autre est la plus commode, ce sont de petits traîneaux en forme de bateau, dans lesquels il ne peut tenir qu'une personne à la fois, que traîne un animal qu'on appelle renne, de la peau duquel ils se vêtent, le poil en dehors, qui ne se trouve en aucun pays que celui-là.

Il est fait presque comme un cerf, excepté que sa tête

ressemble à celle d'un veau et que ses cornes sont velues à l'extrémité. Ces bêtes emportent ces traîneaux avec une vitesse incroyable, dans lesquels les Lapons ne font point de difficulté de passer sur les rochers les plus escarpés. Nous nous fîmes ramener par les Lapons dans lesdits traîneaux jusqu'à la ville, mais je ne saurois vous exprimer la vitesse avec laquelle lesdits animaux nous traînèrent.

Nous en sortîmes le jour même et passâmes sur la Mer Glacée aux îles de Kvarken, avec un froid le plus rude qui se puisse sentir, en sorte que si nous n'eussions été vêtus et fourrés comme les Lapons (les habillements desquels nous porterons en France par curiosité), le froid nous auroit beaucoup incommodés ; mais ils sont si chauds que nous n'avons presque point souffert.

Au sortir de la mer, nous entrâmes dans le grand-duché de Finlande, et quittâmes le royaume de Suède, à qui pourtant il appartient, et arrivâmes dans la province de Cajnie, autrement Bothnie orientale. Nous vînmes à Vasa, petite ville sur le bord de la mer ; ensuite dans la province de Tavastie ; de là dans la province de Fine et enfin à Abo, capitale de la Finlande, d'où je me suis donné l'honneur de vous écrire, ville située entre les deux golfes Bothnique et Finnique.

De là, côtoyant le sioen [1] Finnique, nous entrâmes dans la province de Nyland, et, passant à Borgo, port de mer, nous entrâmes dans la province de Carélie et à Viborg, ville frontière de la Moscovie. De là nous passâmes sur les glaces du golfe Finnique jusques à Nerva, ville de l'Ingrie, province de Moscovie, que les Suédois possèdent maintenant, ensuite dans la province d'Estonie. Et passant à Wesenborg, ville de peu de conséquence, nous arrivâmes à Revel, ville fort jolie et beau port de mer, et de là à Pernau, ville aussi maritime.

Et cotoyant le golfe de Livonie, nous vînmes à Riga,

1. Golfe.

capitale de Livonie et dernier lieu de la domination sué-
doise, où j'ai été reçu par M. le connétable Gustave Horn
avec autant d'honneur qu'il se puisse. Il m'a toujours
traité comme si j'eusse été ambassadeur extraordinaire en
Suède, et m'a fait défrayer tout le temps que j'ai demeuré
audit Riga. Il m'a aussi donné ses traîneaux qui m'ont
mené jusque sur les terres du prince de Courlande qui
envoya trois carrosses au devant de moi, à trois lieues de
sa résidence, avec le capitaine de ses gardes du corps.

Au reste, Madame, j'ose ici, avec votre permission, prier
mon père de vouloir remercier par quelqu'une de ses lettres
M. le connétable Horn de tant de civilités que j'ai reçues,
comme aussi M. le prince de Courlande, qui m'a retenu
trois jours auprès de lui avec tous les honneurs possibles.
Il m'a traité en ambassadeur extraordinaire, m'a fait servir à table par trois gentilshommes servants, faire l'essai
des viandes et tenir les gardes du corps, jour et nuit, à la
porte de ma chambre.

Il m'a promis de m'envoyer les deux plus beaux chevaux de son écurie, aussitôt que je serai arrivé en France,
et m'a fait de fort beaux présents d'ambre et de pied d'élan.
J'ose vous dire encore une fois que je supplie très humblement mon père d'écrire à ces deux personnes pour leur
témoigner qu'il prend part aux honneurs que j'ai reçus
d'eux. J'espère cette grâce de sa bonté.

Le prince de Courlande m'a fait conduire par trois de
ses gentilshommes jusques hors de ses terres et toujours
traiter par ses officiers. Je les laissai à Memel, première
forteresse de la Prusse ducale, et ayant passé le bras de
mer qu'on appelle Kurische-Haff j'arrivai à Kœnigsberg,
capitale de la Prusse ducale, où nous fîmes nos Pâques.
De là passant par toutes les villes de la Prusse royale
situées sur le bord de la mer dite Frische Nehrung, j'arrivai à Dantzig, le 3e d'avril.

J'ai oublié de vous dire que les marchands de Riga, me
donnant la collation dans la maison de leur Bourse, où ils

conservent des reliques de saint Georges qu'ils ont prises
dans l'église cathédrale de la ville lorsque, le roi Gustave
la prenant par la force de ses armes, les catholiques en
furent chassés, je leur en demandai un morceau dont ils me
firent présent de fort bonne grâce. Je vous assure que je
l'ai pris moi-même dans la châsse et que vous pouvez y
avoir foi. En voilà un petit morceau que je vous prie d'avoir
pour agréable. Il y a aussi une pièce du taffetas dans lequel
lesdites reliques étoient enveloppées ; mais je suis si las
que ma main ne peut plus écrire.

Donnez-moi donc permission de finir et faites-moi la
grâce de croire que je suis avec une soumission extrême et
un très profond respect, Madame, votre très humble et très
obéissant fils et serviteur.

BRIENNE.

N'ayant point reçu d'ordre ici pour la dépense de mon
voyage, par l'absence de M. de Canasilhes, qui est à Varsovie, j'ai reçu sur la lettre de crédit de M. de Roquette,
marchand à Stockholm, la somme de six cents risdalles,
pour lesquelles j'ai ici donné lettre de change sur vous,
Madame, que je vous supplie très humblement vouloir faire
acquitter, comme aussi deux cents risdalles que j'avois
touchées à Riga sur la même lettre de crédit. J'espère que
nous trouverons vos ordres à Varsovie, pour pouvoir continuer notre voyage jusques à Venise, car je n'espère pas
de pouvoir recevoir devant de vos nouvelles.

Bibliothèque de l'Arsenal, ms. n° 6034, f° 395.

Chanut à Brienne père.

...Je ne doute point que M. le comte de Brienne ne vous
ait écrit de Dantzick ; mais pour ce qu'il arrive quelquefois
que des paquets se perdent, je pense être obligé d'ajouter
ici que j'ai ouvert cette lettre déjà fermée pour vous faire
savoir que je reçois de ses lettres présentement, datées de
Dantzick le 9e du mois passé.

Je suis, Monsieur, votre très humble, très obéissant et très obligé serviteur.

CHANUT.

A La Haye, ce 22 avril 1655.

Hollande, vol. 54, f° 377.

D'Argenson à Brienne père.

De Venise, le 29 mai 1655.

... Monsieur votre fils n'est point encore arrivé ; je l'attends de jour en jour et je loue Dieu de ce que l'honneur de le voir me sera une occasion de vous témoigner avec quel respect je suis votre très humble, très obéissant et très fidèle serviteur.

D'ARGENSON.

Venise, vol. 38, f° 205 v°.

D'Argenson à Brienne père.

Venise, 1er juin 1655.

... Pour les crieries que fait l'ambassadeur d'Espagne, il ne laisse pas de m'envoyer de temps en temps ses compliments accoutumés, et depuis peu j'en ai eu de sa part sur les heureuses couches de ma femme. C'est le troisième enfant que Dieu m'a donné dans Venise, et je puis vous assurer, Monsieur, qu'ils seront des serviteurs et des servantes de toute votre maison. J'en assurerai Monsieur votre fils, quand j'aurai l'honneur de le voir, mais il n'est pas encore arrivé...

Venise, vol. 38, f° 209.

D'Argenson à Brienne père.

Venise, le 17 juillet 1655.

Monsieur, j'ai cru que je devois faire à part cette dépêche pour vous parler à cœur ouvert de Monsieur votre fils. Il est céans depuis trois jours, et pendant le temps que j'aurai l'honneur de le posséder, je n'oublierai rien de ce qui dépendra de moi pour son contentement et pour l'information qu'il peut prendre d'un État qu'il ne voit qu'en passant. Je l'ai trouvé dans une sagesse qui n'est point de son âge, infiniment instruit des nations qu'il a vues, savant de beaucoup de choses, et dans un extrême désir d'apprendre et de devenir parfait. Je n'ai guère vu de jeunes gentilshommes avec tant ce bonnes qualités, et ce vous doit être une grande joie, Monsieur, de ce que Dieu l'a favorisé de si belles inclinations. Je vous en écris ici avec ma sincérité accoutumée, et si je n'avois reconnu en sa personne toutes les vertus que je remarque, je ne vous ferois pas un compliment si étendu. J'espère qu'il remplira dignement la place où vous le destinez et je voudrois pouvoir contribuer par mes soins aux avantages que votre maison en doit attendre. Je lui ai donné toutes les dépêches que vous m'aviez adressées pour lui. Il vous y fait réponse, et je le retiendrai tout le plus que je pourrai pour lui faire passer les chaleurs avant que d'aller à Rome...

Venise, vol. 38, f° 229 v°.

D'Argenson à Brienne père.

Venise, 11 septembre 1655.

Monsieur, je ne saurois vous rendre assez de grâces des essentielles bontés que vous me témoignez par votre lettre du 15 d'août. Je n'ai fait que ce que j'ai dû à l'égard de Monsieur votre fils et je continuerai toute ma vie à lui rendre autant de services que j'en aurai le pouvoir. Avec cela je ne m'acquitterai jamais des obligations que je vous ai, car vous les avez fait monter au dernier point. J'envoirai à Rome le paquet que m'avez adressé, où je crois que vous aurez réponse, parce que je crois que Monsieur votre fils fait état d'y passer une partie de l'hiver. Si vous lui permettez d'y demeurer tout le carême, nous pourrions bien retourner ensemble à Paris; mais de la sorte qu'il m'a parlé, il y doit être avant que j'y puisse arriver...

Venise, vol. 38, f° 249.

Lionne à Brienne père.

A Rome, le 27 septembre 1655.

. . . .

J'ai le bonheur d'avoir céans Monsieur votre fils; mais au même temps que je vous remercie de la grâce qu'il m'a faite en cela, que je tiens pour précieuse, je vous demande justice de ce que, quelques conjurations que j'aie su employer, il n'a jamais voulu qu'aucune personne de son train me fît la même faveur, quoique les appartements fussent prêts pour tous, et que je le souhaitasse autant qu'il se peut. Je l'accompagnerai un des jours de cette semaine chez le Pape, que j'ai averti de sa venue et de sa qualité, afin qu'il soit traité de Sa Sainteté comme il convient. Il nous menace déjà de son départ, à quoi je vous avoue que je m'offenserai, mais non pas si fortement que je ferois sans la crainte que j'aurois de me rendre coupable envers vous, en vous retardant le contentement de revoir un fils aussi honnête homme qu'il est.

Sans flatterie, Monsieur, ni sans exagération, je voudrois de bon cœur avoir payé le tiers du bien qu'aura mon fils aîné et être assuré qu'il pût en toutes choses lui ressembler à son âge; mais les qualités qu'il possède ne s'acquièrent ni par souhait ni par argent. Dieu a voulu bénir votre bonté et la piété de Madame sa mère, de la plus sensible et solide satisfaction qu'il donne en ce monde. Je compte déjà pour beaucoup qu'il parle latin et allemand mieux que sa langue naturelle, qu'il ait fait un si beau journal latin de tous ses voyages qu'il sera un jour fort recherché dans les bibliothèques; que rien ne lui soit échappé des mœurs et des affaires de tous les pays qu'il a vus. Mais ce que j'ai admiré, c'est qu'à vingt ans il sache ce qui se peut savoir en toutes les sciences nécessaires ou curieuses, et qu'il ait joint à une vivacité d'esprit extraordinaire la prudence et la retenue d'un homme de cinquante ans et autant de connoissance de tous les intérêts des princes du Nord, d'Allemagne et d'Italie que leurs ministres propres. Vous serez étonné de l'ouïr parler, et si je vous mens d'un mot, ni si je vous flatte, je prie Dieu qu'il me punisse.

Enfin, Monsieur, permettez-moi un trait bien hardi, mais qui ne sauroit déplaire à un père qui aime bien. Vous pouvez maintenant vous reposer quand il vous plaira, et être assuré que votre charge ne sauroit être plus dignement remplie que par Monsieur votre fils, ni le Roi être mieux servi par aucun autre ; et quand vous jugerez à propos de lui donner part à l'exercice, je consens qu'on me traite d'imposteur, si on ne trouve vrai ce que je vous mande.

. . . .

Rome, vol. 130, f° 229.

D'Argenson à Brienne père.

Venise, 28 septembre 1655.

Monsieur, je suis confus de la manière dont vous me traitez sur le sujet de Monsieur votre fils. Je n'ai rien fait que vous et lui ne dussiez attendre d'un homme aussi avant dans vos intérêts que je le suis, et je vous proteste que, si je l'avois pu servir moi-même dans les choses dont il a eu besoin, je l'aurois fait sans passer par les mains d'autrui. Je suis bien persuadé que vous ou Madame la comtesse donnerez les ordres nécessaires à me décharger, et je ne vous en parle ici que pour répondre aux obligeantes civilités dont votre dépêche du 23e d'août est toute remplie...

Venise, vol. 38, f° 253.

Lionne à Brienne père.

A Rome, le 4 octobre 1655.

. . . .

J'eus l'honneur de conduire hier Monsieur votre fils au baisement de pieds de Sa Sainteté. Il vous rendra compte, je m'assure, de tout ce qui s'y passa, dont il est très satisfait, et le Pape encore plus que lui, car il m'en dit mille biens après qu'il fut sorti, et qu'il n'avoit guère vu de jeune homme de si grande espérance. En effet, Monsieur, je ne saurois vous exprimer combien je fus moi-même surpris et édifié de la manière dont Monsieur votre fils s'acquitta de son compliment. Il lui fit un discours latin le mieux imaginé et le plus élégant qu'il se pouvoit; le pape y repartit de même, et leur conversation en la même langue dura près de trois quarts d'heure. Je l'introduisis en entrant, parce que je voulois qu'il assistât à tout ce que je dirois au Saint-Père et particulièrement sur l'affaire de M. le cardinal de Retz, afin qu'il pût vous témoigner à son retour que je ne m'épargne pas quand je tombe sur cette matière; mais Sa Sainteté ne l'ayant pas fait lever comme je l'avois espéré, parce qu'il n'avoit pas de lettre du Roi, je ne jugeai pas ni de la bienséance ni de sa commodité, qu'il demeurât encore deux heures durant à genoux, qui fut le temps que dura le reste de mon audience, m'étant chargé de plus de trente mémoriaux d'affaires particulières, après celles du Roi.

. . . .

Rome, vol. 130, f° 242 v°

Lionne à Brienne père.

A Rome, le 11 octobre 1655.

. . . .

J'ai été passer quelques jours de la semaine dernière à Frascati, à dessein principalement de faire voir à M. le comte votre fils, les beautés de ce lieu-là et des autres environs de Rome.

. . . .

Je fis hier conjurer Son Éminence (le cardinal Bichi) de faire effort pour se trouver à ce consistoire afin de terminer, s'il y avoit moyen, sans plus de délai, l'affaire des trois gratis avec le cardinal Brancaccio et ceux de l'escadron. Il me promit de se forcer en toute façon d'y aller; mais je viens d'apprendre en écrivant ceci que son mal ne le lui a pu permettre, dont j'ai un double déplaisir, voyant reculer jusqu'à un autre consistoire cette affaire que j'aurois extrêmement souhaité que Monsieur votre fils eût vu achever pendant son séjour en ces quartiers et qu'il vous en eût porté la nouvelle. Il est présentement à Lorette, où il s'est pressé d'aller en poste, pour profiter du passage de la galère qui doit venir prendre M. le cardinal Grimaldi et qui vraisemblablement sera à Civita-Vecchia le 15 ou 16 du courant. Comme mondit sieur le comte fait état, pour l'impatience qu'il a de vous revoir, de prendre la poste à son débarquement en Provence, pour peu qu'il ait les vents favorables sur la mer, vous pourrez bien l'avoir près de vous avant même que cette dépêche vous soit rendue. Je vous proteste, Monsieur, que je prends une part très sensible à la satisfaction que je suis assuré que vous aurez extrême de le revoir si honnête homme, avec tant de sagesse et de connoissance des affaires.

Rome, vol. 130, fᵒ 250 et 253 vᵒ.

Lionne à Brienne père.

A Rome, le 1ᵉʳ novembre 1655.

. . . .

M. le cardinal Grimaldi partit de Palo il y a trois jours sur la galère de Gênes, et avec lui Monsieur le comte votre fils en très bonne santé. Je suis bien fâché de n'avoir pu jouir plus longtemps de sa présence, vous protestant sans flatterie qu'il laisse ici en tous ceux qui l'on connu une si haute estime de sa sagesse et de sa capacité qu'il ne vous reste pas même à souhaiter qu'elle fût plus grande. Pour mon particulier, j'ai occasion de vous confirmer encore plus fortement tout le bien que je vous en ai mandé par mes premières dépêches où je parlois de lui, comme l'ayant encore mieux connu. Certainement, je n'ai point vu de personne à son âge qui sût tant de choses, qui eût tant d'application aux affaires et tant de désir de ne rien ignorer. Ajoutez à tout cela votre sincérité et votre bonté même, et jugez, Monsieur, combien vous avez occasion de louer et remercier Dieu à toute heure de vous avoir donné un successeur si accompli en toute vertu et bonnes qualités. J'ai beaucoup de douleur de ne l'avoir pu servir ici comme il le méritoit. Il a cependant la bonté d'excuser mes manquements, et je vous demande le même pardon et la même grâce.

J'aurois passionnément souhaité de terminer pendant son séjour l'affaire de votre gratis et celui de M. Le Tellier, afin qu'il vous pût porter cette bonne nouvelle, et j'avois fait mes batteries pour cela au dernier consistoire ; mais M. le cardinal Bichi qui s'en étoit chargé avec plaisir, ayant sondé le gué et vu la disposition des esprits, n'osa hasarder tout à fait la chose, reconnoissant que nous tirerions court une seconde fois...

. . . .

Rome, vol. 130, f° 302.

D'Argenson à Brienne père.

Venise, 6 novembre 1655.

... J'apprends que Monsieur votre fils est parti de Rome en fort bonne santé. Je prie Dieu qu'il lui donne un heureux voyage pour arriver et demeurer heureusement auprès de vous.

Je suis toujours, comme je dois, Monsieur, votre très humble, très obéissant et très fidèle serviteur.

D'Argenson.

Venise, vol. 38, f° 268 v°.

Brienne fils à d'Avaugour.

Paris, ce 3 décembre 1655.

Monsieur, je renouvelle présentement avec vous le commerce que mon prompt départ de Rome m'avoit fait interrompre, sans vous en donner avis. Je vous en demande pardon et vous promets de l'entretenir dorénavant fort ponctuellement avec vous, dont les grâces et les bienfaits m'ont si fort obligé que je suis honteux de ne vous en avoir pas encore témoigné ma reconnoissance. J'espère que vous me ferez naître des occasions pour en donner des preuves et vous témoigner avec combien de sincérité je vous aime. J'ai déja parlé à mon père pour faire quelque chose pour M. Akakia ; je vous assure qu'il y est fort porté de sa part, et que de la mienne je n'oublierai aucune diligence pour l'exécution. Nous attendons demain le retour du Roi, qui me donnera plus de matière de vous écrire la semaine prochaine.

Je suis, monsieur, votre très humble et très obéissant serviteur.

Brienne.

Correspondance politique, Suède, vol. 19, f° 417.

Une table manuscrite ancienne du volume indique une autre lettre de Brienne à d'Avaugour, du 26 juillet 1655, qui ne s'y retrouve plus.

Mme de Brienne à la reine de Pologne.

L'état où j'ai été depuis les troubles de vos États m'a ôté le pouvoir de témoigner plus tôt à Votre Majesté l'impression qu'ils ont faite dans mon cœur. Mais en vérité, Madame, les douleurs de ma maladie, qui m'a fait voir la mort de fort près, ne m'ont pas été si sensibles que les peines de Votre Majesté. Elles me rendent même incapable d'en parler qu'à Dieu, et c'est seulement à ses pieds que je répands mon cœur et mes larmes, avec un ardent désir d'être bonne, afin que mes prières pour Elle méritassent d'être exaucées. Mais quelque grands que fussent mes sentiments, j'avoue, Madame, que depuis le retour de mon fils je me sens encore et plus sensible et plus tendre. Car quel moyen de ne l'être pas en apprenant et en voyant tout ce qu'il a plu à Votre Majesté de faire pour lui? Il en est si extrêmement touché, lorsqu'il en parle, et des excessives bontés du Roi, qu'en vérité, Madame, s'il n'étoit pas mon fils, je dirois qu'il n'est pas tout à fait indigne des grâces qu'il a reçues de Vos Majestés, puisque je le trouve aussi reconnoissant que je le désire, c'est-à-dire aussi reconnoissant qu'on le sauroit être. Il me dit sans cesse, dans l'excès de la douleur sur ce qui se passe maintenant dans votre royaume, que Votre Majesté ne l'a pas seulement traité en reine, mais qu'Elle l'a traitée comme Dieu traite les hommes lorsqu'il daigne agir vers eux de même que s'ils avoient l'honneur d'être ses enfants. Oserai-je prendre la liberté, Madame, de dire à Votre Majesté que nous le marions avec une fille de feu M. de Chavigny, qui est telle, soit pour la personne ou pour tout le reste, qu'il seroit difficile qu'il rencontrât mieux. Mais si quelque chose me pouvoit donner une pleine joie, ce seroit, Madame, que Votre Majesté voulût bien nous faire l'honneur de se servir de tout ce que nous avons au monde, rien n'étant si absolument à elle, et je le proteste à ses pieds, que nos personnes, nos biens et nos vies. Au nom de Dieu, Madame, donnez-nous le moyen de vous le témoigner par des effets. Ce sera lors que Votre Majesté verra que ma passion pour son service et ma reconnoissance des infinies obligations dont nous lui sommes redevables ne pouvant aller plus avant, personne ne sera jamais avec plus de respect, de zèle et de fidélité que moi, etc.

[Décembre 1655.]

Bibliothèque de l'Arsenal, ms. n° 6034, f° 406.

III

BRIENNE A SCHWERIN

[On ne sait pas au juste pourquoi ni dans quelles conditions Brienne gagna les états du duc de Mecklembourg. Voici du moins divers extraits de documents officiels qui fourniront quelques détails sur les débuts de cet exode. Ce sont des passages recueillis dans la correspondance de Pierre Bidal, le futur baron d'Asfeld, qui d'abord marchand, puis agent de la reine Christine de Suède, fut enfin résident de France à Hambourg (1661), où il mourut en 1682. Bidal se préoccupa, en cette qualité, de l'arrivée de Brienne à Schwerin et en écrivit à Lionne, à cause des excentricités du nouveau venu. On trouvera ici ce qu'il en dit, qui nous a été signalé par M. Hyrvoix de Landosle.]

Pierre Bidal à Lionne.

J'ai écrit en termes généraux la lettre ci-jointe ; ce billet que j'y ai joint vous fera savoir le détail véritable de l'histoire, pour que Votre Grandeur puisse prendre les mesures que sa prudence lui fournira.

M. le comte de Brienne m'a dit qu'il étoit chez les Petits Augustins du faubourg Saint-Germain, qu'ayant appris que Messieurs ses parents avoient fait marché de deux mille livres par an pour le mettre dans l'abbaye d'Échailly, qu'il avoit pris résolution, pour éviter cette retraite et la dureté de ses parents, de se retirer ; qu'il en avoit fait parler à M. le duc de Mecklembourg ; que ce prince l'avoit fait enlever et lui avoit donné trois de ses chevaux, avec deux de ses domestiques, pour le conduire sur ses États.

J'ai fait connoître à M. le comte de Brienne le mauvais parti qu'il avoit pris, qu'il devoit prendre garde que sa conduite ne donnât pas lieu de justifier celle dont il se

plaint que Messieurs ses parents ont tenue à son égard, et
ne pas causer des affaires à un prince qui l'avoit servi. Il
m'a dit que M. le prince de Mecklembourg lui offroit deux
partis: celui d'être maréchal de tout son état, ou celui de
l'évêché de Ratzebourg, avec douze mille livres de rente,
et qu'il l'envoieroit en Suéde pour solliciter les prétentions
qu'il a pour la ville de Wismar, que les Suédois tiennent.

Je lui fis connoître qu'après ce qu'il avoit été il ne devoit
pas s'embarrasser d'aller en Suède pour une affaire odieuse
et de la part d'un prince pour lequel l'on avoit peu
d'estime; et que, pour les autres emplois, je croyois qu'il
ne devoit rien faire qui pût faire des affaires à M. le duc
de Mecklembourg; que je croyois qu'il étoit à propos
d'écrire à Sa Majesté. Et comme il me montra une lettre
qu'il avoit écrite pour envoyer à Sa Majesté, et que je vis
qu'elle étoit comme s'il eût été encore caché en France,
je le priai de la réformer pour ne rien dire que de véritable à Sa Majesté; aussi bien que, tout le monde d'Hambourg sachant qu'il étoit ici et l'ayant appris par la voix
publique, je ne pouvois me dispenser d'en avertir Sa
Majesté; qu'il ne gâtoit rien de ne point s'engager; qu'il
eût patience de savoir les volontés de Sa Majesté, qui, peut-
être, tiendroit-il son absence en indifférence, et ainsi
qu'il pourroit ensuite prendre tel parti qu'il lui plairoit;
et, sans intéresser en son affaire Leurs Altesses de Mecklembourg, que je lui faisois offre de ma maison de cette
ville, et en être le maître, ou de mes terres de Wilden-
bruck, pour deux ou trois ans, avec l'équipage d'une personne de sa condition et mille écus pour les employer
comme il voudroit; et que, quoique j'eusse huit enfants,
il ne lui manqueroit en rien, pourvu que Sa Majesté
l'agréât.

Il a fort goûté mes raisons, mais il ne les a pas suivies
et a trouvé à propos d'aller à Schwerin avec l'équipage
que M. le duc de Mecklembourg lui a envoyé de carrosses
et le reste, et a promis d'attendre là ce qu'il plairoit à Sa

Majesté de me commander de lui faire savoir de ses volontés.

Je n'ai point perdu de temps à parler aux gentilshommes de M. le duc de Mecklembourg, celui qui a eu sa conduite jusqu'ici et qui est François et fort honnête homme, et à un autre gentilhomme allemand, nommé Benseau, qui est celui qui prend le principal soin des affaires de M. le duc de Mecklembourg. Je les ai priés de me voir et leur ai fait connoître tout ce qu'il se devoit sur l'affaire; et qu'étant serviteurs de Leurs Altesses, je croyois que je devois les avertir qu'ils devoient prendre garde de ne se pas faire des affaires avec Sa Majesté, que je croyois qu'il étoit de l'intérêt de Leurs Altesses d'aller voir Votre Grandeur et de lui faire connoître le fond de leurs intentions : ce que ces gentilshommes ont trouvé bon et en écrivent à Leurs Altesses. Et, cependant, m'ont promis et engagé leurs paroles qu'ils tiendroient M. le comte de Brienne dans Schwerin sûrement, en attendant qu'ils eussent eu des nouvelles de Leurs Altesses de leurs volontés.

Le gentilhomme françois m'a dit que c'est M. le duc seul qui a fait l'enlèvement. Cela se peut. Ainsi voilà, ce me semble, ce qui se pourroit faire, qui est de tenir tout en sûreté et donner temps à chacun de rentrer en son devoir sans même que l'on sache que Sa Majesté le sait.

J'ai fait connoître à M. le comte de Brienne les désordres qu'il lui pouvoit arriver avec un prince qui n'est pas ferme dans ses amitiés, et lui ai dit généralement tout ce qu'un homme de bien et bien intentionné pouvoit dire, suivant le service du Roi, à une personne de condition très affligée et qui n'a point de plus grands ennemis que dans sa propre personne : ce qui me fait une pitié, et à Madame Bidal, au delà de l'expression. Il n'y auroit pas, à mon avis, grand risque à le laisser dans les États de M. le duc de Mecklembourg, si l'on croyoit qu'il y fût demeuré; mais je ne le crois pas, et je connois le tort qu'une personne comme M. le comte de Brienne, qui va extrêmement vite, peut faire

dans les cours de Berlin, et plus particulièrement en la cour
de Suède, où il a dessein de passer, en parlant contre les
intérêts du Roi et de la conduite des affaires.

Je ne dis pas cela sans sujet et sans être fort informé, et
même que les Espagnols ne lui aient offert cinquante mille
écus et un évêché en Sicile, à ce qu'il dit, et même il est
de l'honneur de la France qu'une personne d'une telle
considération, et dont les ancêtres et lui ont possédé les
premières charges de l'État, aille faire une mauvaise
figure chez les étrangers, et à qui il reste encore assez
d'esprit pour faire du mal dans les occasions. Pour moi,
je prends la liberté d'écrire mes petits sentiments, qui
seroit que Sa Majesté par sa clémence royale pardonnât à
M. de Brienne, lui donnât quelque bénéfice de sept ou
huit mille livres de rentes, éloigné de vingt ou trente lieues
de Paris et commandât à Messieurs ses parents, sur le bien
de Monsieur son fils, de lui donner six mille livres, et aussi
de le laisser en paix et repos. D'autant que le moyen de
conserver ce qu'il lui reste de jugement est de le traiter
avec douceur et ne lui donner aucune affaire qui le puisse
affliger. Il pourra arriver qu'ayant du bien et une retraite
honnête, les forces se rétablissent. Du moins, s'il ne peut
éviter de faire des impromptus, il vaut mieux que ce soit
en France, dans un lieu éloigné de la cour, que de les
faire à la vue de tous les étrangers, qui se serviront bien
de ce qui lui reste de bon et se moqueront de ses foiblesses. Votre Grandeur pourroit mettre quelque honnête
homme auprès de M. le comte de Brienne, sans pourtant
lui ôter la liberté, pour ne pas le désespérer.

C'est ce que je crois à mon avis de meilleur et qui
peut réussir à la gloire du Grand Roi et au bien de ce
pauvre affligé, dont l'extrême affliction où il se trouve
demande que l'on lui aide. M. du Fresne, si Sa Majesté
veut que M. le comte de Brienne revienne, peut servir utilement, y ayant grande confiance. Pour moi, je ferai ce
que l'on me commandera et je crois qu'il ne se pouvoit

mieux faire que ce que j'ai fait, vu le lieu et l'état où tout
s'est trouvé, tant pour le service du Roi que pour donner
temps à M. de Mecklembourg de ne pas s'embarrasser dans
des affaires qui peuvent déplaire à Sa Majesté, et j'ai aussi,
autant que j'ai pu, conforté l'esprit de M. le comte de
Brienne, qui a fait bien jeter des larmes à Madame Bidal.

Présentement, Monseigneur, je viens d'avoir encore
paroles positives des gens de M. le prince de Mecklembourg qu'ils répondront de M. le comte de Brienne,
jusques à ce qu'il plaira au Grand Roi d'en ordonner. Je
leur ai parlé comme de moi et de sorte que je croyois que
Sa Majesté tiendroit cela en indifférence, mais que je le
faisois pour faire mon devoir. L'on ne sauroit assez se
louer de la manière civile et obligeante, pleine de respect
et de vénération, dont a usé M. de Benseau, premier
gentilhomme de Son Altesse de Mecklembourg, ayant fait
et suivi tout ce que j'ai désiré de lui pour le service du
Grand Roi. La vérité m'oblige de donner cet éloge à la
sage conduite de ce gentilhomme.

Je vois M. le comte de Brienne dans le dessein de se
faire prêtre et d'accepter l'évêché de Ratzebourg, si Sa
Majesté y consent et que Son Altesse de Mecklembourg
demeure ferme dans cette volonté. C'est le mal à présent
de n'avoir pas suivi celui de sa retraite qui étoit le véritable état qui lui étoit convenable. Mais c'est une grande
pitié que la foiblesse humaine, qui nous donne toujours
des tentations contraires à notre repos et nous entête de
ce à quoi nous ne devrions plus songer, notre propre réputation et notre repos le désirant. Cependant ce seigneur
soupire après les emplois, après les avoir négligés et s'être
mis en état d'en être éloigné.

Je suis avec un bien profond respect, Monseigneur, de
Votre Grandeur le très humble, très obéissant et très
obligé serviteur.

Bidal.

D'Hambourg, ce 12 décembre 1670.

Monseigneur, j'ai trouvé à propos de ne point mettre l'autre lettre, parce qu'elle étoit toute semblable.

Affaires étrangères, Correspondance politique, Hambourg, vol. IV, p. 220.

Bidal à Lionne.

...M. de Brienne est parti avec un gentilhomme de M. le duc de Mecklembourg pour Schwerin. En l'état qu'est ce seigneur, il ne pourroit mieux être que dans les états de Mecklembourg, mais je doute fort qu'il y demeure longtemps, vu les inquiétudes perpétuelles et inutiles qu'il se donne. Le meilleur parti qu'il pouvoit prendre est celui qu'il avoit pris de demeurer dans les Pères de l'Oratoire. Ce seigneur a le jugement un peu affoibli, et, à mon avis, les plus grands ennemis qu'il a sont chez lui. Il est à plaindre. Dieu le veuille fortifier. Il est en lieu où l'on en doit répondre à Sa Majesté, qui pourra mépriser cette retraite. Pourtant il seroit mieux en France que chez les étrangers pour les raisons que j'ai déduites dans une précédente...

D'Hambourg, ce 19 décembre 1670.

Hambourg, IV, 227.

Lionne à Bidal.

Le Roi a été fâché de l'équipée qu'a fait M. le comte de Brienne, plus pour la considération du préjudice qu'elle peut faire à lui-même et à ses enfants que pour aucune autre raison. Contribuez pour ce que vous trouverez aux occasions à ramener son esprit et à lui conseiller son retour en France; l'assurant, comme il est vrai, que jamais ses parents n'ont eu le dessein de l'enfermer et qu'ils ne le prendront point quand il sera ici. Aussi est-il aisé à voir que ce n'est qu'un prétexte qu'il a pris pour faire son équipée, dont, en mon particulier, je suis très fâché, ayant toujours aimé sa personne et sa maison.

Du 9 janvier 1671.

Hambourg, IV, 235.

Bidal à Lionne.

Monseigneur, j'ai reçu la dépêche de Votre Grandeur du 9 de ce mois. J'ai écrit aussitôt à M. de Brienne et au premier gentilhomme de M. le prince de Mecklembourg, et tâcherai par ma conduite de faire réussir ce que Votre Grandeur témoigne si généreusement désirer pour la réputation de M. de Brienne et pour l'honneur de Messieurs ses enfants. Je n'ai rien omis, dans le peu que je l'ai vu ici, de lui inspirer ce que je croyois qui lui étoit le plus nécessaire, qui est son retour, vu l'état où il se trouve, ne pouvant faire qu'un personnage déplorable et honteux.

Depuis que M. de Benseau fut ici, je l'obligeai à tenir mondit seigneur de Brienne dans la maison et le faire voir au moins de monde qu'il se pourroit, conseil que ce gentilhomme a suivi jusques à son départ de cette ville, pour éviter les désordres et la confusion où s'alloit mettre M. de Brienne, qui, en deux matinées, a dépensé trois cents écus, dont je lui en avois prêté partie. Il avoit mis à part pour une somme considérable de livres. Tout lui étoit propre et il seroit venu à bout en peu de mois de la banque d'Hambourg, s'il en eût eu la disposition. Et à dire la vérité à Votre Grandeur avec le très humble respect que je lui dois, M. de Brienne est attaqué d'un mal que, sans un très grand miracle, il aura peine à sortir, et, ce qui est fâcheux, c'est que le peu qui lui reste de clarté, il l'emploie d'une manière qui mine sa réputation entièrement, et Messieurs ses parents, quand ils auroient eu la pensée de de le mettre en quelque maison de campagne et de lui fournir des livres et autres choses pour sa distraction, je crois que c'étoit le véritable parti qui se pouvoit prendre et que l'on pourra prendre à l'avenir. D'autant que je ne crois pas, par ce que j'ai reconnu en l'entretenant, que tous les bons avertissements, tant pour la conservation de son honneur que pour celui de Messieurs ses enfants, fassent aucun effet sur lui, et que lui-même fasse aucune réflexion, puisque dès le moment il fait tout le contraire de ce que les personnes d'honneur lui ont conseillé. Ainsi je ne vois point de meilleur parti à prendre pour lui-même que celui d'une retraite, et rien de plus utile pour sa réputation et celle de Messieurs ses parents et enfants que de le tenir éloigné des lieux où l'on a occasion de voir le monde, d'y faire dépense et autres choses, pour éviter le grand scandale qui ne manqueroit pas d'arriver. Il ne seroit pas mal au lieu où il est, s'il y pouvoit demeurer, vu que c'est dans un pays éloigné des passages et où il y a peu de gens raisonnables, et éloigné des occasions de dépenses, etc. Mais je doute fort qu'il y demeure longtemps, vu l'inquiétude perpétuelle dont il est agité, et la connoissance que j'ai de M. le duc de Mecklembourg, qui se lasse bientôt des choses, même si considérables, aura peine à souffrir longtemps cette charge, quoique jusqu'à présent il en ait usé tout à fait bien. De ma part, je puis assurer que je n'ai rien omis de mon devoir ni n'omettrai rien, qui puisse porter M. de Brienne à ce qu'il doit faire, et j'espère que Dieu me fera la grâce d'y réussir, étant véritablement à propos de le retirer en France, pour éviter le scandale qu'une personne de cette qualité, et qui a été dans de si grands emplois, fait à lui, et à sa patrie, et au reste, et même pour l'empêcher de parler comme il fait, étant encore persuadé qu'il est plus habile que ceux qui ont fait les livres, et ne disant que des choses qui pourroient lui faire d'extrêmes torts. A la vérité, il ne m'a pas osé parler comme il a fait à M. Du Pré et à M. Baluze, qui eussent bien fait de les taire. Mais il y a de certaines personnes qui pour se faire de fête ne peuvent contenir leurs langues, et qui donnent et s'attachent à tout pour avancer leurs

affaires, et j'en ai de la confusion, vu que je sais que
M. Baluze, cependant qu'il fait croire servir un parti, travaille tant qu'il peut, et c'est la vérité, de rentrer, lui
et son fils, auprès du roi de Pologne, par le moyen des
amis qu'il a en Pologne, qui sont ceux qui ont aussi bien
que lui perdu les affaires de leurs amis par leurs fourberies,
et Messieurs les ambassadeurs ne trouvent point de plus
grands ennemis dans leurs postes, et qui ruinent plus les
affaires du Grand Roi, que ces messieurs les François,
gens inquiets et sans fidélité qui vendroient leurs amis
pour un écu. Je vous demande pardon, Monseigneur, de
la liberté que je prends de vous écrire ces vérités : un
homme de bien comme moi, qui sert Sa Majesté avec tant
de zèle et de fidélité, se croit en conscience obligé de
donner des avis qui sont véritables à son illustre patron...

Je suis avec un très profond respect, Monseigneur, de
Votre Grandeur votre très humble, très obéissant et très
obligé serviteur.

BIDAL.

D'Hambourg, ce 19 janvier 1671.
Hambourg, IV, 242.

Bidal à Lionne.

... M. de Benseau, premier gentilhomme de M. le duc
de Mecklembourg, me rendit hier la réponse que M. le
comte de Brienne a fait à la lettre que je lui avois écrite,
que Votre Grandeur trouvera dans ce paquet. M. de
Benseau dit que l'on lui a ôté le vin et le tabac et qu'il se
porte un peu mieux, et assure qu'il aura soin que mondit
sieur de Brienne demeure en sûreté à Schwerin. Je lui ai
fait connoitre qu'il étoit de l'intérêt de M. le duc de
Mecklembourg que M. le comte de Brienne fût sûrement,
de crainte que s'en allant autre part, s'il s'y gouvernoit
mal, l'on pourroit se plaindre de Son Altesse. Je crois que
M. de Brienne ne peut-être mieux que où il est, et s'il y

pouvoit demeurer plusieurs années, ce seroit une bonne
affaire pour lui et pour Messieurs ses parents, qui seront
hors de dépenses et d'autres confusions. Où il est, il y a
peu de monde, et, hors quelque honnête gentilhomme
qui connoisse ces infirmités, le reste n'est guère plus raisonnable que les bêtes, et Schwerin est hors de tout
passage, et je crois que M. le duc de Mecklembourg a mis
l'ordre qu'il soit très bien traité, mais fort observé ; M. de
Benseau, son gentilhomme, en a usé très bien.

Le gentilhomme françois qui a eu la conduite de M. de
Brienne, depuis Paris jusques ici, s'y en retourne aujour-
d'hui, verra Votre Grandeur et dira toutes choses. Il m'a
dit que M. de Brienne s'étoit offert à M. l'évêque d'Osna-
bruck pour être précepteur des princes ses enfants. Il ne
faut plus se mettre en peine de cette affaire ; après les
mesures que j'ai prises, il n'y a rien à appréhender.

Je suis avec un très profond respect, Monseigneur, de
Votre Grandeur, votre très humble, très obéissant et très
obligé serviteur.

Bidal.

A Hambourg, le 26 janvier 1671.

Hambourg, IV, 245 v°.

Bidal à un commis de Lionne.

Monsieur, ayant une estime et une confiance singulière
en vous, je prends la liberté de vous écrire sur ce fondement ce que m'a dit depuis six jours M. de Benseau,
gouverneur des États de M. le duc de Mecklembourg, sur
le sujet de M. le comte de Brienne, que mondit sieur
comte vouloit revenir à Hambourg, et par cela j'ai compris que je les vois les uns et les autres très mal satisfaits.
Je n'oserois vous faire le détail de tout ce que M. de
Benseau accuse M. le comte de Brienne, quoique je croie
ce gentilhomme homme d'honneur, trouvant des crimes
qui me font dresser si peu de cheveux qui me reste ; et en

vérité ce bon seigneur est à plaindre d'être sujet à des foiblesses si extraordinaires et qui surpassent bien les impromptus. Je n'oserois croire ni vous déclarer le principal ; vous pouvez vous l'imaginer et le tenir en vous. J'ai fort rassuré et consolé M. de Benseau et fort affermi à ce qu'il eut soin de tenir M. le comte de Brienne bien, et pourtant en sûreté, vu ce qui pourroit arriver si mondit seigneur comte se retiroit sous la domination de Suède ou autre, ce qui lui reste d'esprit étant plutôt à faire du mal que du bien, et le déplaisir qu'en pourroit avoir M. le duc de Mecklembourg, qui s'est inconsidérément chargé d'une personne qui ne lui peut produire que de très mauvaises affaires, et je crois que le meilleur parti étoit celui que Messieurs ses parents avoient pris de le mettre en lieu de sûreté. C'est ce qu'il faudroit faire pour éviter des scandales très fâcheux qui ne peuvent manquer d'arriver, si Dieu, par sa miséricorde, ne change la mauvaise inclination de M. le comte de Brienne. Comme je me vois à la veille de l'avoir sur les bras, non pas que je ne fusse ravi de lui rendre toutes sortes de services, mais l'appréhension du scandale de quelque chose de fâcheux me donne tant de peine que j'ai recours à vous, Monsieur, comme à une personne à qui je me confie pour vous prier de savoir de Monseigneur comment je me dois conduire en cas que mondit seigneur de Brienne se retire en cette ville. Je ne me soucie nullement de la dépense, mais le déshonneur de quelque action contre l'ordre, ce seroit un tel scandale, et à toute la nation. Je vous prie, Monsieur, de ne montrer la lettre qu'à Sa Grandeur, et à son grand loisir, et après vous me ferez la grâce de me donner les ordres que je dois tenir pour ma conduite. M. le duc de Mecklembourg est averti depuis quatre jours de tout le désordre par mondit sieur de Benseau. Le meilleur seroit qu'il fût en Mecklembourg en lieu de sûreté ou en quelque bonne abbaye en France, où l'on auroit soin de lui. D'autant que si le détail que l'on m'a fait est vrai, il n'y a rien à espérer.

Je vous prie de brûler cette lettre et de me croire avec passion et sincérité entièrement et de tout mon cœur, Monsieur, votre très humble, très obéissant et obligé serviteur.

BIDAL.

A Hambourg, ce 20 mars 1671.

P. S. — Depuis ma lettre écrite, je reçois présentement la lettre ci-jointe de mon fils. Vous verrez avec quel empressement monsieur le Grand Chancelier [1] désire avoir des nouvelles de M. le comte de Brienne, et qu'il est important, comme j'ai déjà dit, d'empêcher qu'il n'aille faire quelque mauvaise figure en Suède, lui restant, comme j'ai déjà dit, assez d'esprit pour ne rien produire de bon pour les intérêts du Grand Roi. Le reste de la lettre parle de mes affaires particulières, que mondit fils apporte avec une conduite extraordinaire et qui l'a fait admirer de tous, ennemis et amis. Ces premiers ont eu grande confusion de me trouver si homme de bien, et il ne reste en Suède que pour faire punir ceux qui lâchement me vouloient faire du mal qu'il faut qu'ils subissent. C'est un jeune homme très capable de servir très utilement le Grand Roi en tout et qui réussira, avec l'aide de Dieu, très bien ; et si Sa Grandeur le fait employer, il en aura grande satisfaction : il a de l'esprit et de la prudence plus que le double de son âge ne le permet. Je vous aurai, et lui, une singulière obligation d'y contribuer. J'espère qu'il sera ici dans peu. Vous n'aurez point de déplaisir d'avoir aidé à faire donner de l'emploi à un très honnête garçon.

Hambourg, IV, 265.

Alexis Bidal à son père.

...Monsieur le Grand Chancelier [1] m'a fort prié de vous écrire au sujet de M. le comte de Brienne, de vous assurer

1. De Suède. C'était le comte Magnus de La Gardie.

qu'il vous auroit bien de l'obligation si vous vouliez lui faire part de toute l'intrigue de ce comte, et du sujet de son départ de France. Si vous voulez bien lui en faire savoir quelque chose, mandez-le moi : cela me servira à faire ma cour, et je saurai prendre mes précautions pour l'obliger à tenir caché ce que vous voulez qui ne fasse point de bruit dans le monde. Vous obligerez infiniment ce seigneur, car il a témoigné beaucoup d'empressement pour cela...

Je suis avec respect, Monsieur mon très honoré père, votre très humble, très obligé et très obéissant serviteur et fils.

BIDAL.

De Stockholm, ce 4 mars 1671.

Suscription : A Monsieur, Monsieur le baron Bidal, conseiller du Roi en tous ses conseils et son résident en Basse Allemagne, à Hambourg.

Hambourg, IV, 263.

IV

L'HISTOIRE SECRÈTE DU JANSÉNISME

[On a cru utile de réunir ici les quelques fragments, rares, courts et disséminés, qui ont été recueillis de l'*Histoire secrète du Jansénisme*. Ce sont des pages fort anodines, et sans doute est-ce pour cela qu'elles ont survécu. Le reste était probablement plus piquant : aussi a-t-on pris plus de soin de le détruire ou de le cacher. Ces divers passages ont trait à Pierre Nicole, — dont Brienne n'était pas satisfait, — au grand Arnauld, — qu'il admire sans réserve, — à Louis Gorin de Saint-Amour et à quelques autres personnages de moindre importance. Par leur sincérité et par leur pittoresque, ces détails méritaient de ne pas être négligés. On trouvera, à la suite de chacun d'eux, l'indication précise de la source d'où il a été tiré.]

Nicole.

« M. Nicole, natif de Chartres, est certainement un esprit de premier ordre. Il écrit admirablement en françois et en latin, soit la langue hébraïque et le grec en perfection, fait de fort bons vers latins et françois quand il lui plait, quoiqu'il ait une furieuse aversion pour la poésie. Il pense beaucoup à ce qu'il fait, et jamais homme ne travailla tant que lui ses ouvrages. La première composition qu'il en jette sur le papier n'est qu'un crayon informe de diverses pensées qui lui roulent dans l'esprit ; mais, à la seconde copie qu'il en fait, ce chaos commence à se débrouiller, et à la troisième ou quatrième copie la pièce se trouve en sa perfection. Voilà bien de la peine pour acquérir le vain renom d'auteur ! On peut dire que c'est M. Pascal (dont il n'est que le copiste, et, comme l'on sait les copies ne valent jamais les originaux) qui lui a appris cette manière si laborieuse de composer, parce qu'il en faisoit à peu près de même, et que M. Nicole fait gloire de copier jusqu'à ses défauts. Tous les Pascalins en sont logés là [1]. »

« Je dirai de lui qu'il n'y a personne au monde que je sache, qui ait lu tant de livres et de relations de voyage que lui ; sans compter tous les auteurs classiques grecs et latins, poètes, orateurs et historiens ; tous les pères depuis saint Ignace et saint Clément pape jusqu'à saint Bernard ; tous les romans depuis les *Amadis de Gaule* jusqu'à *la Clélie* et à la *Princesse de Clèves* ; tous les ouvrages des hérétiques anciens et modernes, depuis les philosophes anciens jusqu'à Luther et Calvin, Mélanchton et Chamier, dont il a fait des extraits ; tous les polémiques depuis Erasme jusqu'au cardinal Du Perron et aux ouvrages innombrables de l'évêque de Belley : en un mot, car que

1. Sainte-Beuve, *Port-Royal*, t. IV, p. 419.

n'a-t-il pas lu? tout ce qui s'est fait d'écrits pendant la Fronde, toutes les pièces de contrebande, tous les traités de politique depuis Goldast jusqu'à l'Isola [1].»

« Il veut toujours parler dans les compagnies où il se trouve, et, comme il parle fort bien, il s'imagine qu'on ne doit écouter que lui. Tout autre que M. Arnauld, le patient Arnauld, n'auroit su vivre un mois avec lui ; et cependant ils ont passé ensemble la meilleure partie de leur long et pénible métier [2].»

Saint-Amour.

« Louis Gorin de Saint-Amour, fils du cocher de Louis XIII, que Sa Majesté aimoit fort à cause de son adresse à bien mener son carrosse, et pour quelques autres bonnes qualités qui étoient dans ce cocher du corps ; ce Louis, dis-je, de Saint-Amour, de fils de cocher devint par son savoir-faire Recteur de l'Université de Paris, la plus célèbre de l'Univers, et ensuite de la Maison et Société de Sorbonne. Il avoit un corps et une mine plus propre encore à conduire le carrosse du Roi qu'à porter le bonnet et le chapeau sur les bancs de la Sorbonne, qui plioient sous les pieds de cet autre Hercule ; plus grand et plus fort n'étoit point celui de la Fable ; je doute qu'il fût plus éloquent et plus courageux. Tel donc, et plus terrible encore, parut, durant sa Licence, le gigantesque Saint-Amour. Les Cornet, les Péreyret et les Moinet, ce trio de docteurs molinistes, craignoient plus Saint-Amour tout seul que tout le parti janséniste ensemble. En effet c'étoit pour eux un redoutable adversaire. Quel homme, bon Dieu !

1. Sainte-Beuve, *Port-Royal*, t. IV, p. 413.
2. Sainte-Beuve, *Port-Royal*, t. IV, p. 429. Sainte-Beuve prétend que Brienne n'aimait pas Nicole, « sans doute parce que Nicole démêlait ses défauts et ses fourberies mieux que le candide Arnauld ».

aujourd'hui à Paris, demain à Rome; et de là, comme un fantôme, porté en l'air, ou sur le cheval de Pacolet, on le voit au *prima mensis*, où la seconde lettre de M. Arnauld alloit être censurée tout d'une voix : mais combien ne fit-il point revenir de docteurs à son avis [1]?...

Antoine Arnauld.

« Je dirai à ce sujet de M. Arnauld une plaisante aventure. Comme il étoit caché dans une certaine auberge, des archers conduits par un exempt du Grand-Prévôt, y entrèrent en grand nombre avec leurs hoquetons, pour se saisir d'un certain banqueroutier qui se nommoit Arnauld comme lui, et qui s'étoit évadé, ayant eu vent qu'on le venoit prendre. Le docteur du même nom, s'entendant nommer et appeler à diverses reprises, ne douta point que ce ne fut lui à qui on en vouloit, et, se mettant en prière à deux genoux, se tenoit caché fort transi dans la ruelle de son lit, son crucifix entre les mains, qu'il baisoit de grand courage. Mais comme M. de Saint-Gilles, gentil-homme poitevin, qui étoit avec lui dans la même chambre, étoit assuré de la fidélité de son hôte, il fit bonne mine à mauvais jeu et, prenant sa flûte douce dont il jouoit admirablement, se mit à jouer un branle du Poitou tout de son mieux. Ce que l'exempt entendant et en étant charmé,

1. Sainte-Beuve, *Port-Royal*, t. III, p. 14. Note de Sainte-Beuve : « Tel est le portrait en charge que trace du grand champion janséniste ce bizarre Brienne dans ses *Anecdotes de Port-Royal* ou *Histoire secrète du Jansénisme*, ouvrage manuscrit dont je ne possède que quelques extraits, et que j'ai vainement recherché jusqu'ici. Si on le retrouvait (et on m'entendra exprimer plus d'une fois ce désir), toute la seconde moitié de l'histoire de Port-Royal en serait éclairée d'une foule de feux-follets, qui, accueillis avec réserve, serviraient du moins à l'égayer.

il passa outre et dit : « Le diable de banqueroutier d'Arnauld, ce fourbe de janséniste qui nous emporte notre bien, ne seroit-il point dans cette chambre? on l'entend jouer de la flûte? » Et sur cela retournant sur ses pas, Saint-Gilles lui ouvrit la porte hardiment et lui dit : « Il n'y a ici qu'un marchand et moi qui ne sommes ni l'un ni l'autre banqueroutiers, ni jansénistes. Voyez partout, Monsieur l'Exempt, si vous voulez en douter. » M. Arnauld, qui avoit repris ses esprits, se leva un livre à la main, et fit si bonne contenance que l'exempt ne se douta de rien, et lui fit même excuse, en se retirant, d'être entré dans leur chambre. Mais ce qu'il y a d'admirable dans cette histoire, que M. de Saint-Gilles m'a racontée lui-même, c'est que l'exempt avoit ordre de se saisir de tous les jansénistes qu'il pourroit découvrir. Mais comme il ne connoissoit point M. Arnauld, qu'il n'avoit jamais vu, et qu'il ne voyoit cette fois qu'avec sa perruque blonde ou noire et son collet de marchand à point d'Alençon ou de France, il n'avoit garde de le prendre pour un docteur de Sorbonne[1]. »

« Quant à l'humilité de ce docteur, je puis dire sans me tromper que j'en suis bien assuré, et que je prie mes lecteurs d'en juger par ce fait singulier qu'il n'y a que moi au monde qui leur puisse apprendre. Quelques jours avant que ce docteur fût présenté au Roi, me trouvant dans sa chambre à l'hôtel de Longueville, je m'aperçus qu'il souffroit quelque peine intérieure, et lui en ayant demandé le

---

1. Sainte-Beuve, *Port-Royal*, t. IV, p. 366. Sainte-Beuve continue : « Dom Clémencet, qui cite ce passage des *Anecdotes* de Brienne dans son *Histoire littéraire* (manuscrite) *de Port-Royal*, ajoute : « On reconnaît dans ce récit le génie singulier de l'auteur : il place la scène dans une certaine auberge de la rue Saint-Denis ou Saint-Martin. Peut-être sa mémoire a-t-elle été infidèle, ou celle de M. Fontaine ; car celui-ci la place au faubourg Saint-Marceau. »

sujet, il me répondit fort simplement : « Je vous avoue,
mon cher Monsieur, que je me trouve fort embarrassé,
parce que, n'ayant jamais vu le Roi, je ne sais pas bien
comme il faut lui parler. Plus j'y pense, et moins je trouve
en moi de paroles dignes de ce grand prince, et qui
répondent à la réputation, bien ou mal fondée, que m'ont
acquise mes ouvrages. Voilà le sujet de mon inquiétude,
dont vous vous êtes aperçu le premier. Mais, ajouta-t-il
avec une humilité qui me fit rougir et me couvrit de confusion, si vous vouliez, vous qui avez tant d'usage de la
Cour, me tirer de la peine et de l'embarras où je me
trouve, je vous en aurois la dernière obligation. » Je
l'embrassai cordialement à cette parole si humble et si
humiliante pour moi, et je lui dis : « Vous vous moquez,
mon très cher maître, de votre pauvre et foible ami. Moi,
faire une harangue pour M. Arnauld ! Ma foi ! pour le
coup, si vous n'avez d'autre souffleur que moi, vous pouvez bien demeurer muet sur la scène qui vous effraye de
loin, et vous paroîtra de près moins terrible. Mais que
voulez-vous dire au Roi ? Figurez-vous que je le suis, et
parlez-moi sans autre préparation, comme nous faisons
ensemble des affaires du prétendu jansénisme. » Il trouva
l'expédient fort bon, et ayant pris son long manteau, ses
gants et son chapeau, je me mis gravement dans son fauteuil, et lui s'étant retiré dans l'antichambre afin de faire
toutes les cérémonies dont je voulus bien être son maître,
après qu'il m'eut fait les trois profondes révérences qu'on
a coutume de faire au Roi, de la manière dont je lui mon-
trai à les faire, en quoi seul je pouvois lui être utile, je
me levai de mon fauteuil, et sans ôter mon chapeau,
j'écoutai fort sérieusement ce qu'il avoit à me dire en qualité de suppléant, moi-même ayant à lui répondre en qualité de roi de théâtre. Il me parla à son ordinaire de fort
bon sens ; et sur le champ, sans lui donner le temps d'oublier ce qu'il venoit de me dire, je l'obligeai à prendre la
plume et à le mettre sur le papier. Rien de mieux ni de

plus simple et de plus naturel : il en fut content et moi
charmé, et il m'avoua que sans moi il auroit eu peine à se
retirer de ce mauvais pas.

« Or se peut-il une plus grande marque d'humilité dans
un tel homme que d'avoir recours à moi, qui ne serois
pas digne de le déchausser, et tout au plus de tenir la
plume sous lui comme j'ai fait quelquefois, pour lui faire
sa harangue. Cependant tout ce que je dis est vrai à la
lettre, et si j'avois été assez présomptueux pour dresser
un méchant compliment, il auroit été assez simple pour
l'apprendre par cœur sur ma parole, et pour le dire de
ma plaisante composition, sans changer une syllabe, au plus
grand Roi du monde. Certes, ou je me trompe, car je me
connois un peu en humiliation, ou cela s'appelle la plus
profonde et la plus véritable humilité qui fut jamais[1]. »

« J'ai su, dit M. de Loménie, d'abord secrétaire d'État,
puis notre confrère (dans ses mémoires manuscrits pendant
sa prison de Saint-Lazare), j'ai su de M. de la Lane et du
P. Desmares que M. Arnauld les pria un jour de lui composer son premier sermon. M. de la Lane s'en excusa,
mais le P. Desmares, plus simple, le lui fit, et M. Arnauld,
non seulement l'apprit par cœur, mais le débita encore
mot pour mot, comme le P. Desmares le lui avoit fait. Et
certes, ou je me trompe, ajouta-t-il, moi qui me connois
un peu, sinon en humilité, du moins en humiliations, ou
cela s'appelle la plus profonde et la plus véritable humilité qui fut jamais de la part d'un aussi grand homme que

1. *Mémoires historiques et chronologiques sur l'abbaye du
Port-Royal des Champs.* Utrecht (Paris), 1755, in-12, t. I, p.
281-284. Ce passage vient, paraît-il, à la suite d'un portrait
d'Arnauld par Brienne, que les *Mémoires* ne donnent pas.
Sainte-Beuve a inséré dans son *Port-Royal*, t. IV, p. 398,
l'anecdote reproduite ci-dessus d'après Brienne, et ce lui est une
occasion de plus de regretter de n'en pas connaître davantage
des mémoires du confrère.

M. Arnauld » ; et moi j'ajoute, un trait de la plus candide simplicité de la part du P. Desmares [1].

Le P. Vignier.

Dans des mémoires manuscrits que M. de Loménie s'amusoit à dresser sur le jansénisme dans sa prison de Saint-Lazare, et dont une partie m'est tombée entre les mains, il raconte ce fait [2] comme M. Hermant [3] et fait parler ainsi le P. Vignier : « Nous sommes perdus, dit-il au P. Amelotte, au P. de Saint-Pé et à quelques autres Pères de l'Oratoire de sa cadèle, nous sommes perdus si ces livres voient le jour : Jansénius aura gain de cause. » Et sur cela il les jeta au feu sans autre forme de procès. *Res gesta*, me dit le P. Desmares qui avait vu ces livres entre les mains du fanatique Vignier, *et utinam minus vera !* [4].

L'abbé Cassagnes.

« Il y a bien d'autres gens que lui [l'abbé Cassagnes], à qui le Jansénisme a troublé le cerveau, et renversé la judiciaire, quand ce ne seroit que moi, à qui il a pensé faire tourner l'esprit, tant il est dangereux de s'appliquer trop à l'examen du droit et du fait. Quand cet abbé

1. Le P. Louis Batterel, *Mémoires domestiques pour servir à l'histoire de l'Oratoire,* publiés par A.-M.-P. Ingold. Tome Iᵉʳ (1902, in-8), p. 475.

2. La perte des livres de saint Fulgence que le P. Vignier avait eus entre les mains et qui ne se retrouvaient plus après lui.

3. Godefroi Hermant, *Mémoires sur l'histoire ecclésiastique du XVIIᵉ siècle* (1630-1663), publiés par A. Gazier. Tome V (1908, in-8°), p. 340.

4. Le P. Louis Batterel, *Mémoires domestiques pour servir à l'histoire de l'Oratoire,* publiés par A.-M.-P. Ingold et E. Bonnardet. Tome II (1903), p. 137.

mourut, il y avoit trois livres de Jansénisme achevés, et il les avoit revus et corrigés avec assez de soin; mais, depuis, je les ai refaits, ou pour mieux dire, retouchés à ma mode. Ensuite, ayant continué d'écrire sur les errements de mon ami, et poussé cet ouvrage comique jusqu'au neuvième livre, je m'y arrêtai quelques mois sans pouvoir l'achever, faute de savoir précisément ce que je devois dire ou taire. Environ ce temps-là, on me prêta le *Journal de Saint-Amour*. J'en fis un extrait raisonné en deux gros volumes in-4°. J'achetai trente ou quarante volumes du recueil contenant les principales pièces qu'on a débitées dans l'un et l'autre parti, à Paris et ailleurs, touchant les matières contestées. Avec ce secours, je remaniai mes anecdotes de Port-Royal pour la troisième fois; et après huit mois de travail, j'ai été assez heureux, si toutefois cela se peut appeler bonheur, pour donner à cette curieuse histoire, sinon toute la perfection que quelqu'autre peut-être après moi pourra lui donner, au moins toute celle que je suis capable de lui prêter. Elle est maintenant entre les mains d'un docteur de mes amis, homme intègre et nullement partial, qui la revoit et la corrige. » Il rend ensuite raison pourquoi il a donné un ton badin et satyrique à son histoire; et dit que « si ces disputes théologiques sur des questions si épineuses et si sérieuses n'étoient un peu égayées, il courroit grand risque d'ennuyer ses lecteurs ». Quand il en est à la signature, il dit : « Comme nous avons tous signé le formulaire, mais celui de la foi humaine de Mgr de Péréfixe ; le P. du Juannet, le deuxième mandement des grands vicaires, dont le hasard m'excepta ; enfin M. Arnauld et ses amis, la formule de foi, dont le pape Clément IX se contenta, aussi bien que les religieuses de Port-Royal ; comme, dis-je, nous avons tous signé sans exception, les uns de bonne foi comme moi et mes confrères de l'Oratoire (où il étoit lors de cette signature), les autres à leur corps défendant, comme M. Arnauld et sa cabale jansénienne, pour être compris dans la paix de l'Église, il seroit inutile de rapporter les raisons bonnes ou mauvaises que les défenseurs du fait de Jansénius alléguoient pour s'exempter de la signature des diverses formules, qui ont causé tant de troubles dans l'Église de France [1]. »

1. Le P. Louis Batterel, *Mémoires domestiques pour servir à l'histoire de l'Oratoire*, publiés par A.-M.-P. Ingold et Bonnardet. Tome III (1904, in-8), p. 279.

TABLE ALPHABÉTIQUE

A

Abbeville, III, 182.
Abel, I, 162.
Abo, I, 342 ; II, 286, * 329-331 ; III, 296, 310.
Abruzze (l'), I, 313.
Académie française, I, 36, 37, 224, 255.
Achille, III, 248.
Actéon, III, 45.
Actes (les) des Apôtres, I, 295.
Adam, I, 114, 269 ; II, 144.
Adonis, III, 45.
Afrique (l'), I, 21.
Agde, I, 203.
Agen, III, 30.
Agen (évèque d'). *Voy.* Joly (Claude).
Agrippa (Vipsanius), I, 13 ; II, 171.
Agrippine, II, 171.
Aides (les), III, 55.
Aiguillon (Marie-Madeleine de Vignerot, duchesse d'), I, 70 ; II, 88 ; III, * 18, 27, 141-143.
Aimé (M. l'). *Voy.* Arnauld (Antoine).
Aire-sur-la-Lys, I, 21 ; III, 224, 225.
Aire (évèque d'). *Voy.* Bouthillier (Sébastien) et Sariac (Bernard de).
Aix-en-Provence, I, 23.
Aix-la-Chapelle, II, 146 ; III, 190, 212, 213.
Akakia (Roger), diplomate, II, * 217, 223 ; III, 320.
Alais (Louis-Emmanuel de Valois, comte d'), I, * 202.
Albane (François l'), I, 302.

Aland (iles d'), III, 296.
Albornoz (le cardinal Gilles), I, * 221, 223.
Alcala (université d'), I, 314.
Alcmène, II, 197, 210.
Alençon (point d'), III, 338.
Alexandre, I, 227 ; III, 130.
Alexandre VII, pape, II, 19.
Alger, I, 21 ; II, 214 ; III, 124, 266.
Algériens (les), I, 21.
Alicante, II, 290.
Alincourt (Charles de Neufville, marquis d'), III, * 252.
Allemagne, I, 24, 230 ; II, 95, 110, 126-128, 131, 135-138, 144, 160, 170, 211, 224, 226, 242, 243, 271, 288, 312, 336, 351, 352, 377 ; III, 8, 71, 78, 125, 131, 142, 145, 148, 223, 230, 267, 316, 334.
Allemands (les), I, 235 ; II, 142, 144 ; III, 147.
Alost, III, 192.
Alpes (les), I, 229, 260 ; III, 282.
Alsace (l'), I, 311 ; II, 52, 57, 63, 110, 129, 161 ; III, 39, 78, 144.
Amadis (l') de Gaule, III, 335.
Amazones (fleuves des), I, 60 ; II, 212.
Amboise, I, 156, 192 ; III, 75, 198.
Amboise (le cardinal Georges d'), I, * 221.
Amelotte (Denys), de l'Oratoire, I, * 53, 115, 116, 118-120, 120, 123 ; II, 185 ; III, 341.
Amersford, II, 196.
Amiens, I, 34, 198, 199.

III.

F

ERRATUM

P. 363, col. 1, les mentions suivantes ont été omises par erreur à leur rang dans l'ordre alphabétique :

TABLE DES MATIÈRES

MÉMOIRES DU COMTE DE BRIENNE

APPENDICES.

MACON, PROTAT FRÈRES, IMPRIMEURS

Ouvrages publiés par la SOCIÉTÉ DE L'HISTOIRE DE FRANCE

depuis sa fondation en 1834.

In-octavo à 12 francs le volume, 10 francs pour les Membres de la Société.

Ouvrages épuisés.

L'YSTOIRE DE LI NORMANT. 1 vol.
LETTRES DE MAZARIN. 1 vol.
VILLEHARDOUIN. 1 vol.
HISTOIRE DES DUCS DE NORMANDIE. 1 vol.
GRÉGOIRE DE TOURS. Histoire ecclésiast. des Francs. 4 vol.
BEAUMANOIR. Coutumes de Beauvoisis. 2 vol.
MÉM. DE COLIGNY-SALIGNY. 1 vol.
MÉMOIRES ET LETTRES DE MARGUERITE DE VALOIS. 1 vol.
COMPTES DE L'ARGENTERIE DES ROIS DE FRANCE. 1 vol.
RICHER. HIST. DES FRANCS. 2 vol.
MÉM. DE COSNAC. 2 vol.
JOURNAL D'UN BOURGEOIS DE PARIS SOUS FRANÇOIS Ier. 1 vol.
CHRON. DES COMTES D'ANJOU. 1 vol.
LETTRES DE MARGUERITE D'ANGOULÊME. 2 vol.
JOINVILLE. HIST. DE SAINT LOUIS. 1 vol.
CHRONIQUE DES QUATRE PREMIERS VALOIS. 1 vol.
CHRON. DE G. DE NANGIS. 2 vol.
MÉM. DE P. DE FENIN. 1 vol.
ŒUVRES DE SUGER. 1 vol.
HISTOIRE DE BAYART. 1 vol.
MÉMOIRES DE PH. DE COMMYNES. 3 vol.
PROCÈS DE JEANNE D'ARC. 5 vol.
CHRON. DE MORÉE. 1 vol.

Ouvrages épuisés en partie.

ŒUVRES D'EGINHARD. 2 vol.
BARBIER. JOURNAL DU RÈGNE DE LOUIS XV. 4 vol.
REGISTRES DE L'HÔTEL DE VILLE PENDANT LA FRONDE. 3 vol.
CHOIX DE MAZARINADES. 2 vol.
HISTOIRE DE CHARLES VII ET LOUIS XI, PAR TH. BASIN. 4 vol.
GRÉGOIRE DE TOURS. ŒUVRES DIVERSES. 4 vol.
ORDERIC VITAL. 5 vol.
CHRON. DE MONSTRELET. 6 vol.
CHRON. DE J. DE WAVRIN. 3 vol.
JOURNAL ET MÉMOIRES DU MARQUIS D'ARGENSON. 9 vol.
ŒUVRES DE BRANTÔME. 11 vol.
COMMENTAIRES ET LETTRES DE BLAISE DE MONLUC. 5 vol.
MÉM. DE BASSOMPIERRE. 4 vol.
BIBLIOGRAPHIE DES MAZARINADES. 3 vol.
CHANSON DE LA CROISADE CONTRE LES ALBIGEOIS. 2 vol.
L'HISTOIRE DE GUILLAUME LE MARÉCHAL. 3 vol.
MÉMOIRES DE SOUVIGNY. 3 vol.

Ouvrages non épuisés.

CORRESP. DE MAXIMILIEN ET DE MARGUERITE. 2 vol.
LE NAIN DE TILLEMONT. VIE DE SAINT LOUIS. 6 vol.
MÉM. DE MATHIEU MOLÉ. 4 vol.
MIRACLES DE S. BENOIT. 1 vol.
MÉM. DE BEAUVAIS-NANGIS. 1 vol.
CHRON. DE MATH. D'ESCOUCHY. 3 vol.
CHOIX DE PIÈCES INÉDITES RELATIVES AU RÈGNE DE CHARLES VI. 2 vol.
COMPTES DE L'HÔTEL DES ROIS DE FRANCE. 1 vol.
ROULEAUX DES MORTS. 1 vol.
MÉM. ET CORRESP. DE Mme DU PLESSIS-MORNAY. 2 vol.
CHRON. DES ÉGLISES D'ANJOU. 1 vol.
INTRODUCTION AUX CHRONIQUES DES COMTES D'ANJOU. 1 vol.
CHRONIQUES DE J. FROISSART. T. 1 à XI. 13 vol.
CHRONIQUES D'ERNOUL ET DE BERNARD LE TRÉSORIER. 1 vol.
ANNALES DE S.-BERTIN ET DE S.-VAAST D'ARRAS. 1 vol.
HISTOIRE DE BÉARN ET DE NAVARRE. 1 vol.
CHRONIQUES DE SAINT-MARTIAL DE LIMOGES. 1 vol.
NOUVEAU RECUEIL DE COMPTES DE L'ARGENTERIE. 1 vol.
CHRONIQUE DU DUC LOUIS II DE BOURBON. 1 vol.
CHRONIQUE DE J. LE FÈVRE DE SAINT-REMY. 2 vol.
RÉCITS D'UN MÉNESTREL DE REIMS AU XIIIe SIÈCLE. 1 vol.
LETTRES D'ANT. DE BOURBON ET DE JEANNE D'ALBRET. 1 vol.
MÉM. DE LA HUGUERYE. 3 vol.
ANECDOTES ET APOLOGUES D'ÉTIENNE DE BOURBON. 1 vol.
EXTRAITS DES AUTEURS GRECS CONCERN. LES GAULES. 6 vol.
MÉMOIRES DE N. GOULAS. 3 vol.
GESTES DES ÉVÊQUES DE CAMBRAI. 1 vol.
ÉTABLISSEMENTS DE S. LOUIS. 4 vol.
CHRON. NORMANOR DU XIIe S. 1 vol.
RELATION DE SPANHEIM. 1 vol.
ŒUVRES DE RIGORD ET DE GUILLAUME LE BRETON. 2 vol.
MÉM. D'OL. DE LA MARCHE. 4 vol.
LETTRES DE LOUIS XI. 11 vol.
MÉMOIRES DE VILLARS. 6 vol.
NOTICES ET DOCUMENTS, 1884. 1 vol.
JOURNAL DE NIC. DE BAYE. 2 vol.
LA RÈGLE DU TEMPLE. 1 vol.
HIST. UNIV. D'AGRIPPA D'AUBIGNÉ. 10 vol.

LE JOUVENCEL. 2 vol.
CHRONIQUES DE LOUIS XII, PAR JEAN D'AUTON. 4 vol.
CHRON. D'A. DE RICHEMONT. 1 vol.
CHRONOGRAPHIA REGUM FRANCORUM. 3 vol.
MÉM. DE DU PLESSIS-BESANÇON. 1 vol.
EPHÉMÉRIDES DE LA HUGUERYE. 1 vol.
HIST. DE GASTON IV, COMTE DE FOIX. 2 vol.
MÉMOIRES DE GOURVILLE. 2 vol.
JOURNAL DE J. DE ROYE. 2 vol.
CHRON. DE RICHARD LESCOT. 1 vol.
BRANTÔME, SA VIE ET SES ÉCRITS. 1 v.
JOURNAL DE J. BARRILLON. 2 vol.
LETTRES DE CHARLES VIII. 5 vol.
MÉM. DU CHEV. DE QUINCY. 3 vol.
CHRON. DE MOROSINI. 4 vol.
DOC. SUR L'INQUISITION. 2 vol.
MÉM. DU VICOMTE DE TURENNE. 1 v.
CHRON. DE PERCEVAL DE CAGNY. 1 v.
JOURNAL DE J. VALLIER. T. 1 à IV.
MÉM. DE SAINT-HILAIRE. 6 vol.
JOURNAL DE FAUQUEMBERGUE. 3 vol.
CHRON. DE JEAN LE BEL. 2 vol.
MÉMORIAUX DU CONSEIL DE 1661. 3 v.
CHRON. DE G. LE MUISIT. 1 vol.
RAPPORTS ET NOTICES SUR LES MÉM. DU CARD. DE RICHELIEU. T. I et II.
MÉM. DU CARD. DE RICHELIEU. T. I à III.
MÉM. DES DU BELLAY. T. I à III.
MÉM. DU MARÉCHAL DE TURENNE. 2 vol.
GRANDES CHRONIQUES DE FRANCE. T. I et II.
CORRESP. DE VIVONNE RELATIVE À CANDIE. 1 vol.
MÉM. DU MARÉCHAL D'ESTRÉES. 1 vol.
CORRESP. DU CHEV. DE SÉVIGNÉ. 1 vol.
LETTRES DU DUC DE BOURGOGNE. 2 vol.
MÉM. DE BEAULIEU PERSAC. 1 v.
MÉM. DE FLORANGE. T. I.
HISTOIRE DE LA LIGUE. T. I.
CORR. DE VIVONNE RELATIVE À MESSINE. T. I.
CAMPAGNES DE MERCOYROL DE BEAULIEU.
MÉM. DE BRIENNE. 3 vol.
DÉPÊCHES DES AMBASSADEURS MILANAIS. T. I.
MÉM. DU MARÉCHAL DE RICHELIEU.

SOUS PRESSE

MÉM. DE M. ET G. DU BELLAY, T. IV.
DÉPÊCHES DES AMBASSADEURS MILANAIS. T. II.
GRANDES CHRONIQUES DE FRANCE. T. I.

ANNUAIRES, BULLETINS ET ANNUAIRES-BULLETINS (1834-1917).

In-18 et in-8°, à 2 et 6 francs.

(Pour la liste détaillée, voir à la fin de l'Annuaire-Bulletin de chaque année.)

MÂCON, PROTAT FRÈRES, IMPRIMEURS.